राष्ट्र राष्ट्रीयता नवराष्ट्रीयता

के. वनजा

वाणी प्रकाशन

वाणी प्रकाशन

4695, 21-ए, दरियागंज, नयी दिल्ली 110 002

फ़ोन : +91 11 23273167 फ़ैक्स : +91 11 23275710

शाखाएँ

अशोक राजपथ, पटना 800 004, बिहार

कॉफ़ी हाउस कैम्पस, महात्मा गांधी मार्ग, इलाहाबाद 211 001, उत्तर प्रदेश

महात्मा गांधी अन्तरराष्ट्रीय हिन्दी विश्वविद्यालय, वर्धा 442 001, महाराष्ट्र

सुल्तानिया रोड, मोतिया पार्क, भोपाल 462 001, मध्य प्रदेश

www.vaniprakashan.com
marketing@vaniprakashan.in
sales@vaniprakashan.in

Rashtra Rashtriyata Navrashtriyata
by K. Vanaja

ISBN : 978-93-5229-540-1
Criticism

प्रथम संस्करण 2021

मूल्य : ₹ 495

आर. टेक ऑफ़सेट प्रिंटर्स, दिल्ली-110032 में मुद्रित

वाणी प्रकाशन का लोगो मक़बूल फ़िदा हुसेन की कूची से

दो शब्द

'नवराष्ट्रीयता' सम्बन्धी अवधारणा को रूपायित करने के दौरान केरल में महाप्रलय हुआ। उस प्रलय में केरल के अधिकांश भाग डूब गये, जनता बेघर हो गयी, अपनी सम्पत्ति नष्ट हो गयी। जीना दूभर हो गया। प्रकृति का ताण्डव नृत्य कामायनीकार ने जिस प्रकार अंकित किया वैसा काफ़ी दिनों तक चलता रहा। मानवीय संवेदना जाग उठी। केरलीय सारे भेदभावों को भूल गये। एकजुट होकर रक्षा-कार्य में तन मन लगाकर लग गये। इस हालत में केरलीय होने के नाते मेरे मन में कई बातें जाग उठीं। उनमें मुख्य है प्रकृति को बाँधना सही नहीं है। प्रकृति को स्वतन्त्र-स्वच्छन्द छोड़ना है। प्रकृति पर आधारित विकास योजनाएँ भविष्य में हमारे लिए अत्यन्त सहायक बनेंगी। सादगीपूर्ण, संकुचितता से परे होकर, साथ ही मानवीयता एवं परस्पर सौहार्दपूर्ण राज्य की रूपायिति को लक्षित करना आज केरल के सम्बन्ध में ज़रूरी है। वहाँ प्रत्येक को अपनी संस्कृति और अस्मिता की जगह होनी चाहिए। वहाँ राजनीति का बेज़रूरी हस्तक्षेप होना ठीक नहीं रहेगा। वहाँ स्वस्थ विकास सम्भव होगा। चर एवं अचर की सन्तुष्टि होगी। लाभ-लोभ का अवसान होगा। यह प्रकृत एवं सहज राज्य की संरचना है।

प्रकृति एवं मनुष्य की पारस्परिकता जहाँ नष्ट हो जाती है वहाँ प्राकृतिक विनाश शुरू होता है। मनुष्य की निर्मितियाँ मनुष्य के लिए ख़तरा बनती हैं। इसलिए भारत के लिए पाश्चात्य अनुकरण पर केन्द्रित विकास के बदले भारतीय जलवायु एवं संस्कृति के लिए अहमियत प्रदान करनेवाला विकास लाना आज की माँग है।

नवराष्ट्रीयता इस माँग की पूर्ति करती है। वह बहुलता के संस्कार से निर्मित राष्ट्र-संकल्पना है। वहाँ प्रत्येक के लिए जगह है। वह किसी केन्द्रीय या सांस्कृतिक प्रभुत्व की राष्ट्रीयता नहीं होगी। अभी तक भारत की बहुलता को सहिष्णुता से स्वीकार करने की एक मानसिकता भारतीयों को विशेषकर सत्ताधारियों को नहीं थी। लेकिन आज का साहित्य सांस्कृतिक बहुलता को गुंजायमान करता है।

यह परिकल्पना अथवा अवधारणा नवराष्ट्रीयता का सबसे वांछनीय स्वर है। इसमें स्वदेशी स्वावलम्बन की भावना है, स्वाधीनता के मूल्य को उद्घाटित करती है। भारत में स्वाधीनता आन्दोलन के समय रूपायित स्वदेशी राष्ट्रीयता की परिष्कृत एवं विकसित संकल्पना है नवराष्ट्रीयता। उसमें अपनी ज़मीन की महक है, बहुस्वरता है, वह आदर्श राष्ट्रीयता है। जब राष्ट्रों की रूपायिति हुई विशेषकर पाश्चात्य जगत् में हिंसा को आधार बनाया गया था। इसलिए वहाँ अब भी हिंसात्मक वृत्ति का बोलबाला ज़ारी रहता है। लेकिन भारत को राष्ट्र बनाने के आदर्श में हिंसा का कोई स्थान नहीं रहा था। इसलिए आज भारत की स्थिति में जो विच्छिन्नता आ गयी उसे एक साथ मिलाकर एक स्वर में अनेक स्वरों को गुंजरित करना है। यह गौरवपूर्ण कार्य समकालीन साहित्य करता आ रहा है। इसलिए 'नवराष्ट्रीयता' एक मानसिक प्रवृत्ति है। जब यह प्रवृत्ति प्रबल हो जाती है तो किसी प्रान्त या देश के निवासियों में भ्रातृभाव जाग्रत हो जाता है। तब उनमें रूढ़ियों से पैदा होनेवाले भेद पुराने संस्कारों से उत्पन्न होनेवाली भिन्नताएँ जैसे जाति, वर्ण, वर्ग, लिंग, वंश और रीति एवं धार्मिक विषमताएँ एक प्रकार से मिट जाती हैं।

इस पुस्तक को प्रकाशित करने में वाणी प्रकाशन के प्रबन्ध निदेशक, अरुण माहेश्वरी ने जो सौमनस्य दिखाया है उसके लिए बहुत आभारी हूँ।

–के. वनजा

अनुक्रम

राष्ट्र और राष्ट्रीयता

जब एक अवधारणा के सम्बन्ध में बुनियादी सन्देह पैदा होता है तब वह अवधारणा सैद्धान्तिक चर्चा का विषय बनती है। देश, राष्ट्र, राष्ट्रीयता, राष्ट्रवाद सम्बन्धी अवधारणाओं के सम्बन्ध में यह सही उतरता है। इतिहासकार, राजनीतिज्ञ आदि के साथ आज दार्शनिक, मनोवैज्ञानिक, समाजशास्त्री, भाषावैज्ञानिक एवं साहित्यविद् भी इस चर्चा में भाग लेते हैं। उपर्युक्त अवधारणा में निहित द्वन्द्व और उभयभाव एक आन्दोलन के रूप में तथा एक विचारधारा के रूप में आज प्रकट हुआ है। समकालीन सन्दर्भ में सांस्कृतिक, राजनीतिक, आर्थिक एवं सामाजिक गतिविधियों को आँकने-परखने के लिए राष्ट्रीयता को समझना अनिवार्य-सा लग रहा है। यह यूरोप के सन्दर्भ में आधुनिकता अथवा ज्ञानोदय की उपज है। उस समय पूँजीवादी-व्यवस्था शुरू हुई थी। जिस आधुनिकता ने देश-राष्ट्र का निर्माण किया उसमें ज्ञानोदय के मूल्य, विश्वास एवं धार्मिक पद्धतियाँ निहित हैं। भौतिकता पर केन्द्रित आधुनिकता ने तर्क के द्वारा अपनी प्रामाणिकता को प्रतिष्ठित किया। तर्क के द्वारा व्यक्ति-समाज और सत्ताओं की कर्मपद्धतियों की व्याख्या और नियन्त्रण करने की शक्ति पर आधुनिकता विश्वास करती है। इस तर्क ने सर्वाधिपत्य के मानक रूप में देश-राष्ट्र को प्रतिष्ठित किया।

आधुनिकता का तर्क पूँजीवाद की चालक शक्ति बनकर काम करता है। इसलिए राष्ट्रीयता की प्रवृत्तियाँ पूँजीवादी समाज में रूपायित होती हैं। समाज विभिन्न हिस्सों में निर्मिति है, जैसे स्त्री, दलित, मज़दूर, किसान, कई जातियाँ आदि। ये केन्द्र शक्ति से भिन्न हैं, इन सबको अधीन बनाने की आधुनिकता का काम पूँजीवाद का भी है। इससे उपनिवेश का जन्म हुआ। देश-राष्ट्रों के आविर्भाव से अन्यों का निर्माण हुआ, यानी कि अनेक हाशिए पर धकेले गये हैं।

राष्ट्र या राष्ट्रीयता एक निश्चित स्थायी मूल्य या सिद्धान्त नहीं है। वह एक राजनीतिक यथार्थ भी नहीं है। वह कई विपरीतताओं से निर्मिति है। एक ओर वह सामन्तवाद एवं मध्यकालीन धर्माधिपत्य से तीसरी दुनिया के देशों के

विमोचन का दर्शन है। कहीं वह अतितीव्र और विद्वेषपूर्ण रूप धारण कर फासिज़्म में परिणत हो गयी है। इस प्रकार विभिन्न कालों में, विभिन्न देशों में, विभिन्न रूपों में वह विद्यमान थी, आज भी वह कई द्वन्द्वों को कई अनुपातों में आत्मसात कर विश्व भर में व्याप्त है। कभी यह सबको मिलाती है तो कभी कई हिस्सों में अलग कर हिंसात्मक बनती है। राष्ट्र-देश के आरम्भ से लेकर हिंसा उसमें लीन दिखाई पड़ती है। कुछ लोग इसे आधुनिक राजनीतिक प्रक्रिया मानते हैं। इसकी वजह यह है कि राजा-महाराजा पारस्परिक आक्रमण में सक्रिय थे। वहाँ देशों की सीमाएँ बदलती जा रही थीं। जो राजा जीतता था जनता उसकी प्रजा बनती थी। लेकिन आधुनिक राष्ट्रीयता में एक स्थायी सीमा और शासन से युक्त देश-राष्ट्रों का जन्म हुआ। फ्रेंच क्रान्ति इस प्रकार के राष्ट्र रूपायन के लिए कारण बन गयी। जनता स्वतन्त्र नागरिक बन गयी। उसके साथ वह प्रजातन्त्रीय एवं धर्मनिरपेक्ष राष्ट्र की संकल्पना को बढ़ावा देने में समर्थ हुई।

लेकिन यह कोरा विश्वास मात्र रहा है। राष्ट्रीयता कभी भी स्थिरता या व्यक्ति के अधिकारों तथा समानता की रक्षा नहीं करती दिखाई देती है। इसकी वजह है राष्ट्र के निर्माण के पीछे के कारक तत्त्व या बुनियादी विचार। हम देख चुके हैं कि राष्ट्र रूपायिति पूँजीवाद से है। तब उसका अर्थ-केन्द्रित स्वरूप प्रकट है। योरोप में राष्ट्ररूपायिति में भाषा, धर्म, वंश, संस्कृति इतिहास, आर्थिक एकता, लोकपरम्परा आदि काम करता है। इसलिए स्वाभाविक रूप में अन्यों की सृष्टि भी हुई है। परिणामतः राष्ट्रीयता एवं राष्ट्र आशंका एवं सन्देह के स्तर पर पहुँच गये हैं।

राष्ट्र राष्ट्रीयता : अर्थ, स्वरूप एवं इतिहास

राष्ट्रीयता एक विश्वास या राजनीतिक विचारधारा है। वह एक व्यक्ति की अस्मिता से सम्बद्ध है जो एक राष्ट्र से बन्धित है। उसमें राष्ट्रीय अस्मिता है, देशप्रेम है, सामाजिक बुनावट एवं व्यक्ति-व्यवहार है जो शासन के निर्णय और प्रवृत्तियों का समर्थन करता है। राजनीतिक एवं समाजशास्त्रीय दृष्टियों से देखा जाय तो राष्ट्रीयता के आधारभूत दो दृष्टियाँ विद्यमान हैं। पहली दृष्टि आदिम है वह राष्ट्रीयता की सृष्टि की ओर मनुष्य के प्रयाण और विकास को सूचित करती है। अन्य विविध समूहों में संगठित होकर धीरे-धीरे विकसित होने की उसकी आदत को प्रतिफलित करने और परिभाषित करने में सहायक है।

दूसरी दृष्टि आधुनिक है, जो राष्ट्रीयता को पनपने और विकसित होने के लिए आधुनिक समाज की संरचनात्मक स्थितियाँ चाहती है। इन दोनों को

मिलाकर एनगेजड सिद्धान्त राष्ट्रीयता की परिभाषा यों देता है : "राष्ट्रीयता का रूप आधुनिक है, उसका सार और विषयवस्तु आदि संवेदनाएँ हैं।" रोजन मास्टेरस 'द नेचर ऑफ़ पोलिटिक्स' (1989) में कहते हैं कि दोनों दृष्टियाँ व्यक्ति के तीन स्वर की आम रुचियों को स्वीकार करती हैं–

1. समूह के आन्तरिक स्तर पर प्रतियोगिता और प्रतिक्रिया करने के लिए झुण्डों को संगठित करता है और दूसरे झुण्ड पर आक्रमण करने और दूसरे झुण्ड से बचाने का काम करता है।
2. समूह के भीतर व्यक्ति को दूसरों के सहयोग से चीज़ों का संचयन सम्भव है जो अकेले वैयक्तिक प्रयत्न से प्राप्त नहीं हो पाता।
3. वैयक्तिक स्तर पर व्यक्ति की रुचियों को बचाने के लिए बोधपूर्वक अथवा अर्धबोधपूर्वक समूह बनाने के लिए प्रेरित हो जाता है।

जातीय अथवा राष्ट्रीय ग्रुप के विकास के लिए जो झुण्ड प्रयत्न करता है वह प्रयत्न उस झुण्ड के सांस्कृतिक विकास के लिए बहुत ज़रूरी है।

आदिम रूप

यह चार्ल्स डार्विन के विकासवाद पर निर्भर है। मानव के विकास के साथ झुण्ड होकर विकसित होना अर्थात् परिवार, गोत्र, ग्राम समूह, पंचायत, राज्य, देश, राष्ट्र से कई समूहों का विकसित होना सहज स्वाभाविक है। डार्विन के विकासवाद के बाद जॉन दूबी और लेडा कॉसमट्रस द्वारा उसका विस्तार दिया गया। उन्होंने अपने विचार, मनुष्य समूह के विकास में समूहों के सदस्यों के मानसिक और शारीरिक विकास को केन्द्र में रखकर रूपायित किया। इस विकास में परिस्थितियों की भूमिका बहुत बड़ी है। अपने समूह और देश के लिए हानिकारक कोई विशेष परिस्थिति जब उत्पन्न होती है, अथवा जो अपनी रुचि के लिए अनुकूल नहीं है तब राष्ट्रीय रूपायिति होती है। अस्मिता, परम्परा और आर्थिक समता के नष्ट होने के भय से यह राष्ट्रबोध जाग्रत हो उठता है। जनता जानती है कि राज्य उनसे क्या माँगता है तो वह राज्य के प्रति अपना कर्तव्य निभाने के लिए अपने अधिकार सम्बन्धी कुछ शर्तें रख देती है। मतलब है कि व्यक्ति-रुचि के साथ समूह की रुचि भी यहाँ लक्षित है। इसका नुक़सान एक समूह के सन्दर्भ में सबसे बड़ा नुक़सान है। इसका प्रतिस्थापन किसी दूसरे से नहीं किया जा सकता।

'राष्ट्रीय अस्मिता में सबसे मुख्य है जातीय या वंशीय समूह।' The Ethnic Phenomenon (1980) by Pierre Vanden Berghe के अनुसार रिश्ते-नाते के लोगों के बीच का पारिवारिक सम्बन्ध ज़्यादा लम्बा, गहरा, संवेदनात्मक और

सहयोगात्मक रहेगा, यह जातीय समूह बनाने के लिए प्रयुक्त किया जा सकता है। यह पीढ़ी-दर-पीढ़ी में हस्तान्तरित किया जा सकता है। परस्पर स्वीकारना और सहयोग देना जितना छोटे जातीय समूह में सम्भव है उतना बड़े और विच्छिन्न समूहों में सम्भव नहीं हो पायेगा। जातीय एवं राष्ट्रीय समूह वैयक्तिक रुचियों के आधार पर निर्मिति है। वह वैयक्तिक दिलचस्पी व्यक्ति और सामूहिक कार्यों के ज़रिये प्राप्त संसाधनों के वितरण पर आधारित है।

आधुनिक राष्ट्र और राष्ट्रीयता

राष्ट्रीयता का विकास उस समाज में सम्भव है जहाँ औद्योगिक अर्थ-समाज की स्वतन्त्र स्थिति हो, अधिकार और एकता को बनाये रखने के लिए एक केन्द्रीय उच्च अधिकारी हो, एक केन्द्रीय भाषा हो जो जानता समझती हो। जहाँ अधिकार विभक्त हो, अपनी ज़रूरत और विकास के लिए अर्थ नहीं हो, आदान-प्रदान के लिए एक भाषा नहीं हो वहाँ राष्ट्र रूपायित नहीं होता। इसलिए मार्क्स ने राष्ट्रनिर्मिति के बारे में कहा है कि वह एक मध्यवर्गीय क्रान्ति है और एक औद्योगिक अर्थव्यवस्था है। इसलिए मार्क्स ने अपने शुरुआती दिनों में भारत के उपनिवेश का समर्थन किया था।

आधुनिक राष्ट्र और राष्ट्रीयता सम्बन्धी अवधारणा को समझने के लिए विभिन्न विद्वानों के विचार एवं परिभाषाओं से गुज़रना अनिवार्य है।

नेशन शब्द लैटिन भाषा के 'नेशियो' (natio) से बना है, अर्थ है जन्म या प्रजाति। जर्मनी और फ्रांस में शुरू में राष्ट्र शब्द उच्च शासक वर्ग के लिए प्रयुक्त होता था। सत्रहवीं शती तक आते-आते राष्ट्र शब्द किसी राज्य की विशेष आबादी के लिए, प्रयुक्त शब्द बन गया। फ्रेंच क्रान्ति ने राष्ट्र शब्द को बड़ी लोकप्रियता प्रदान की, देशभक्ति का नया अर्थ भी दिया। नैशनलिज़म (राष्ट्रवाद) शब्द का पहला प्रयोग जोहान गोटफ्रैड हेर्डर (Johann Goltfried Herdier) ने किया था। उन्होंने जर्मन लोगों की अपनी उत्पत्ति पर गर्व किया और भाषा पर आधारित एक राष्ट्रीय सन्देश दिया। उन्होंने विश्वास किया कि यह राष्ट्रवाद राष्ट्रीय सोच और संस्कृति का निर्णय करता है।

फ्रेंच इतिहासकार एवं भाषापंडित एणस्ट रेनान 'क्या है राष्ट्र?' शीर्षक विख्यात लेख में राजप्रशासन, गोत्रस्मृतियाँ, धर्म, भाषा, भूमिशास्त्र, लोक-आर्थिक रुचियाँ, प्रतिरोध की शक्ति आदि को राष्ट्र की परिभाषा देने के घटकों के रूप में मानते हैं। उनके अनुसार प्रत्येक का अपना-अपना महत्त्व है राष्ट्र रूपायिति में। 1870 के युद्ध में फ्रान्स के कुछ भाग जर्मनी ने अपने अधीन कर लिए।

उस समय लिखित यह लेख राष्ट्र के प्रति लिबरल अप्रोच का उत्तम उदाहरण है। उन्होंने राष्ट्र को आत्मा कहा, वह एक आत्मीय तत्त्व है। उनके अनुसार राष्ट्र के सम्बन्ध में सबसे मुख्य है अतीत का गौरव। वर्तमान में एकजुट रहने की इच्छा। राष्ट्र अनश्वर नहीं है। दुखद स्मृतियाँ जनता को एकजुट होकर रहने में सहायक बनती हैं। जब इन दुखद स्मृतियों की प्रासंगिकता नष्ट हो जाती है तब नया राष्ट्र रूपायित हो जाता है। प्रतिदिन के जनहितों की जाँच है राष्ट्र। जिस राष्ट्र की धार्मिकता खो गयी उस राष्ट्र को रहने का कोई अधिकार नहीं है। राष्ट्र सम्बन्धी सभी न्यायान्यायों पर विचार करनेवाली शक्ति वहाँ की जनता है, बाहर से किसी का हस्तक्षेप नहीं होना है। पारस्परिक स्वीकृति से कुछ आम मुद्दों के आधार पर एकजुट होनेवाला समाज राष्ट्र में परिणत हो जाता है।

क्लीफार्ड गीट्स के अनुसार, धर्मों एवं गोत्रसमूहों में विद्यमान अस्मिता बोध से बिल्कुल भिन्न है राष्ट्र के उदय से उत्पन्न नागरिक बोध। आधुनिक राष्ट्र में भी व्यक्ति के ऊपर असर डालनेवाले कुछ आदिबिम्ब एवं मिथकीय धारणाएँ हैं। वे औपनिवेशिक शासन के उपरान्त के भारत जैसे राष्ट्रों में विद्यमान भिन्न प्रकार के विश्वासों के बीच के संघर्षों पर विचार करते हैं। जाति, गोत्र, भाषा, भूविभाग, संस्कृति जैसी चीज़ें स्वत्व रूपायन में प्रभाव डालती हैं। क्लीफोर्ड गीट्स देश-राष्ट्र सम्बन्धी विश्वासों, परम्पराओं एवं संस्कारों को शंका की दृष्टि से देखते हैं। गोत्रसम्बन्ध, वंश, भाषा, स्थानीयता, धर्म-आचार एवं अनुष्ठानों से प्राप्त अस्मिता आधुनिक राष्ट्र में अप्रासंगिक है। लेकिन नागरिक के रूप में व्यक्ति की प्रतीक्षाएँ पूरी करने में देश-राष्ट्र जब असमर्थ हो जाते हैं तब व्यक्ति को उपर्युक्त अस्मिता एवं उनकी संगठित शक्ति की ओर जाना पड़ता है। समकालीन इतिहास पर यदि नज़र डालें तो ज़ाहिर होता है कि वंशीयता की रेखाएँ राष्ट्र के भीतर ही भीतर छिपी पड़ी हुई हैं। नागरिकों के अधिकारों एवं राष्ट्रीय अधिकारों का जहाँ निषेध होता है वहाँ वैसी अस्मिताएँ ज़्यादा प्रबल हो जायेंगी। तब देश-राष्ट्र के अधीन वर्तमान उपराष्ट्रीयताएँ प्रबल बनती हैं।

ई.जे. होब्सबोम की 'राष्ट्र और राष्ट्रीयता : 1780 के बाद' शीर्षक कृति राष्ट्रीयता की रूपायिति में वंशीयता और प्रादेशिक वरेण्य वर्ग की भागीदारी पर विशेष बल देती है। उनके अनुसार राष्ट्र सामाजिक निर्मितियाँ है, शाश्वत नहीं है। प्रौद्योगिकी और आर्थिक विकास के कई सन्दर्भ राष्ट्रों को ढूँढ़ निकालते हैं। राष्ट्रीय अस्मिता को व्यक्ति की अस्मिता को छुपाते हुए नहीं बल्कि उनकी शृंखला बनकर वर्तमान होना चाहिए। राष्ट्रीय-शृंखला बनकर वर्तमान होना चाहिए। राष्ट्रीय प्रबुद्धता समाज में पहले एक छोटे-से हिस्से में ही प्रकट होती थी।

जब वह विकास के अन्तिम चरण में पहुँचती है तब पूरी जनता को लेकर आगे बढ़ती है। योरोप में सबसे पहले राष्ट्रीयता साहित्य, संस्कृति एवं लोकविज्ञान के क्षेत्र में प्रकट हुई थी। उसके उपरान्त उसको राजनीतिक रूप दिया गया।

हॉब्स के अनुसार, आधुनिकता को अलग करते हुए राष्ट्र का अध्ययन सम्भव नहीं है। योरोपीय भाषाओं में राष्ट्र के अर्थ में नेशन शब्द 19वीं शताब्दी के अन्त में ही प्रयुक्त हुआ। वे कहते हैं कि राष्ट्र का मतलब सत्ता, सत्ता का मतलब जनता, जनता का मतलब सभी प्रकार के अधिकारों से सम्पन्न जनता। फ्रेंच क्रान्ति से उत्पन्न क्रान्तिकारी एवं जनता पर केन्द्रित राष्ट्रीयता ने वंशीयता (ethnicity) को प्रथम स्थान नहीं दिया। उन्होंने आर्थिक रूप से समृद्ध और आर्थिक विकास हासिल करने के लिए आवश्यक काफ़ी एक बड़े समूह को उपलब्ध राजनीतिक अस्मिता को राष्ट्र की संज्ञा दी। इसलिए उन्होंने दूसरे देशों को और प्रदेशों को अधीन बनाकर एक राष्ट्र और राष्ट्रीयता की परिभाषा देने में कोई ग़लत कार्य महसूस नहीं किया।

होब्सबोम की राय में, एक लोक-इतिहास एवं उसके परिणाम स्वरूप उत्पन्न होनेवाला ऐक्यबोध राष्ट्रीयता की ओर ले जानेवाला तत्त्व है। एक समूह को जब अतिप्राकृत राष्ट्रीयता अथवा आदिम राष्ट्रीयता नाम से सम्बोधित करनेवाले कई भावात्मक विश्वासों के साथ मिलाया जाये तो उसको राजनीतिक स्वभाव मिलता है। सभी देशों में राष्ट्रीयता और उससे उत्पन्न राष्ट्र से समकक्ष रखने योग्य कुछ समूह होंगे। उनके अनुसार राष्ट्रीयता का आधार राष्ट्रीय भाषाओं की परम्परा नहीं है। अधिकांश राष्ट्रभाषाएँ कृत्रिम निर्मितियाँ हैं। यहूदी राष्ट्रीयता ने आधुनिक हिब्रू को ढूँढ़ निकाला। परस्पर आशय विनिमय करनेवाले वरेण्य वर्ग का जब उदय हुआ तथा उनके बीच के आदान-प्रदान के लिए एक सामान्य भाषा नहीं है तो वहाँ राष्ट्ररूपायिति की वजह बनता है। उदाहरण के लिए 1789 से 50 प्रतिशत फ्रांसीसियों को फ्रेंच मालूम नहीं था। 1860 में इटली जब रूपायित हुई तो केवल ढाई प्रतिशत लोग ही इटालियन भाषा का इस्तेमाल करते थे।

आधुनिक काल में होब्स के अनुसार वंशीयता भी राष्ट्रीयता की परिभाषा में स्थान नहीं रखती है। अफगानिस्तान में 'पुष्टु' भाषा का प्रयोग करनेवाली जनता यद्यपि वे वंशीयता पर तीव्रता रखती तो भी आधुनिक राष्ट्रीयता से बाहर है। वंश-विद्वेष को जिन जिन सत्ताओं ने जानबूझकर बढ़ावा दिया उन्होंने उसे राष्ट्रीयता के लिए प्रयुक्त किया। सामाजिक सम्बन्धों की विस्तृत शृंखला बनाने में काबिल होने के कारण धर्म भी राष्ट्रीयता में हस्तक्षेप करता है। पोलैंड और आयरलैंड में जब राष्ट्रीयता को जनतन्त्रीय रूप मिला तो वहाँ धर्मों का समर्थन था।

1880-1914 के दौरान वंशीयता और भाषा राष्ट्रीयता के मुख्य घटक बने थे। अठारहवीं शती के अन्तिम चरणों में लोकसंस्कृति के नवोत्थान का कार्य शुरू हुआ तो अपरिष्कृत जनता की आदिम संस्कृति की खोज शुरू की गयी थी। यह आदिम राष्ट्रीयता की वजह बन गयी। ऐरिश राष्ट्रीयता के विकास के लिए केल्टिक संस्कृति के नवोत्थान की देन बहुत सराहनीय है। उस समय राष्ट्रीयता के रूपायन में भाषा और वंशीयता का वर्चस्व रहा था। जनता का अन्तरराष्ट्रीय पर्यटन वंशीयता का नया बोध देने लगा। इस काल में जनता को विभिन्न वंशों में विभक्त करके उन वंशों को कई स्तरों में मूल्यांकन करने का कार्य शुरू हुआ। 1880 में यहूदियों के प्रति विद्वेष वंश-विरोध में बदल गया। 1890 में फ्रांस और जर्मनी में वंश-विद्वेष को सैद्धान्तिक मान्यता मिली।

औद्योगिक पूँजीवाद के द्वारा आर्थिक-सामाजिक परिवर्तन का बड़ा उभार हुआ। इस आधुनिकता ने राष्ट्रीयता को पुष्ट करने में बड़ा काम किया। भाषा के वर्चस्व पर केन्द्रित राष्ट्रीयता सत्ता की राजनीति में हस्तक्षेप करने का नया मार्ग ढूँढ़ने लगी। बहुमत के यहूदियों की भाषा 'यीडिष' थी। उसके बदले में मातृभाषा हिब्रू अपनी राष्ट्रीयता की चिह्न बन गयी। वैसे ही भारत में संस्कृत शैली की हिन्दी भारत की भाषा बन गयी गाँधीजी द्वारा स्वीकृत हिन्दुस्तानी के बदले में। तब मध्यवर्गीय बुद्धिजीवियों ने अपनी अतृप्ति प्रकट करने के लिए प्रान्तीय भाषाओं का इस्तेमाल करना शुरू किया। तब उनको प्राप्त स्वीकृति राष्ट्रीयता को भाषा से मिलानेवाली दूसरी कड़ी है। राष्ट्रीयता के व्यवहारों में असहिष्णुता का आन्तरिक प्रवाह वहाँ से तीव्र हो जाता है। यह असहिष्णुता उसकी उच्चता पर दो विश्वयुद्धों के बीच पहुँच गयी। राष्ट्र और राष्ट्रीय आर्थिक-व्यवस्था के बीच का तादात्म्य 1919 के वारसाई समझौते के बाद योरोप में सर्वत्र फैल गया। पुराने साम्राज्यों के ऊपर राष्ट्रों की प्रतिष्ठा हुई। राष्ट्रों ने देश की सीमाओं को राष्ट्रीयता की सीमा के रूप में जब व्याख्यायित किया तो हर राष्ट्र की अधिकारिक राष्ट्रीयता के बाहर बड़ी संख्या में अल्प समाज शेष रह गया। वंशीयता, भाषा और राष्ट्रीयता इन तीनों में एकता लाने के लिए अल्पसंख्यकों का निष्कासन या हत्या करने की ज़रूरत पड़ी। तुर्की के लोगों ने 1915 में अरमीनियन वंशजों को बड़े पैमाने पर निष्कासित किया। 1922 के युद्ध के बाद एशिया मैनर से 15 लाख ग्रीक लोगों को बाहर कर दिया। 1947 में हुए भारत विभाजन और 1971 में हुए बंगलादेश का जन्म आदि को भाषा का आधार बनाने के पक्ष में है होब्सबोम। प्रथम विश्वयुद्ध के बाद रूपायित यूगोस्लाविया की विभिन्न राष्ट्रीयताएँ परस्पर लड़कर अलग-अलग राष्ट्रों में परिणत हो गयीं। वे यह प्रमाणित करना चाहते हैं कि

बीसवीं शती के अन्त तक आकर 19वीं शती में रूपायित राष्ट्र संकट का सामना कर रहे हैं। नव-औपनिवेशीकरण के फलस्वरूप सभी राष्ट्रों में एक से ज़्यादा राष्ट्रीयताएँ भाषा, धर्म, वंश आदि पर केन्द्रित हैं। होब्स के अनुसार ऐसी बहुलताएँ राष्ट्रीयता को कमज़ोर नहीं करती हैं। इसलिए होब्स के विचारों के मुताबिक़ राष्ट्रीयता आधुनिक काल में मात्र सम्भव है।

1983 में बेनेडिक्ट एंडरसन (Benedict Anderson) द्वारा लिखित 'कल्पित समाज : राष्ट्रीयता का उद्भव एवं विकास', शीर्षक पुस्तक राष्ट्रीयता की प्रवृत्तियों के विरुद्ध दुनिया का प्रवेश हम मान सकते हैं। उनके अनुसार यह राजनीति पर मात्र आधारित एक प्रस्ताव नहीं इसमें सांस्कृतिक समस्याएँ भी अन्तर्निहित हैं। उनके मुताबिक़ नागरिकता (nationality), राष्ट्रसत्ता (nationness), राष्ट्रीयता (nationalism) आदि खास सांस्कृतिक निर्मितियाँ हैं। मनुष्य के उनके द्वारा निर्मिति विकार-विचार मनुष्य को मारने और मरने के लिए प्रेरित करते हैं। इससे पता चलता है कि वे बहुत अतल से जन्म लेते हैं। हर राष्ट्र को नया मानने के साथ उसकी जड़ें बहुत प्राचीन भी हैं। राष्ट्रीयता एक सार्वभौमिक आशय है, फिर भी हर राष्ट्रीयता का अपना-अपना क्रम और स्वभाव है। राजनीति में हलचल पैदा करने में उनकी जो शक्ति है उसे दार्शनिक दृष्टि से मूल्यांकित करने की कोशिश नहीं हुई है। इस सन्दर्भ में एंडरसन जन समूह की विभाजन शक्ति को ज़्यादा महत्त्व प्रदान करते हुए राष्ट्र को एक कल्पित राजनीतिक समूह (Imagined political cemmunity) कहा। एक साथ परिसीमित एवं परमाधिकार से सम्पन्न है राष्ट्र।

राष्ट्र अनेक चिह्नों से निर्मिति विचारधारा के क्षेत्र पर केन्द्रित है। लेकिन इन विचारधाराओं पर 17वीं शती तक पर्दा डालते हुए धर्मसमूह एवं राजवंश परम्पराएँ शासन कर रहे थे। वेद-ग्रन्थों की भाषा संस्कृत एवं पवित्र मानी गयी। वैसे ही अरबी, लैटिन, मन्दारिन आदि भाषाएँ धर्मों के साथ जोड़कर श्रेष्ठ भाषा यानी कि इन भाषाओं को ईश्वरीयता प्रदान की गयी। इन धर्मों के पालन करनेवालों की विश्वदृष्टि को इनके आराधकों ने नियन्त्रित किया। लेकिन इन भाषाओं के जानकार लोग बहुत कम थे। अन्तरराष्ट्रीय पर्यटकों द्वारा दी गयी जानकारियों के फलस्वरूप एक खुली दुनिया सामने आने लगी। मुद्रण यन्त्रों के प्रचार से जनभाषाओं की शक्ति बढ़ गयी तो श्रेष्ठ भाषाओं की केन्द्रीयता शिथिल होने लगी और पुरोहितवर्गों का आधिपत्य झकझोरने लगा। सोलहवीं शती तक की योरोपीय किताबों में 77 प्रतिशत लैटिन भाषा में प्रकाशित थीं। लेकिन सोलहवीं सती के अन्त तक आते-आते फ्रेंच, जर्मन, अंग्रेज़ी आदि भाषाओं में कृतियाँ बड़े पैमाने पर प्रकाशित होने लगीं।

विश्व नवजागरण के आदि नायक दान्ते ने मातृभाषा को सबसे पहले अपनी रचना 'डी वलगारी इलक्वनष्या' में सामाजिक एवं सामूहिक स्तर पर परिभाषित किया। चौदहवीं सती में उन्होंने स्पष्ट किया कि बच्चे अपनी आया के मुँह से जो भाषा सुनते हैं वही भाषा है मातृभाषा। कृत्रिम ढंग से निर्मिति लैटिन भाषा नहीं है उन लोगों की मातृभाषा, बदले में सामाजिक स्तर पर अर्जित इटालियन है इटली के लोगों की भाषा। उनके अनुसार दैविक भाषा जो कृत्रिम है वह नहीं है, जो प्राकृतिक एवं सहज है वह है। इस दृष्टि से यह कहा जा सकता है कि लैटिन की जगह काव्य भाषा के रूप में इटालियन का प्रयोग जब शुरू हुआ तब से इटली में नवजागरण का आरम्भ माना जाता है। विज्ञान और काव्य की भाषा जब मातृभाषाएँ बनीं तब योरोप में विविध राष्ट्र एवं राष्ट्रीयताओं का जन्म हुआ।

लूथर क्रान्ति इस सन्दर्भ में विचारणीय है। 1517 में जर्मनी में छोटे-छोटे शहरों के चर्चों के दरवाज़ों पर मार्टिन लूथर द्वारा उठाये गये 95 सवाल पन्द्रह दिनों के भीतर पूरे जर्मनी में फैल गये। प्रेस के आधिपत्य ने देव भाषाओं की प्रामाणिकता को जड़ों से उखाड़ दिया। लूथर की आनुयायियों का प्रचार यह सूचित करता है कि समाज पर कैसे मुद्रण का प्रभाव पड़ता है। ईसाई धर्म के आधिपत्य पर सवाल करने की शक्ति प्रोटेस्टेड को यदि मिल गयी तो वह मुद्रण से प्राप्त जनता का समर्थन है। लैटिन से अनभिज्ञ स्त्रियों और दुकानदारों ने अपनी भाषा में लिखित पेम्फ्लेट्स बड़ी रुचि से पढ़े। लूथर द्वारा जर्मनी में अनूदित बाइबिल के ज़रिये यह ज़ाहिर हुआ कि मातृभाषा अथवा जनभाषा के ज़रिये ईश्वर को जनता पहचान सकती है। वैसे भक्ति का जनतन्त्रीकरण हुआ। इसका उदाहरण है केरल में मलयालम में लिखित पूंतानम नंपूतिरिप्पाड की 'ज्ञानप्पाना' को मेलत्पत्तूर द्वारा संस्कृत में लिखे गये 'नारयणीय' से काफ़ी स्वीकृति लोगों के बीच में मिली। तब भक्ति का विकास प्रादेशिक अथवा मातृभाषाओं के यूरोप में ही नहीं दीगर देशों में भी हुआ है। इससे यह बात स्पष्ट है कि भाषा बोधपरक प्रक्रिया नहीं है, वह सामाजिक होने के साथ-साथ अबोध भी है। वह यान्त्रिक या कृत्रिम नहीं है। लूथर द्वारा अनूदित बाइबिल के क़रीब 430 संस्करण जर्मन भाषा में 1522 से 1546 के बीच में प्रकाशित हुए। वैसे नये पाठक समूह भाषा समूहों के रूप में पुनः संगठित हुए। मुद्रण पूँजीवाद द्वारा सम्पन्न है। मुद्रण की भाषाओं ने नयी राष्ट्रीयता की नींव डाली।

यह तीन प्रकार से सम्पन्न हुआ। कई स्थानीय भाषाएँ जहाँ प्रचार में थीं, वहाँ एक भाषा जब मुद्रण भाषा बनकर प्रचार में आ जाये तो वहाँ उस भाषा के साथ सम्पर्क जोड़कर एक बड़ा जनसमूह रूपायित होता है। मुद्रण से धर्मनिरपेक्षता

का उदय होने के साथ भाषा का मानकीकरण भी सम्भव हो जायेगा। राष्ट्र की कल्पना करने में प्राचीनता का बोध भी अनिवार्य है। मुद्रण माध्यमों ने भाषा समूह के सांस्कृतिक संचय को एक विकसित राष्ट्रीय परम्परा का हिस्सा बनाने का कार्य नहीं किया। तब कई स्थानीय भाषाओं में एक मानक भाषा बन जाती है। उसको अन्य देशी भाषाओं से ज़्यादा स्थान मिल जाता है। तीसरी बात यह है कि यह स्थान शासकों के सम्पर्क से रूपान्तरित हो जाता है।

सत्रहवीं शती तक आते-आते कई योरोपीय राष्ट्र औपनिवेशिक शक्तियाँ बन चुकी थीं। अमेरिका में पहुँचे लोगों की भाषा अंग्रेज़ी के होते हुए भी वहाँ 'क्रियोल' मातृभाषा रूपायित हुई। अमेरिका में क्रियोल समूह स्वराज का शासन करने लगा। इसका इतिहास राष्ट्रीयता के आशय का एक और सन्दर्भ है। यह साम्राज्यवादी शक्तियों के ख़िलाफ़ सबसे बड़ा आन्दोलन था। उत्तर अमेरिका में अठारहवीं शती में मुद्रणालय प्रचार में आ गया। समाचारपत्रों का मुद्रण बड़े पैमाने में आ गया। यह ग्रामीण एवं प्रान्तीय अस्मिता को परिभाषित करने में कामयाब हुआ। सम्पादक, प्रेस और लेखकों ने मिलकर नये राष्ट्रबोध का आरम्भ किया।

योरोप में एंडरसन के अनुसार राष्ट्रीयता की विचारधाराएँ कोशनिर्माताओं, वैयाकरणों, भाषाशास्त्रियों एवं लेखकों द्वारा रूपायित हुईं। उनके मुताबिक़ व्यापार, बाज़ार, मुद्रण, पत्र इन सबके मिलने से योरोप में भी प्रादेशिक भाषासमूहों में राष्ट्रीयता की प्रवृत्तियाँ जन्म लेने लगीं। टॉमनैन (Tom Nan) का दावा है कि मध्यवर्गीय बुद्धिजीवियों और सामान्य जनता को इतिहास की ओर आमन्त्रित करने के लिए निमन्त्रण पत्र आम जनता की भाषा में ही तैयार करना है।

आधिकारिक राष्ट्रीयताएँ राष्ट्र के स्थायित्व को बनाये रखने के उद्यम की हिस्सा है। योरोप में विकसित राष्ट्रों ने अपनी आधिकारिक राष्ट्रीयता को उपनिवेशिक देशों के ऊपर दबा दिया। जब राष्ट्रीयता दमन की नीति में विकसित होने लगी तब उसकी प्रतिक्रिया के रूप में उपनिवेशित देशों में राष्ट्रीयता का आविर्भाव होने लगा। एंडरसन कहते हैं कि उपनिवेश में विकसित राष्ट्रीयता, राष्ट्रीयता के इतिहास की अन्तिम लहर है। औपनिवेशिक सत्ताओं ने जब देशवासियों को बुलाया तब भी उनको शासन तन्त्र के बाहर खड़ा कर दिया। पठन-पाठन और बुद्धिजीवियों द्वारा स्वीकृत इतिहास और राष्ट्रीयता के नमूने अपने समूहों को स्वतन्त्र और भिन्न रूप देने में प्रेरक हुए। बुद्धिजीवी लोग अपने द्वारा निर्मित राष्ट्र समूह का चित्र जनता के सामने प्रस्तुत कर सके। जनता अशिक्षित एवं दूसरी भाषा की भी है। उनकी भी हिस्सेदारी से निर्मित राष्ट्रीयता की प्रवृत्तियाँ जब कई माध्यमों से आविष्कृत हुईं तो एक राष्ट्र के हिस्से के रूप में वे अपने को पहचानने लगे।

एंडरसन ने समझ लिया कि मुद्रण पूँजीवाद की उपज है, उसका और भाषा का स्थान राष्ट्रनिर्मिति में महत्त्वपूर्ण है। उनके अनुसार बाज़ार आर्थिक सम्बन्धों के लिए ही नहीं बल्कि वह संस्कृतियों का निर्माण भी करता है। पुरानी प्रतिमाएँ, बिम्ब और शिल्प नाम रूप में जन्म लेने लगे। ज्ञान एवं संस्कृति के बीच का बुद्धिजीवियों और सामान्य जनता के बीच सम्बन्ध पुनर्व्याख्यायित हुआ। उपन्यास और समाचारपत्र बाज़ार की उपज बनकर सामने आये। व्यक्तियों के रूप में बिखरे पड़े समूह का नया नीतिशास्त्र तैयार करने में मोंडेन के निबन्ध सहायक हुए। चर्च के भाषणों के स्थान पर अख़बार आ गये। धर्म केन्द्रित समाज टूटने लगा। जिन पुस्तकों पर प्रतिबन्ध लगाया गया उन सबका प्रचार ज़्यादा होने लगा। प्रोटेस्टेंट परिवार के भीतर प्रार्थना करने लगा और पुरोहित एवं चर्च का मीडियेटर बनना ख़त्म हो गया।

पुस्तकों का प्रचार मध्यवर्ग तक मात्र सीमित नहीं था, वह मज़दूरों के बीच में भी पहुँच गया। सत्ता और नागरिकों के बीच उत्पन्न मतभेद को दूर करने के लिए शिक्षित ज्ञानी लोग तैयार थे। क्लब, कॉफ़ी हाउस, समाचार-पत्र, पत्रिकाएँ आदि में जो विवाद एवं संवाद हुए वे सामन्तीय व्यवस्था के ख़िलाफ़ थे। आधुनिक दर्शनों के अनुकूल जनता को सुसज्जित करने में वे सहायक हुए। धर्मनिरपेक्षता के परिप्रेक्ष्य में राष्ट्र का इतिहास निर्मित हुआ। एंडरसन के मुताबिक़ राष्ट्र एक साथ खुला और बन्द संवर्ग है। वर्तमान को भूतकाल की सिलसिलेदार कड़ी के रूप में जब व्याख्यायित किया जाता है तो विस्मृतियाँ और स्मृतियाँ एक साथ मिलकर प्रकट होती हैं। इसलिए वे कहते हैं कि धर्मनिरपेक्ष काल में खड़े होकर अपने आगे की कड़ियों को भी ढूँढ़ निकालना है।

1806 में फिदो ने भाषा को राष्ट्रीयत्व का आधार मानकर अपने विचारों को सामने रखा। धर्म से अलग होकर एक धर्मनिरपेक्ष आधुनिक समाज को भाषा गठित करती है। व्यक्ति, राष्ट्रीयता, राष्ट्र आदि आधुनिक संकल्पनाएँ मातृभाषा के द्वारा रूपायित हैं। ईश्वर की प्रजा से पृथक् होकर राजा की प्रजा का बोध जब जन्म लेता है तब भाषा और राष्ट्रीयता धरती के मनुष्य समूह की समस्या बन जाती है। तब धार्मिक प्रार्थना को छोड़कर राजनीति में भाषा प्रवेश करती है।

वैसे भी आधुनिक भाषावैज्ञानिक जोशुआ-ए-फिशमैन (1926-2015) ने 1996 में प्रकाशित अपनी पुस्तक 'इन प्रेज ऑफ़ द बिलविड लैंग्वेज़ : ए कम्परेटिव पॉजिटिव एथनॉ-लिंग्विस्टिक कांशसनेस' में जातीयता और भाषा के अन्तःसम्बन्धों की व्यापकता पर विचार करते हुए जातीयता को जनगणमन के आनुभविक पूर्णता और ऐतिहासिक प्रामाणिकता के दावे पर टिकी एक गहरी सांस्कृतिक सामूहिकता

का पर्याय तथा भाषा को स्वाभिमान, प्रेम और समर्पण की चीज़ कहा था। इस प्रकार फिशमैन भाषा को मनुष्य के जातीय-सांस्कृतिक व्यवहार का सूचक एवं प्रतीक बताते हैं। उनके लिए भाषा कोई इकहरी या एकल इयत्ता न होकर सामाजिक-राजनीतिक प्रक्रियाओं के विभिन्न तत्त्वों—राष्ट्रवाद, राष्ट्रीयता, जातीयता, अस्मिता और राष्ट्र आदि की सूत्र-संरचनाओं को समझने का साधन है। उन्होंने अपनी किताब 'लैंग्वेज़ एंड नैशनलिज़म' में राष्ट्रीयता-राष्ट्र पर विचार करते हुए राष्ट्रीयता को एक ऐसी सामाजिक-सांस्कृतिक इकाई के रूप में परिभाषित किया जो स्थानीय आत्म-धारणाओं तथा एकजुटता के जुड़ावों से परे जाकर विकसित होती है। राष्ट्रीयता के लिए स्वायत्त इलाके की अनिवार्यता नहीं होती, जबकि राष्ट्र एक ऐसी राजनीतिक इकाई का एकक होता है जो किसी राष्ट्रीयता के नियन्त्रण में काम करता है। फिशमैन ने राष्ट्रवाद को राष्ट्रीयता से अलग करते हुए दिखाया कि राष्ट्रवाद राष्ट्रीयताओं के जातीय-सांस्कृतिक स्व-हितों पर आधारित धारणाओं, मूल्यों, व्यवहारों का पुंज तथा एक समावेशी ढाँचा होता है जबकि राष्ट्रीयता राजनीतिक रूप से स्वतन्त्र भौगोलिकता के अर्जन और संरक्षण से जुड़े व्यवहार, विश्वास और मूल्यों के समुच्चय की ओर इंगित करती है। फिशमैन ने इस भिन्नता को और स्पष्ट करते हुए बताया कि राष्ट्रीयता राष्ट्रवाद से सही मायने में अलग है कि वह जातीय प्रामाणिकता के बजाय कार्यविधिक दक्षता पर ज़्यादा ज़ोर देती है। राष्ट्रवाद और भाषा के सम्बन्धों पर उनकी यह टिप्पणी काफ़ी गौर देने की है कि राष्ट्रवाद अक्सर गौरवशाली अतीत की प्रामाणिकता का दावा करने के लिए भाषा का उपयोग करता है। उसका यह दावा जब प्रत्यक्ष में आता है तो वह मातृभाषा को आत्मा का अंग बताता है। और जब यह दावा अप्रत्यक्ष होता है तो मौखिक और लिखित छवियों का सहारा लेता है।

पाश्चात्य राष्ट्रीयताएँ विशेषकर अंग्रेज़ी राष्ट्रीयता के निर्माण में बाइबिल की गहरी भूमिका निर्विवाद की है। लेकिन हेस्टिंग्स के अनुसार स्थानीय साहित्यों के जागरण और विकास ने राष्ट्रीयता को रूपायित करने में बड़ा योगदान दिया है। स्मिथ ने भी बाइबिल के अनुवाद पर केन्द्रित राष्ट्रनिर्मिति का विरोध किया। स्मिथ राष्ट्र की आधुनिकता को मानते हैं। उनके मुताबिक़ राष्ट्र को प्रमाणित करने के लिए वंशीयता का बड़ा हाथ है। मिथक, प्रतीक, ऐतिहासिक स्मृतियाँ आदि के सन्दर्भ में मध्यकालीन ईसाई समूह एवं आधुनिक योरोपीय राष्ट्रों के बीच विशेष नैरन्तर्य दिखाई देता है। इसमें नवीकरण एवं पुनःपाठ होते रहते हैं। इंग्लैंड के अभिजात वर्ग ने सुस्थिर शासन-व्यवस्था का निर्माण कर उससे सांस्कृतिक अस्मिता को परिभाषित किया। कई तरह के वंशों को जोड़ते हुए

14वीं शती तक आते-आते अंग्रेज़ी वंशीयता एक सांस्कृतिक शक्ति बन गयी। इसलिए 18वीं शती में इंग्लैंड में रूपायित राष्ट्र की जड़ें काफ़ी गहरी और अतीत से सम्बन्धित थीं। रूस जैसे देशों में सत्ता के बाहर रूपायित हुई। बहुजन केन्द्रित वंशीयता के आधार धर्मग्रन्थ, प्रार्थना और पुरोहितों से होकर प्रचारित मिथक, प्रतीक, सामूहिक स्मृतियाँ और मूल्य हैं। ग्रीक, रूस, इथियोपिया, यहूदियों एवं ईसाई पेरिस-पोलिश जनसमूहों में ऐसी वंशीयता रूपायित हुई है उनमें पूर्णतः धर्मनिरपेक्षता का बीजवपन नहीं हुआ। इसलिए स्मिथ ने कहा कि वंशीयता को राष्ट्रीयता में परिणित होने के लिए कई चरणों से गुज़रना अनिवार्य है।

विख्यात इतिहासकार टोयन्बी ने 1960 में विश्व की एकता के मुख्य दुश्मन के रूप में राष्ट्रीयता को माना। विश्वसमूह बनाने के प्रयत्न के समान सबसे बड़ा दुश्मन 'मेरा राज्य, वह महान है' का नारा है। उनके अनुसार, राष्ट्रीयता से दो ख़तरनाक स्थितियाँ उत्पन्न होती हैं–(1) महत्त्व को ऊँचा करते समय दूसरे देशों को स्वीकार करना मुश्किल हो जायेगा। देशों के बीच द्वन्द्व उत्पन्न होगा। मुसोलिनी ने इटली को इस राष्ट्रीयता के उन्माद में पहुँचा दिया था। वह राष्ट्रीयता फासिज़्म में परिणत हो गयी।

(2) वंश, देश, वर्ण, भाषा आदि में से किसी एक के आधार पर राष्ट्रीयता को बनाने का श्रम किया तो एकपक्षीय राष्ट्रीयता से असन्तृप्त होकर जनता अपनी-अपनी उपराष्ट्रीयता को उभारने की कोशिश करेगी। उस सन्दर्भ में राष्ट्रीयता दुर्बल हो जायेगी। अलगाववाद उत्पन्न होगा। हिन्दी का नारा जब बुलन्द हुआ तब तमिलनाडु में द्रविडस्थानवाद प्रबल हो गया। नागालैंड असम से अलग हुआ, तेलंगाना आन्ध्र प्रदेश से।

होमी भाभा राष्ट्र को सांस्कृतिक सूचनाओं की व्यवस्था कहते हैं। संस्कृति एकपक्षीय या केन्द्रीय नहीं होगी, बदले में नये अर्थों एवं सूचनाओं को निरन्तर उत्पन्न कर राष्ट्रीय शरीर में प्रवेश करती है।

एडवर्ड सईद के मुताबिक़ सांस्कृतिक विस्तार का रूप है राष्ट्र। वह संस्कृति को सबसे ज़्यादा उत्पादनपरक स्थिति में पहुँचा देता है। भारत में राष्ट्रीयबोध एक ही बार रूपायित हुआ जब हम ब्रिटिशों के अधीन थे। एलबर्ट ऐस्टिन ने कहा–"राष्ट्रीयता मानवीयता का चेचक रोग है।" उपर्युक्त राष्ट्र एवं राष्ट्रीयता सम्बन्धी विचारों के आधार पर राष्ट्रीयता के कई भेद प्रकट होते हैं। उन पर प्रकाश डालना अनिवार्य लग रहा है। उनमें मुख्य जो हैं वे निम्नलिखित हैं–

(1) **पूर्णता या समग्रता की राष्ट्रीयता** : यह राष्ट्रीयता देश के स्वतन्त्र राष्ट्र होने के बाद जन्म लेनेवाली राष्ट्रीयता है। इसके उदाहरण हैं मुस्सोलिनी की इटली

और नाजी जर्मनी। इसकी मुख्य विशेषताएँ हैं उग्रअतिवाद, आक्रामक सैनिकवाद, जनता की पराधीनता आदि। यह प्रायः फासिज़्म को भी लाँघ लेने वाला है।

(2) **सिविक राष्ट्रीयता अथवा लिबरल राष्ट्रीयता** : यह जनता का संघ है। जनता खुद अपने को राष्ट्र मानती है। जनता को समान राजनीतिक अधिकार यह लक्षित करता है। इसके अनुसार राष्ट्र जातीय परम्परा नहीं है, वह राजनीतिक सत्ता है। रेनेन, जॉन स्टुअर्ट मिल जैसे लोग आरम्भिक उदार राष्ट्रवादी हैं। उदार राष्ट्रवाद का प्रभाव अमेरिका और फ्रांस पर पड़ा।

(3) **राष्ट्रीय शुद्धता** : कुछ राष्ट्रीय समूह ऐसे हैं जो जाति, भाषा, संस्कृति, इतिहास, धर्म आदि के माध्यम से राष्ट्र की परिभाषा निश्चित करते हैं। ऐसे राष्ट्रों में जो लघु संस्कृतियाँ होती हैं, वे उपर्युक्त राष्ट्रीय पहचान के भीतर आती ही नहीं हैं। यह है राष्ट्रीय शुद्धता।

(4) **वंशीय राष्ट्रीयता** : जिस राष्ट्र की रूपायिति जातीय अधिनायकवाद और जातीय सुरक्षा पर लक्षित हुई है उस राष्ट्रीयता को वंशीय राष्ट्रीयता नाम से अभिहित किया जा सकता है।

(5) **रिसोरगिमेंटो राष्ट्रीयता** : यह राजनीतिक और सामाजिक आन्दोलन से रूपायित है। इस दृष्टि के आधार पर इटली के विभिन्न राज्यों को एक देश में परिवर्तित कर दिया गया। यह प्रक्रिया 1815 में शुरू होकर 1871 में पूरा हो गयी जब रोम उसकी राजधानी बना। यह आन्दोलन बाद में ग्रीक, जर्मनी और पोलैंड में हुआ।

(6) **वामपन्थी राष्ट्रीयता** : इसे समाजवादी राष्ट्रवाद कहा जाता है। यह राजनीतिक आन्दोलन है जो वामपन्थी राजनीति और राष्ट्रवाद मिलकर रूपायित है। "Marxism and the National Question" में स्टालिन की राय है कि राष्ट्रवाद को अन्तरराष्ट्रीयता में प्रयुक्त किया जा सकता है, राष्ट्रीय आज़ादी के लिए वंशीय और धार्मिक भेदभाव के बगैर लड़ना है। इसके कई उदाहरण हमारे सामने हैं जैसे अमेरिका के ख़िलाफ़ फिदेल कास्ट्रो का क्यूबन आन्दोलन, बंगलादेश में अवामी लीग का और साउथ अफ्रीका में अफ्रीका का राष्ट्रीय कांग्रेस आदि।

(7) **देशीय राष्ट्रीयता** : इसकी शर्तें ऐसी जनता का निर्माण है जो आम मूल्यों पर केन्द्रित सामान्य संस्कृति, आचार संहिता और परम्परा की बुनियाद पर अवस्थित हो।

(8) **पान राष्ट्रीयता** : इसका लक्ष्य सालविक लोगों को एक देश में एकत्र करना है। 1918 में युगोस्लाविया में कई दक्षिण के लोगों को मिलाने का काम हुआ। यह जातीय ग्रुप के समूह के निर्माण पर अधिष्ठित है।

(9) **उपनिवेशविरोधी राष्ट्रीयता :** यह विदेशी शक्तियों के शासन के ख़िलाफ़ अफ्रीका और एशिया के देशों की प्रतिक्रिया है। भारत में उपनिवेश के ख़िलाफ़ जो राष्ट्रीयता रूपायित हुई वह इस कोटि की है।

उपर्युक्त विश्लेषण से हमारे सामने राष्ट्र कई सवाल खड़ा करता है। राष्ट्र क्यों राजनीतिक शासन के नियमानुसार चलता है। राष्ट्र सांस्कृतिक संघ है, वह राजनीतिक संघ नहीं, एक विशेष प्रदेश से सम्बद्ध नहीं है। लेकिन राष्ट्रवादियों के अनुसार सीमाओं के भीतर एक संस्कृति होनी चाहिए। उनका मुख्य लक्ष्य विविध संस्कृतियाँ हैं। दार्शनिक ए.सी. ग्रेलिंग के मत में राष्ट्र कृत्रिम निर्मितियाँ है। राष्ट्रों की सीमाएँ अतीत के युद्धों के रक्त से सींची हुई हैं। एक-एक देश सांस्कृतिक वैविध्य का है, संस्कृतियों का सहयोग है। सांस्कृतिक विरासत और राष्ट्रीय अस्मिता एक नहीं है। यह लोगों के बीच के अन्तरों और व्यक्तियों की पहचान पर बल देता है। यह शोषणपरक विचार है। क्योंकि वैयक्तिक पहचान पूरे देश में व्यापक होने का मौक़ा देती है। यह एलीट तथा राजनीतिक नेताओं को जनता को नियन्त्रित एवं अपने अधिकार के दुरुपयोग करने का अवसर देती है।

19वीं शती के क्लासिक राष्ट्रवादियों ने योरोप के वंशीय सम्राटों का विरोध किया। उसने कई प्रतिराष्ट्रीयताओं को जन्म दिया। इस्लामिक नवजागरण ने 20वीं शती में इस्लामिक राष्ट्र-राज्य को निर्मित किया। इसलिए राष्ट्रीयता के सम्बन्ध में उदार राजनीतिक परम्परा में व्यापक ढंग से आलोचनाएँ चल रही हैं। वहाँ राष्ट्रवाद को ख़तरनाक शक्ति माना जाता है।

भारत में राष्ट्र और राष्ट्रीयता

भारत की राष्ट्र एवं राष्ट्रीयता सम्बन्धी मान्यताएँ दो प्रकार की दिखाई देती हैं—एक तो देशज राष्ट्रीयता है वह भक्तिकाल से शुरू होती है, दूसरी आधुनिक काल की उपज मानी जाती है, उसे औपनिवेशिक राष्ट्रीयता कहा जाता है। अधिकांश इतिहासकार एवं विद्वान लोग एक-दूसरे के समर्थक हैं। भारत में भक्तिकाल से जो राष्ट्रीयता शुरू हुई वह आधुनिक युग में आकर थोड़ी धीमी पड़ गयी तो फुले जैसे लोगों से वह सजग होकर समकालीन सन्दर्भ में अम्बेकर के विचारों के ज़रिये पुनः समर्थ एवं पुष्ट हो गयी। इसी सन्दर्भ में कई ऐतिहासिक रचनाओं पर ध्यान देते समय प्रामाणिक इतिहासकार के रूप में रामविलास शर्मा को मानना पड़ता है। क्योंकि उनके विचार आचार्य रामचन्द्र शुक्ल जी की इतिहास-दृष्टि का उपजीव्य है। आधुनिकता का उदय मतलब पूँजीवाद का, औद्योगीकरण के साथ हुआ उसके पहले ही रामविलास शर्मा की इतिहास-दृष्टि आधुनिकता को

पहचानने लगी थी। अपनी रचना 'मानव सभ्यता के इतिहास' में वे यह दिखाना चाहते हैं—पूँजीवाद उत्पादन पद्धति का प्रतिष्ठित होने के पहले सौदागिरी पूँजी द्वारा पुरानी व्यवस्था के अन्दर ही पूँजीवादी सम्बन्धों का निर्माण हो चुका था। सम्बन्धों के निर्माण का परिणाम ही जातीय गठन है। 'जाति' को वे परिभाषित करते हैं—"जाति वह मानव समुदाय है जो व्यापार द्वारा पूँजीवादी सम्बन्धों के प्रसार के साथ गठित होती है। सामाजिक विकास क्रम में मानव-समाज पहले 'जन' या 'गण' के रूप में गठित होता है। सामूहिक श्रम और सामूहिक वितरण गण-समाज की विशेषता है। उसके सदस्य आपस में एक-दूसरे को रक्त सम्बन्ध के आधार पर मानते हैं। इन गण-समाजों के टूटने पर लघु जातियाँ बनती हैं। जिनमें उत्पादन छोटे पैमाने पर होता है। नये श्रम-विभाजन के आधार पर भारतीय-वर्ण-व्यवस्था जैसी समाज-व्यवस्था का चलन हुआ है। पूँजीवादी युग में इन्हीं लघु जातियों से आधुनिक जातियों का निर्माण होता है। डॉ. शर्मा 'राष्ट्र', 'नेशन' और जाति इन तीनों शब्दों के सूक्ष्म भेद को भी रेखांकित करते हैं। मार्क्सवादी साहित्य ने 'नेशन' शब्द जिस अर्थ में प्रयुक्त किया उसके लिए हिन्दी-बंगला का परिचित पुराना शब्द 'जाति' का प्रयोग करना उचित समझा। 'राष्ट्र' शब्द से भूमि का भी बोध होता है, जबकि 'नेशन' शब्द से केवल भूखण्ड के निवासियों का बोध होता है। उनके मुताबिक़ जातीयता की सबसे बड़ी पहचान भाषा है। इसलिए हिन्दी, बंगला, मराठी, तमिल आदि भाषाएँ बोलनेवालों को अलग-अलग जातियाँ माना जाता हैं। प्रत्येक 'जाति' आधुनिक पूँजीवादी आर्थिक सम्बन्धों के विकास का परिणाम है।" वे नस्ल और धर्म को जाति का आधार नहीं मानते हैं। एक ही धर्म को माननेवालों में भाषा के आधार पर अलग-अलग जातियों का अस्तित्व होता है। उदाहरण के तौर पर तुर्क, अरब, ईरानी मुसलमान हैं। लेकिन उनकी भाषाएँ अलग-अलग हैं। तब उनकी जातीयता की पहचान उनकी भाषाओं से होती है।

डॉ. शर्मा के अनुसार एक जातीय भाषा के रूप में हिन्दी का प्रसार तेरहवीं-चौदहवीं शती में शुरू हुआ। वे कहते हैं—"तेरहवीं-चौदहवीं शती में सामन्ती समाज का ढाँचा ढीला पड़ने लगा था। वर्ण-व्यवस्था शिथिल हो रही थी और लोग अपने खानदानी पेशे छोड़कर नये पेशे अपनाने लगे थे। तुर्कों के हमलों से यह ढाँचा और कमज़ोर हुआ, हालाँकि उसे तोड़नेवाली ताक़तें उसके भीतर पैदा हो रही थीं।" सामन्ती समाज के ढाँचे के ढीले पड़ने का कारण था सौदागरी या व्यापारिक पूँजीवाद का उदय। इसकी प्रक्रिया तुर्कों के आगमन के पहले ही शुरू हो गयी थी किन्तु तुर्क बादशाहों ने बाज़ार, तोलने के बाँट, सिक्के आदि को

लेकर जो सुधार किये, उनसे सौदागरों को फायदा पहुँचा। शेरशाह दूरदर्शी और उदार शासक थे। उसके ज़माने में जो सड़कें और नहरें तैयार हुईं उनसे व्यापार में सुविधा हुई। परिणामस्वरूप पूरे देश में व्यापार की बड़ी-बड़ी मंडियाँ कायम हुईं। आगे चलकर मुग़लों के ज़माने में भी व्यापार में वृद्धि हुई। मुग़ल बादशाह ख़ुद भी व्यापार करते थे। व्यापार की उन्नति से 'पुराने जनपदों' का अलगाव दूर हुआ। पटना, बनारस, इलाहाबाद, आगरा और दिल्ली ऐसे केन्द्र बन गये जिनके चारों तरफ़ एक कौमी बाज़ार कायम हुआ। इन कौमी बाज़ारों में व्यापार और विनिमय के लिए जिस भाषा का उपयोग होता था वह भाषा 'खड़ी बोली' या 'हिन्दी' थी। इसलिए हिन्दी जाति की निर्माण-प्रक्रिया उसी समय शुरू हो गयी थी। सामन्तीय रूढ़ियों को प्रतिबिम्बित करनेवाली भाषा—'अपभ्रंश' को छोड़कर अवधी, ब्रज, बुन्देलखण्ड आदि लोकभाषाएँ आगे बढ़ रही थीं। साहित्य के क्षेत्र में जनपदों की दूरियाँ कम होने लगी थीं। रामविलास शर्मा जी यह प्रमाणित करना चाहते हैं कि ब्रज, अवधी, खड़ी बोली आदि भाषाओं ने हिन्दुस्तानी अथवा जाति के निर्माण में मदद की वे कहते हैं कि 'हिन्दी जाति' का चरित्र संघर्षों से परिपुष्ट हुआ है। यह संघर्ष दो तरह का माना जा सकता है। एक ओर तो यहाँ के लोग विदेशी आततायियों के ख़िलाफ़ लड़ रहे थे दूसरी ओर उन्हें सामन्तीय उत्पीड़न और उनके द्वारा पोषित सामाजिक रूढ़ियों से भी जूझना पड़ रहा था। इस सन्दर्भ में वे कहते हैं—"भक्ति आन्दोलन में ये दोनों पहलू मौजूद हैं। जुलाहे और किसान इस आन्दोलन को शक्ति देनेवाले हैं। सौदागर उसके सहायक हैं, हिन्दू और मुसलमान, सूफ़ी और सन्त दोनों उसमें शामिल हैं।" वे निष्कर्ष रूप में प्रमाणित करते हैं कि भक्ति आन्दोलन एक जातीय और जनवादी आन्दोलन है।

रामविलास जी की मान्यता है कि "व्यापारिक पूँजीवाद सामन्ती ढाँचे के भीतर पनपता है, पर उसे तोड़ नहीं पाता। इसलिए सामन्ती रूढ़ियों की धारा और लोकजागरण की धारा समानान्तर प्रवाहित होती है। वे एक-दूसरे को प्रभावित भी करती हैं। लोकजागरण का काव्य और 'भक्ति-काव्य' एक-दूसरे के पर्याय नहीं हैं। सामन्तीय रूढ़ियों से मुक्त सारा साहित्य, 'लोकजागरण काव्य' के अन्तर्गत आता है। भक्तिकाल लोकजागरण काव्य का महत्त्वपूर्ण अंग है। लोकजागरण काव्य की पूरी परम्परा को शर्माजी ने सूचित किया। विद्यापति से आरम्भ कर, खुसरो तथा भक्तिकाव्य के कवियों को उसके अन्तर्गत समाहित करते हुए रहीम, सेनापति, भूषण, गिरधर कविराय, पद्माकर, घन आनन्द आदि की गणना करते हुए आधुनिक काल तक आ जाते हैं। इसमें स्वच्छन्दतावादी, यथार्थ चित्रण, नीतिविषयक प्रवृत्तियाँ हैं, वीररस की कविताएँ हैं, लेकिन भक्तिकाव्य इसकी

शक्तिशाली प्रवृत्ति है। उनके विचार में भारतेन्दु से जो नवजागरण शुरू होता है, वह नयी परिस्थितियों में, पुराने लोकजागरण का विकास है। शर्माजी की स्थापना है—"आधुनिकता अंग्रेज़ी राज की देन नहीं है। उसका विकास इस राज के विरुद्ध संघर्ष के दौरान हुआ है। वह अंग्रेज़ी साहित्य की नक़ल नहीं है, वह पुराने साहित्य की सामन्त-विरोधी उपलब्धियों की बुनियाद पर विकसित हुआ है।" शर्माजी भक्ति आन्दोलन को 'एक जातीय और जनवादी' आन्दोलन मानते हैं।

डॉ. शर्मा ने 'त्रिलोचन : आधुनिकता और परम्परा बोध' शीर्षक अपने लेख में 'जातीय परम्परा' को इस प्रकार परिभाषित किया है—"जिस समाज में अनेक वर्ग हों, रहन-सहन और व्यवहार के अनेक स्तर हों उसमें साहित्य की परम्परा भी अनेक होती हैं। मोटे तौर पर जैसे एक दरबारी परम्परा, दूसरी गैर-दरबारी परम्परा। इनमें जो परम्परा किसी जाति के सांस्कृतिक विकास में सहायक होती है, उसे हम जातीय परम्परा कहते हैं। वे गैर-दरबारी परम्परा को हिन्दी जाति के सांस्कृतिक विकास के लिए सहायक मानते हैं।"

हिन्दी जाति की संघर्षशील चेतना को स्पष्ट करते हुए डॉ. शर्मा बताते हैं—"हिन्दी जाति में पूँजीपति और ज़मींदार हैं, किसान मज़दूर हैं और मध्यवर्ग के लोग हैं। संघर्षशील चेतना पूँजीपतियों और ज़मींदारों की चेतना नहीं है, वह किसानों, मज़दूरों और मध्यवर्ग के प्रबुद्ध अंश की चेतना है।" भक्तिकाल से आरम्भ होनेवाली इस जातीय परम्परा का निरूपण करते हुए युग-विशेष के मुख्य अन्तर्विरोधों को ही महत्त्व देते हैं। उनकी दृष्टि में भक्तिकाल में मुख्य अन्तर्विरोध रीति और भक्ति में है। भक्ति आन्दोलन को शूद्र और द्विज तथा हिन्दू और मुसलमान सभी ने मिलकर आगे बढ़ाया। वे स्वीकार करते हैं कि इस आन्दोलन में शूद्र और द्विज का अन्तर्विरोध भी है, किन्तु गौण है। जातीय परम्परा का मुख्य आधार पीड़ित और ग़रीब जनता है। अपनी महत्त्वपूर्ण कृति 'भारतीय संस्कृति और हिन्दी प्रदेश' भाग-2 में स्पष्टतः कह देते हैं, ग़रीब जनता को आधार बनाकर जब तक समाज में हिन्दू-मुस्लिम का भेदभाव नहीं मिटाया जाता, तब तक हिन्दी भाषी जनता भीतर से सुदृढ़ नहीं हो सकती। इसी तरह जब तक जाति बिरादरी का भेद बना हुआ है, तब तक हिन्दी जाति भीतर से कमज़ोर बनी रहेगी।"

डॉ. शर्मा एंडरसन की 1983 में प्रकाशित पुस्तक में राष्ट्र सम्बन्धी जो विचार है और उसका आरम्भ 18वीं शती से मानने की बात का विरोध करते हैं। डॉ. शर्मा का कहना है कि एंडरसन के सामने 18वीं शती का औद्योगिक पूँजीवाद था। यदि वे "घरेलू बाज़ार के निर्माण से जाति के निर्माण को जोड़ें तो उनको

वास्तविकता स्वीकार करनी पड़ेगी।" उन्होंने शेक्सपियर के नाटकों का हवाला देकर स्पष्ट किया है कि औद्योगिक क्रान्ति से बहुत पहले 16वीं शती से अंग्रेज़ जाति और उसके साथ अंग्रेज़ी भाषा की धारणा विद्यमान थी। शर्माजी के अनुसार "पूँजीवाद का विकास सबसे पहले इटली में हुआ और वहाँ इटालियन जाति का निर्माण हुआ। जिसे मध्यकाल कहते हैं वह सामन्ती व्यवस्था का समय है। दान्ते उससे जुड़े हुए हैं, लेकिन उससे आगे बढ़कर वे पूँजीवादी युग में प्रवेश करते हैं और अपने काव्य में नयी चेतना भी प्रतिबिम्बित करते हैं। यह पूँजीवाद महीनों से कारख़ानों में माल तैयार करनेवाला पूँजीवाद नहीं है। औद्योगिक क्रान्ति अभी बहुत दूर है, लेकिन इससे सदियों पहले इटली में जाति का निर्माण हो चुका है।" एंडरसन के मत से जुड़नेवाले रणजीत गुहा जैसे इतिहासकारों का भी वे प्रमाण सहित खण्डन करते हैं। डॉ. शर्मा जी का दृढ़ मत है कि 'जाति', 'जातीयता', 'जातीय-चेतना' जैसी अवधारणाएँ मानव-समाज के विकास की निश्चित ऐतिहासिक स्थिति की देन है और इन्हें काल्पनिक नहीं माना जा सकता।

वे साहित्य के क्षेत्र में जिस प्रकार जातीय चेतना की बात करते हैं वैसे ही सभी कलाओं के साथ इसे मिला देते हैं। इससे यह ध्यातव्य है कि रामविलास शर्मा जी भारत की देशज राष्ट्रीयता के पक्ष में हैं। साहित्य में भी स्वतन्त्रता प्राप्ति के बाद की आधुनिकता में जो पाश्चात्यीकरण हुआ उसका विरोध करते हैं। असल में पूरे भारत में भक्तिकाल में राष्ट्रीयता का उदय हुआ।

राष्ट्र के अस्तित्व के लिए एक ही भाषा का व्यवहार आवश्यक नहीं है। संसार के अधिकांश राष्ट्र बहुजातीय हैं, उनमें अनेक भाषाओं का व्यवहार होता है। पूँजीवाद के अभ्युदय काल में एक जाति पूँजीपतियों द्वारा दूसरी जातियों के दमन के कारण यह आभास होने लगा था कि एकजातीय और एक भाषावाले राष्ट्र का निर्माण पूँजीवादी विकास का सामान्य नियम है। किन्तु फ्रांसीसी राज्यक्रान्ति के समय फ्रांस में, साम्राज्यवाद के विघटनकाल में ब्रिटेन में, दूसरे महायुद्ध के बाद जर्मनी में स्पष्ट हो गया कि वे सब एकजातीय राष्ट्र नहीं थे।

रामविलास जी राज्य और राष्ट्र में अन्तर करते हैं। जहाँ राष्ट्रीयता के नाम पर एक जाति का उत्पीड़क वर्ग शेष जातियों पर राज्य करता होगा उसे देश का राज्य कहना ही उचित है। भारत जैसे देश में अनेक जातियाँ दीर्घकाल से साथ रहती आयी हैं, उनमें सामान्य राष्ट्रीयता का भाव है, चाहे वह राजनीतिक रूप से एक राज्य हो चाहे नहीं उसे राष्ट्र कहना उचित है। किसी जाति का राजनीतिक विभाजन होने से जैसे उसकी जातीयता का नाश नहीं हो जाता—कोरिया, वियतनाम, जर्मनी, बंगाल, पंजाब सभी विभाजित हैं या रहे हैं, फिर भी राजनीतिक विभाजन से

एक की जगह दो जातियाँ नहीं बन गयीं। वैसे ही भारत जैसे देश के राजनीतिक विभाजन होने से उसकी राष्ट्रीयता समाप्त नहीं हो जाती।

लैटिन में 'पात्रिआ' शब्द का व्यवहार तब होता था जब इटली में गण-समाज थे, इसका व्यवहार तब तक होता रहा जब वहाँ सामन्ती व्यवस्था के अन्तर्गत लघुजातियाँ बनीं। इस शब्द का आधुनिक इटालियन भाषा में व्यवहार होता है जब उन पुरानी लघुजातियों से मिलकर इटालियन जाति बनी। शब्द एक ही है, विभिन्न समाज-व्यवस्था में उसका अर्थ प्रसार होता रहा। उसी प्रकार राष्ट्र शब्द का व्यवहार यहाँ वैदिक काल में होता था, फिर उत्तर वैदिक काल में उसका व्यवहार होता रहा। विभिन्न युगों में, विभिन्न व्यवस्थाओं में, उसका अर्थ प्रसार होता गया। जहाँ तक भारत राष्ट्र की भौगोलिक सीमाओं का सम्बन्ध है, महाभारत में ये सीमाएँ लगभग यही हैं जो बीसवीं शती में हमारे सामने हैं। इन सीमाओं के भीतर जिस तरह के समाज रहते आये हैं, उनमें परिवर्तन हुआ है। राष्ट्र और पात्रिआ में अन्तर यह है कि पात्रिआ उस भूमि का अर्थ देता है जहाँ एक या अनेक समुदाय रहते हैं। राष्ट्र और 'नेशन' में यह अन्तर है कि नेशन शब्द किसी भूखण्ड विशेष में रहनेवाले मानव-समुदाय का अर्थ देता है। यदि 'नेशन' और 'पात्रिआ' इन दोनों शब्दों का अर्थ मिला दिया जाय तो वह अंशतः राष्ट्र के निकट पहुँचेंगे। शर्माजी के अनुसार 'नेशन' केवल एक ही भाषा बोलनेवालों का समूह होता है किन्तु राष्ट्र में एक ही भूखण्ड के निवासी अनेक भाषाएँ बोलनेवाले मानव-समुदाय हो सकते हैं।

राष्ट्रीयता का अर्थ अनेक भाषाओं का सहअस्तित्व, उनका परस्पर सहयोग है, उनका विनाश या दमन है। कुछ लोग राष्ट्रीयता की उत्पत्ति अंग्रेज़ी राज में देखते हैं। यह राष्ट्रीयता चाहे स्वयं अंग्रेज़ों ने भारतीय जनता को उन्हें भेंट की हो, चाहे भारतीय जनता ने उन्हें निकालने के लिए स्वयं अर्जित की हो, वह नकारात्मक तभी हो सकती है जब संसार में साम्राज्यवाद का विघटन भी नकारात्मक प्रक्रिया हो। साम्राज्यवादियों को यह बिल्कुल पसन्द नहीं कि उनकी विश्व-व्यवस्था टूट जाये। इसलिए साम्राज्यवादी अपने को संसार भर के सारे विकासों का कारण सिद्ध करने के लिए तुले हुए हैं। यहाँ कहने का मतलब है कि रामविलास शर्मा के राष्ट्र एवं राष्ट्रीयता सम्बन्धी विचार के केन्द्र में साम्राज्यवाद का विरोध है। उसके लिए उन्होंने मार्क्सवादी दृष्टि का सहारा लिया। लेकिन अपनी परम्परा का पुनर्मूल्यांकन कर एक देशज राष्ट्रीयता को सम्भव बनाने के पक्ष में हैं वे। भारतीय जड़ों को आधुनिक नज़रिए से विश्लेषण कर उसमें अन्धविश्वासों आदि को निकालकर शुद्ध भौतिक रूप प्रदान किया है। वहाँ समस्त उपेक्षितों जैसे

किसान, मज़दूर, स्त्री, दलित, प्रत्येक की भाषा आदि को स्थान देकर बहुलता की राष्ट्रीयता या बहुल संस्कार की राष्ट्रीयता को बनाने के पक्ष में हैं। उनके अनुसार साम्राज्यवादी पक्षधरता के लोग या औपनिवेशिक राष्ट्रीयता शिथिल होकर क्षतिग्रस्त दिखाई देती है। उस स्थिति से बचने के लिए बहुल संस्कार की देशज राष्ट्रीयता आज की अनिवार्यता है।

आगे मार्क्सवादी आलोचक मैनेजर पाण्डेय ने रामविलासजी द्वारा निर्धारित राष्ट्रनिर्मिति की प्रक्रिया और उसके आरम्भ आदि पर मतभेद प्रकट किया, उनकी किताब 'साहित्य और इतिहास-दृष्टि' में। तब लेनिन की स्थापना द्वारा परम्परा का आधार ग्रहण कर व्यापारी पूँजीवाद के आरम्भ से जातियों का आरम्भ शर्माजी ने मानकर उसे सिद्ध किया। उन्होंने अपनी किताब 'भारत की भाषा समस्या' में स्पष्टतः यह कहा कि व्यापारी पूँजीवाद उन सौदागरों के साथ शुरू हुआ जो अपने साथ खड़ीबोली सुदूर हैदराबाद ले गये। ब्रिटिश पूँजीवाद से टक्कर होने पर भारतीय पूँजीवाद के सहज विकास में बाधा पड़ी, लेकिन वह रुक नहीं गया।' इसलिए जिस व्यापारिक पूँजीवाद का आरम्भ औद्योगिक पूँजीवाद के पहले आरम्भ हुआ उसका विकास अभी तक पूरा नहीं हुआ। शर्माजी ने साम्राज्यवाद की देन को कभी भी राष्ट्ररूपायिति के लिए सहायक नहीं माना। बिल्कुल साम्राज्यवादी विरोधी नज़रिए को अपनाकर देशज राष्ट्रबोध के विकास को अपनाया गया है। यह तथाकथित मार्क्सवादी इतिहास लेखकों से उनको अलग करता है।

लेकिन इस सन्दर्भ में विचारणीय है शम्भुनाथ द्वारा लिखित 'राष्ट्रीय पुनर्जागरण और रामविलास शर्मा'। शम्भुनाथ जी ने रामविलास जी के विचारों से सहमति प्रकट करते हुए आज उनके विचारों की प्रासंगिकता पर प्रमाण सहित खुले मन से विचार प्रस्तुत किया। रामविलासजी ने अन्य मार्क्सवादी इतिहासकारों से भिन्न होकर भारत की महान सांस्कृतिक विरासत की खोज नये सिरे से की है। उन्होंने आजीवन साम्राज्यवाद से संघर्ष किया। उन्होंने रूढ़िवादी यूरोप केन्द्रित और यान्त्रिक भौतिकवादी धारणाओं का खण्डन करके हिन्दी जातीय निर्माण और राष्ट्रीय जागरण के सवाल उठाये। वैश्वीकरण और सबालटर्न इतिहास के रिश्ते को उन्होंने समझकर उसका विरोध किया। राष्ट्र की रूपायिति में किसान, स्त्री, दलित का स्थान क्या है, भाषा की समस्या भारत के सन्दर्भ में कितनी ख़तरनाक है आदि कई मुद्दों पर केन्द्रित रामविलास के विचारों की खुली चर्चा करनेवाले शम्भुनाथ जी इस ज़माने में राष्ट्रीय पुनर्जागरण की अनिवार्यता को रेखांकित करते हैं। यहाँ तर्कातीत बनकर रामविलास शर्मा के विचार समकालीनता के पोषक दिखाई देते हैं, उसका मुख्य कारण उसका देशज स्वभाव है।

राष्ट्र एवं राष्ट्रीयता पर कुछ भारतीय विचारक

स्वाधीनता आन्दोलन के दौरान राष्ट्र एवं राष्ट्रीयता सम्बन्धी कई विचार उभरकर आये। उनमें टैगोर, गाँधी, अम्बेडकर, नेहरू, तिलक, अरबिन्दो आदि के विचार विशेषतः ध्यातव्य हैं।

रवीन्द्रनाथ टैगोर

रवीन्द्रनाथ टैगोर का राष्ट्रीयता सम्बन्धी मुख्य शब्द 'राष्ट्रीय सुरक्षा' और 'राष्ट्रीय तत्परता' है। टैगोर के अनुसार राष्ट्र के नाम पर जो भी कार्य जन्म लेता है, वह अवश्य सत्य अथवा न्याय से बहुत दूर होगा। राष्ट्र के नाम पर बहुत युद्ध इधर हुए, कितने मासूमों का ख़ून यहाँ बहाया गया। लोग सीमित दृष्टि से इस आशय को देखें तो राष्ट्र शब्द से हिस्टीरिया हो जाने की सम्भावना है। इसके लिए उदाहरण है कि मध्ययुग में योरोप में धर्म के नाम पर हुआ पागलपन और अब वह भी विकासशील देशों में जो हो रहा है। इस समय की सबसे अभिवांछित राजनीतिक संस्था है राष्ट्र। यह एक काल्पनिक अवधारणा है। इसका कोई वैज्ञानिक आधार नहीं। लेकिन आधुनिक संकल्पना में यह अब भी अलंघ्य और पवित्र है। राष्ट्रों की प्रतियोगिता दृष्टि की वजह से विश्व अब नाश के कगार पर खड़ा है। टैगोर हमेशा राष्ट्रीयता के विरोध में हैं। वे प्रेम, सादगी, अहिंसा, आत्म-पहचान आदि को राष्ट्रीयता के बदले में रखते हैं। साहित्य सम्बन्धी उनकी मान्यता के साथ दो राष्ट्र सम्बन्धी उनकी व्यापक दृष्टियाँ प्रकट हैं—"विभिन्न जनविभागों की ज़मीन के छोटे-छोटे टुकड़ों का सम्मिलित रूप नहीं है भूमि। वैसे भूमि को देखना अपरिष्कृत दृष्टि मात्र है। कई हाथों से निर्मित रचनाओं को मिलाने पर साहित्य नहीं बनता। वह भी साहित्य सम्बन्धी अपरिष्कृत विचार है। संकुचित प्रान्तवाद से ख़ुद बचना है। हर रचनाकार की रचना को एक साकल्य मानकर उस साकल्य को मानव की सार्वभौमिक सृष्टिपरता के रूप में देखना है। उसे विश्वसाहित्य की सृष्टि के रूप में पहचानने का समय आ गया।" इसका तात्पर्य है कि वे सभी संकुचित भेदभावों की दीवारों के परे एक अन्तरराष्ट्रीय व्यापकता में अपनी दृष्टि को रूपायित करते हैं। राष्ट्र और राष्ट्रीयता सम्बन्धी उनके विचारों को उन्होंने अपने निबन्धों एवं भाषणों में संगृहीत किया है। वे मुख्यतः यों हैं—'पश्चिम की राष्ट्रीयता', 'जापान में राष्ट्रीयता', 'भारत में राष्ट्रीयता', 'निर्माण बनाम सृष्टि' और 'अन्तरराष्ट्रीय सम्बन्ध'। अपने उपन्यासों में, कविताओं में विशेषकर गीतांजली में राष्ट्रीयता की व्याख्या देने की कोशिश हुई है।

उन्होंने उसे 'दुष्टता का सांक्रमिक रोग', 'मानवीयता के लिए धमकी', 'लूट का पवित्रीकरण', 'गुण्डागर्दी का भाईचारा' आदि कई प्रयोगों से अभिव्यक्ति दी है।

गाँधी

गाँधी और टैगोर के बीच में राष्ट्र और राष्ट्रीयता सम्बन्धी मतभेद बहुत कम था, वे परस्पर चर्चा करके एक ही रास्ते पर चलते थे। गाँधीजी ने राष्ट्रीयता के बारे में यों कहा, मेरा राष्ट्रीयता सम्बन्धी आशय है कि मेरे देश को स्वतन्त्र होना चाहिए, इसके लिए पूरे देश को मरना है तो मरेगा क्योंकि मानव जाति ज़िन्दा रहे।" गाँधीजी ने भारत को ब्रिटिशों के आगमन के पूर्व ही राष्ट्र माना। ब्रिटिशों ने और औपनिवेशिक राष्ट्रीयता ने दावा किया ब्रिटिशों के आगमन से भारत एक राष्ट्र बना। लेकिन गाँधीजी ने कहा कि भारत उसके पूर्व ही एक था हम एक बन सकते थे, क्योंकि हमारा जीने का तरीक़ा एक था, लेकिन ब्रिटिशों ने हमें विभक्त किया। उन्होंने पराधीनता को राष्ट्र के लिए सबसे ज़्यादा ख़तरनाक माना। भारत को सभी को स्वीकार करने की सहिष्णुता है। इसलिए भारत एक फेडरल प्रजातन्त्रीय शासन गठित करने में पहले ही समर्थ था। गाँधीजी ने टैगोर की राष्ट्रीयता का जवाब यों दिया—"राष्ट्रीयता का मतलब मेरे लिए मानवीयता ही है। मैं इसलिए देशभक्त बना हूँ कि मैं एक ओर मनुष्य स्नेही हूँ। मेरा देशप्रेम संकुचित नहीं है, उसमें सबका प्रवेश सम्भव है। भारत की सेवा के लिए मैं कभी भी इंग्लैंड या जर्मनी को नुक़सान नहीं पहुँचाऊँगा।" यह पाश्चात्य राष्ट्र सम्बन्धी विचारों से बिल्कुल भिन्न है। गाँधीजी की राष्ट्रीयता के सन्दर्भ में इसलिए रोजन लूईस ने कहा—"गाँधी की राष्ट्रीयता स्वराज के लिए लड़ाई मात्र नहीं थी। उन्होंने एक सहिष्णुता एवं एकता के राष्ट्र की खोज की, उसमें सारा धर्म एक माँ के भीतर समाया। टैगोर और गाँधी के 'राष्ट्रीयता' सम्बन्धी विचार में समानता ज़्यादा है, भिन्नता कम है। दोनों आज की 'राष्ट्रीयता' के विरोधी थे।

गाँधीजी की सबसे प्रसिद्ध रचना 'हिन्द स्वराज' में राष्ट्र सम्बन्धी परिकल्पना बखूबी से रेखांकित की गयी है। यह छोटी-सी रचना एक महत् ग्रन्थ का धर्म निभाती है। उसमें जो बातें बताई गयी हैं वे काल का अतिक्रमण कर सदा हमसे संवाद करने में समर्थ बनी होती हैं। इसलिए राष्ट्र के पुनर्निर्माण में यह रचना हमारे लिए आवश्यक ज्ञानमीमांसात्मक बुनियाद तैयार करती है। यह आधुनिकता की एकलता का निषेध और समकालीनता की बहुस्वरता का समर्थन करती है। उन्होंने औद्योगीकरण पर आधारित आधुनिकता का विरोध इसलिए किया कि औद्योगीकरण के साथ पूँजीवाद और उपनिवेशवाद का इतिहास जुड़ा हुआ है।

वे उन लोगों से सहमत हैं जो आधुनिक सभ्यता को वरदान मानते हैं किन्तु उपनिवेशवाद को अभिशाप। उन्होंने यह कहा कि भारत के सारे दुर्भाग्य के लिए वास्तविक ज़िम्मेदार खुद हम हैं क्योंकि हम आधुनिक सभ्यता के लालच में फँस गये हैं। इसलिए गाँधीजी भारतीयों के अपने गौरवशाली अतीत की ओर जाने के पक्षधर रहे। आधुनिक सभ्यता से भारतीयों ने जो कुछ ग्रहण किया है उन्हें त्याग देने में ही भारत की भलाई है।

गाँधीजी के विचार आधुनिकता और राष्ट्रवाद से निकले हुए नहीं थे। उन्होंने विज्ञान, टेक्नोलॉजी (मशीन), सेकुलरिज़्म, तर्कबुद्धि, इतिहास, प्रतिस्पर्धा, व्यक्तिवाद, भौतिकवाद, राष्ट्रराज्य, नागरिक समाज और प्रगति सम्बन्धी सभी रेखीय अवधारणाओं की तथा आधुनिकता के लगभग सभी पहलुओं की आलोचना की। गाँधी आधुनिक राष्ट्र-राज्य की अभूतपूर्व शक्ति और सत्ता के दुरुपयोग की सम्भावना से सशंकित थे। इसलिए उन्होंने गाँव को बुनियादी इकाई मानते हुए सत्ता के विकेन्द्रीकरण पर ज़ोर दिया था। आर. के. प्रभु ने लिखा है कि गाँधी के मुताबिक़ वास्तविक स्वराज वह नहीं जिसमें सत्ता कुछ लोग हथिया लें, बल्कि वह है जिसमें सभी सत्ता के दुरुपयोग का विरोध करने की क्षमता अर्जित कर लेते हैं। जे.डी. सेठी ने इसी बात को आगे स्पष्ट करते हुए लिखा है, "गाँधी के लिए विकेन्द्रीकरण का अर्थ था समानान्तर राजनीति की रचना, जिसमें लोकशक्ति का सांस्थानिक रूप दिया जाये। ताकि आधुनिक राष्ट्र की सारी शक्ति केन्द्रित कर लेने और लोगों को बेगाना बना देने की प्रवृत्ति को रोका जा सके। इस प्रकार गाँधीवादी विकेन्द्रीकरण की नीति में राज्य के खात्मे की प्रक्रिया अन्तर्निहित थी।"

गाँव और गाँववासियों को औद्योगीकरण की चपेट से बचाने के लिए गाँधी ने 'मास प्रोडक्शन' के बजाय 'मासेज' द्वारा प्रोडक्शन की बात कही। यह नीति किसी प्रदेश की आबादी और पर्यावरण को नाश से बचाने की है। इसे हम आज उपयुक्त टेक्नॉलोजी और टिकाऊ विकास कह सकते हैं। वे भौतिक सुख में तत्पर जनता की सृष्टि करना नहीं चाहते थे।

वे प्रबुद्ध, स्वाधीन लोगों की सृष्टि करने के पक्ष में थे। वे पारस्परिक सहयोग एवं भाईचारे पर केन्द्रित प्रगति की बात कर रहे थे। वे कभी एक अन्धकार युग की ओर भारतीयों को वापस ले जाना नहीं चाहते, अन्धविश्वासों की जगह विश्वास, स्वच्छता, सादगी, मन्थरता आदि में जीवन सौन्दर्य की जड़ें देखते हैं। उनके सामने औद्योगीकरण के लिए किसान एवं कारीगर की तबाही नहीं है विकास। उन्होंने मज़दूर में परिणत करने की औद्योगिक नीति को नहीं माना है। वे मानवता के हित में यन्त्रों के सीमित पैमाने पर उपयोग को स्वीकार करने लगे थे।

इसका मतलब है कि वे वैकल्पिक आधुनिकता के मौलिक चिन्तक हैं। मानवीयता से रहित उद्योगपतियों के मात्र मुनाफ़ा केन्द्रित कारख़ानों का वे विरोध करते हैं।

गाँधी ने स्थानीयता के महत्त्व को दोबारा स्थापित किया। स्थानीयता में भी गाँव की चिन्ता इसलिए आवश्यक थी कि पूँजीवाद ने पहले यूरोप और अन्य उपनिवेशों में सबसे पहले गाँव और गाँववासियों को ही तबाह कर डाला था। वे ऐसी किसी भी आर्थिक विकास-नीति से सहमत नहीं हुए, जिसके कारण गाँव और गाँववासी बड़े पैमाने पर तबाह हों, बेरोज़गारी बढ़े और सारी शक्ति कुछ लोगों के हाथों में सिमट जाये। गाँधीजी जिस गाँव की बात कर रहे थे वह सिर्फ़ एक भौगोलिक इकाई, सांख्यिकीय आँकड़ा या सामाजिक वर्ग मात्र नहीं था। गाँधी का गाँव एक परिघटना थी, एक स्वप्न था, एक संस्कृति थी, कुछ मूल्यों का समुच्चय था।

समकालीनता के लिए जो भी चाहिए वह गाँधीजी के विचार में है। उन्होंने भली भाँति समझ लिया था कि समकालीन सामाजिक, आर्थिक एवं राजनीतिक जीवन में हस्तक्षेप किये बिना आधुनिकता का मुक़ाबला नहीं किया जा सकता। उन्होंने भारतीय परम्परा के उस पक्ष को उभारा जहाँ आत्म-मुक्ति (आत्म-संयम) और समकालीन जीवन में सक्रियता के बीच किसी विरोध की कल्पना नहीं की थी। आधुनिकता के मुख्य पक्षों में एक है हिंसा। उस हिंसा का उन्होंने समकालीनता से सामना किया, उसका शस्त्र रहा अहिंसा, संयम, प्रेम, त्याग और परस्पर सहयोग। उन्होंने आदर्शों को आधुनिकता की खामियों को उखाड़कर फेंकने के लिए ज़रूरी माना। गाँधीजी ने कहा कि सफलता के लिए हिंसा का शॉर्टकट अपनाने में वे विश्वास नहीं करते।...मेरा रास्ता लम्बा, बहुत लम्बा लग सकता है किन्तु मैं आश्वस्त हूँ कि यह सबसे छोटा रास्ता है। लक्ष्य तमाम तरह के क्रियाकलापों की शृंखला के परिणामस्वरूप आता है। इसलिए साधन-साध्य में कोई आत्यन्तिक भेद नहीं है। साध्य मैं नहीं जानता, मेरे लिए तो निधन के बारे में जानना ही काफ़ी है। मेरे जीवन लक्ष्य में साधन-साध्य परस्पर परिवर्तित होनेवाली अवधारणाएँ हैं। गाँधी ने क़ानून सम्बन्धी जो विचार पेश किया वह सौ प्रतिशत आज सही सिद्ध हो रहा है कि क़ानून और संविधान चाहे जितना अच्छा बना लें, यदि उसको लागू करनेवाला व्यक्ति नैतिक नहीं है तो उससे कोई फ़र्क़ पड़नेवाला नहीं। गाँधीजी की राष्ट्र एवं राष्ट्रीयता सम्बन्धी अवधारणा के उपर्युक्त जो मूल सिद्धान्त हैं वे आज राष्ट्रनिर्माण के लिए अनिवार्य हैं, अथवा साम्राज्यवादी, उपनिवेशवादी औद्योगीकरण से निर्मिति आधुनिकता केन्द्रित विदेशी राष्ट्रीयता की जगह देशज राष्ट्रीयता का पुनर्जागरण गाँधीजी हमसे माँग रहे हैं।

जवाहरलाल नेहरू

नेहरू की राष्ट्रीयता सम्बन्धी मान्यताओं पर पाश्चात्य औपनिवेशिक प्रभाव पड़ा है। उनके अनुसार राष्ट्रीयता राष्ट्र को एक बनाने के लिए है और वह राष्ट्र को विकास की ओर ले जाने में सहायक है। उन्होंने उसके लिए सबसे ज़्यादा महत्त्व धर्मनिरपेक्षता को दिया। प्रत्येक व्यक्ति को अपने धर्म पर विश्वास करने का अधिकार है। प्रत्येक धर्म का अपना स्थान है। हिन्दू, इस्लाम, ईसाई और अन्य धर्मों को एक साथ संमृद्ध होना है। लेकिन भारत की राष्ट्रीयता में इन धर्मों का प्रवेश होता तो धर्मों का एवं राजनीति का स्तर नीचे गिर जायेगा। धर्म का राजनीति में प्रवेश हुआ तो वह राजनीतिक दल उस धर्म का एक रक्षक मात्र रह जायेगा। तब देश कई टुकड़ों में विभक्त हो जायेगा। इसलिए सभी धर्मों को भारतीय होने का भाव अनिवार्य है, वह है हमारी राष्ट्रीयता। उन्होंने अपने संविधान के द्वारा जो राष्ट्र रूपायित किया उसकी विशेषताओं में सबसे मुख्य माना गया प्रत्येक नागरिक का समान अधिकार। यह अधिकार धर्म, जाति, नस्ल, वर्ग, वर्ण, लिंग, भाषा आदि के परे है। यह राष्ट्रीयता को मज़बूत करता है। नेहरू की शिकायत है कि अधिकांश धार्मिक संगठन न इतिहास को समझते हैं न राजनीति न आधुनिकता को। यह भारत को ही बरबाद कर डालेगा। उनके अनुसार स्वातन्त्र्य का मतलब केवल अधिकारों को प्राप्त करना नहीं, इसके साथ अपने कर्तव्यों के प्रति भी अवगत होना है।

नेहरू जी राष्ट्रीयता के मुख्य कारक तत्त्व के रूप में शिक्षितों को मानते हैं जो वैज्ञानिक दृष्टि, बहुलता, खाद्य-सुरक्षा, स्वास्थ्य एवं आर्थिक समृद्धि से सम्पन्न हैं। नेहरू ने इसके लिए अम्बेडकर को अपने साथ मिला दिया। औद्योगीकरण और कृषि को बढ़ावा देने के लिए आधुनिकता के सारे औजारों को अपनाया गया। ज़मींदारों के हाथों से ज़मीन अपनाकर उसका बँटवारा किसानों के बीच में करने की यथासम्भव कोशिश की गयी। यह किसानों के बीच निजी सम्पत्ति का बोध पैदा करने में सहायक हुआ। अभिव्यक्ति-स्वातन्त्र्य की अर्थवत्ता पैदा करने और अशिक्षित लोगों को भी पढ़ने, लिखने आदि में सक्षम बनाने के उद्देश्य से मातृभाषा केन्द्रित राज्यों का गठन किया गया। शासनतन्त्र से धर्म को दूर रखा गया। हज़ारों सालों से जातियों को केन्द्र में लाने के लिए सरकारी नौकरी एवं शिक्षा के क्षेत्र में आरक्षण की व्यवस्था की गयी। उन्होंने उद्योग, स्टील, लोकामेटिव, मशीन और उपकरण, थर्मल और हैडल पावर प्लांट्स, सिंचाई व्यवस्थाएँ आदि की सुविधा प्रदान की। ए.ए.टी, ए.ए.एम., ए.ए.ए.फम.एस., सी.एस.ए.आर. आदि का आरम्भ कर आधुनिक विकास

के लिए आवश्यक सारा काम किया गया। उन्होंने विश्व के सुपर पावर देशों से भारत को अलग कर गुटनिरपेक्ष राष्ट्र का दर्जा देने की कोशिश की। तात्पर्य यह है कि नेहरू ने एक धर्मनिरपेक्ष पाश्चात्य ढंग के आधुनिक राष्ट्र की रूपायिति पर ध्यान दिया।

बाल गंगाधर तिलक

लोकमान्य तिलक एक राजनीतिक दार्शनिक थे, जिन्होंने राष्ट्रीयता का सिद्धान्त सामने रखा। उनका वह सिद्धान्त पूर्व और पश्चिम के दार्शनिकों के विचारों का समन्वित रूप है। वे स्वराज को अपना जन्मसिद्ध अधिकार मानते थे। उन्होंने ही सबसे पहले भारत की मौलिक राष्ट्रीयता को साधारण भारतीयों के सामने रखा। उसके लिए उन्होंने दो समाचार-पत्रों का आरम्भ किया, वे हैं केसरी और मराठा। लोगों में सांस्कृतिक एकता लाने के लिए उन्होंने गणपति पूजा और शिवजी महोत्सव का आरम्भ किया। वे आर्थिक एवं शैक्षिक नीति के प्रति सजग थे।

तिलक की राष्ट्रीयता पूर्वात्य का नवीकृत रूप था। उन्होंने राष्ट्र को आध्यात्मिक ऊर्जा और मानसिक जिज्ञासा प्रदान करने के लिए वेद, उपनिषद और गीता के सन्देशों का सहारा लिया। असली राष्ट्रीय आकांक्षाएँ गठित करने के लिए और पुरानी संस्कृति की स्वस्थ एवं गौरवपूर्ण परम्पराओं की बुनियाद ज़रूरी है। उनकी दृष्टि आध्यात्मिक है, इसलिए उनके अनुसार स्वराज अधिकार मात्र नहीं, वह धर्म है। उन्होंने स्वराज को आध्यात्मिक एवं नैतिक आयाम प्रदान किया। स्वराज का राजनीतिक अर्थ है स्वशासन। नैतिक दृष्टि से उसका अर्थ है आत्मनियन्त्रण को प्राप्त करना है, जो सधर्म (अपना कर्तव्य) के लिए अनिवार्य है। इसका आध्यात्मिक महत्त्व भी है, क्योंकि इसका अर्थ है आन्तरिक आत्मिक स्वातन्त्र्य की पहचान और ध्यानात्मक प्रकाश। तिलक राजनीतिक और आध्यात्मिक दोनों स्वातन्त्र्य चाहते थे। उनकी राष्ट्रीयता पाश्चात्य राष्ट्रीय स्वातन्त्र्य और आत्मनिर्णय से भी प्रभावित है। तिलक के अनुसार यह दर्शनीय एक ठोस रूप ही नहीं है, आशय है और इस आशय को उत्पादित करने में एक देश के महात्माओं की ऐतिहासिक स्मृतियों का महत्त्वपूर्ण स्थान है।

राष्ट्रीयता अवश्य एक मनोवैज्ञानिक एवं आध्यात्मिक धारणा है। तिलक ने समझ लिया था कि भारतीय राष्ट्रीयता का मूल पाश्चात्य उदारवादी चिन्तकों के बौद्धिक विचारों पर निर्भर नहीं है, यह भारत की जनता की संवेदनाओं और विकारों पर केन्द्रित है। इसलिए उन्होंने शिवाजी को जनता की अनुभूतियों से

मिलाकर सजग बनाने की कोशिश की। उन्होंने मुस्लिम विरुद्धता को जगाये बगैर राष्ट्रीयता पर विचार विमर्श किया। बंगाल-विभाजन के दौरान उन्होंने हिन्दू और मुस्लिम को आह्वान किया कि अपने अधिकार के लिए नौकरशाही से लड़ना चाहिए।

तिलक ने हिन्दू धर्म की सशक्त संस्कृति और आध्यात्मिक नवीकरण को राष्ट्रीय आन्दोलन को शक्ति प्रदान करने का आधार माना। लेकिन उन्होंने राष्ट्रीयता के आर्थिक तर्क-वितर्कों को भी माना। दादाभाई नौरोजी ने भारतीय अर्थशास्त्र में प्रसिद्ध 'ड्रैन थियरी' को बनाया। तिलक एवं गोखले दोनों ने भारतीय संसाधनों का बड़े पैमाने पर विदेश की ओर ले जाने की औपनिवेशिक स्थिति पर चिन्ता जताई। उन्होंने कहा ब्रिटिश शासन में भारत की कलाएँ एवं उद्योग नीचे की ओर जा रहे हैं। स्वदेशी आन्दोलन के मुख्य लक्ष्य के रूप में उन्होंने भारत की आर्थिक स्थिति को सूचित किया। उसके लिए उन्होंने विदेशी चीज़ों के बहिष्कार और स्वदेशी चीज़ों की स्वीकृति पर बल दिया।

भीमराव अम्बेडकर

बीसवीं शताब्दी में जो स्वतन्त्रता आन्दोलन हुआ उसका एकमात्र लक्ष्य विदेशी शासन से भारत को मुक्त करना ही नहीं था बल्कि आधुनिक भारत की नींव डालना भी था। समाज में प्रचलित अन्धविश्वासों को निकालकर सामाजिक न्याय को बनाने का उपक्रम भी उसका मुख्य लक्ष्य रहा था। अम्बेडकर का समर सबको स्वतन्त्र बनाने के लिए था जो भीतरी शोषण की वजह से अन्यायपूर्ण ढंग से गुलामी अनुभव कर रहे थे। इसलिए भारतीय राष्ट्रीयता के लिए एक सशक्त एवं व्यापक सामाजिक बुनियाद प्राप्त हुई अम्बेडकर के ज़रिये। उन्होंने मुख्यधारा राष्ट्रीयता का विरोध किया। उनकी राष्ट्रीयता में उन्होंने हाशिएकृत लोगों को भी स्थान देकर उन्हें परिष्कृत करने का कार्य जीवन भर किया। उन्होंने अपनी किताब 'पाकिस्तान और पार्टीशिन ऑफ़ इंडिया' में नागरिकता और राष्ट्रीयता को व्यापक अर्थ प्रदान किया। उन्होंने नागरिकता की परिभाषा यों दी। (जाति की चेतना सम्बन्धों के बन्धन की वर्तमानता का बोध) "consciousness of kind, awarness of the existence of that tie of kinship". उनके अनुसार राष्ट्रीयता 'सम्बन्धों के बन्धन के लिए जो तैयार हो जाते हैं उनको अलग देश की इच्छा है।' यह सही है कि नागरिकता के बोध के बिना राष्ट्रीयता सम्भव नहीं है। उनके मुताबिक़ नागरिकता राष्ट्रीयता का निर्माण नहीं करती। नागरिकता को राष्ट्रीयता के निर्माण के लिए दो शर्तों का

पालन करना पड़ता है। पहला है एक राष्ट्र के रूप में जीने का आग्रह उदित होना। राष्ट्रीयता उस आग्रह की ज्वलन्त अभिव्यक्ति है। दूसरा है, एक भूभाग की ज़रूरत, जहाँ राष्ट्रीयता बनती है और उसे राज्य और राष्ट्र का सांस्कृतिक घर बनाया जा सकता है।

अम्बेडकर देश के भविष्य और विकास पर पूरा भरोसा रखते थे। भारत की आज़ादी पर जब वे बोलते थे तो उनका चरम लक्ष्य लोगों की एकता था। अम्बेडकर राष्ट्रीयता के विरोधी नहीं थे, वे देश को ब्रिटिश साम्राज्यवाद से मुक्त करने के पक्ष में थे। लेकिन सालों से जो ब्राह्मण-साम्राज्यवाद इधर कायम था उसको समाप्त करने के लिए वे कांग्रेस के सामने प्रश्नचिह्न बनकर खड़े थे। अम्बेडकर की राजनीतिक चुनौती ने कांग्रेस को दलित लोगों की समस्याओं पर विचार करने के लिए प्रेरित किया और इसने भारत की राष्ट्रीयता की सामाजिक बुनियाद को व्यापक एवं मज़बूत बनाया। अम्बेडकर ने स्पष्ट कहा कि सामाजिक एकता के बग़ैर राजनीतिक एकता सम्भव नहीं है। बिना राजनीतिक एकता के राष्ट्र नहीं बनेगा।

अम्बेडकर को प्राचीन भारत पर विश्वास था, जाति व्यवस्था को छोड़कर बाकी सारी की सारी संस्थाओं और पाठ पर। वे भारत के आध्यात्मिक पाठ से पूर्णतः सहमत थे। उन्होंने भारत में 'धर्म' का महत्त्व समझ लिया था, इसलिए धर्मपरिवर्तन का समय जब आ गया तो उन्होंने बौद्ध धर्म को स्वीकार किया। वे अपने को नास्तिक घोषित करने को तैयार हुए थे। उनके अनुसार असली लोकतन्त्र की जड़ें बुद्ध के पूर्व के भारत में मौजूद थीं। बुद्ध संघ को वे सबसे मज़बूत संसद मानते थे। इसने आधुनिक समय की प्रक्रिया का इस्तेमाल किया था वह उनके ज़माने की राजनीति से उधार लिया था। अम्बेडकर ने कहा कि समता, स्वतन्त्रता एवं भाईचारे पर केन्द्रित एक समाज के निर्माण के लिए हिन्दुओं को विदेश से कुछ उधार लेने की ज़रूरत नहीं है। उपनिषदों से ऐसे सिद्धान्तों को निकाल सकते हैं। "रिडल्स इन हिन्दुइज़्म" में भी उन्होंने इस बात पर ज़ोर दिया कि हिन्दुत्व में सामाजिक लोकतन्त्र का आध्यात्मिक आधार बनने की शक्ति है।

अम्बेडकर ने संविधान के निर्माण के द्वारा भी राष्ट्रीयता को मज़बूत करने का कार्य किया। जम्मू-कश्मीर को विशेष पद देने की नेहरू की जो नीति है उसका विरोध किया था। अम्बेडकर ने क्षेत्रीय, भाषीय एवं साम्प्रदायिक मायनों से ऊपर उठकर यूनिफॉर्म सिविल कोड की एक लोकतन्त्रीय राष्ट्रीयता भारत के लिए आविष्कृत की। उन्होंने 'भाईचारा' (fraternity) शब्द को संविधान में दर्ज इसलिए किया कि सभी भारतीयों को एक साथ मिलाने तथा सामाजिक जीवन

में एकता और परस्पर स्वीकृति प्रदान करने को है। वे मुस्लिम व्यक्ति नियम के आलोचक थे। यूनिफॉर्म सिविल कोड के अनुसार उसे बदलना चाहते थे। अम्बेडकर ने ज़ोर देकर कहा था कि एक धर्म निरपेक्ष देश में धर्म का मनुष्य की प्रवृत्तियों पर हस्तक्षेप करने का कोई अधिकार नहीं है। इसलिए व्यक्ति-नियमों को धर्म से बाहर करना है। वे एक सशक्त केन्द्र के निर्माण के लिए सदा जागरूक थे। जब केन्द्र ढीला हो जाता है तो राष्ट्र ख़तरे में पड़ जाता है। इसलिए राष्ट्र की सुरक्षा को ध्यान में रखकर एक सशक्त केन्द्र को बनाये रखने की ज़रूरत है।

संक्षेप में, अम्बेडकर एक सशक्त व ऐसे राष्ट्रीय नेता थे जो सबसे ज़्यादा दलित-शोषित समूहों की समस्याओं को समझकर उन्हें मध्य धारा में लाने की कोशिश कर रहे थे। उन्होंने भारत की राष्ट्रीयता के सामाजिक आधार को व्यापक कर दिया। यह काम पहले स्वतन्त्रता प्राप्ति के लिए सहायक बना तो बाद में देश को प्रगति पथ पर ले जाने में उन्होंने राष्ट्रीयता को सामाजिक एकता की गतिमय प्रक्रिया माना तो वह राष्ट्रीयता वर्ण, वर्ग, जाति, वंश आदि से परे भाईचारे को बनानेवाली है। राष्ट्र की संरचना के भीतर प्रत्येक नागरिक पूरा स्वातन्त्र्य अनुभव कर सकता है, अपनी अस्मिता बना सकता है। वे सामाजिक-आर्थिक समानता के साथ मिलाकर राष्ट्रीयता को परिभाषित करते हैं।

अरबिन्दो के अनुसार राष्ट्रीयता एक राजनीतिक कार्यक्रम नहीं है, वह धार्मिक एवं आध्यात्मिक 'साधना' है। इस प्रकार राष्ट्रीय आन्दोलन के ज़माने में कई राजनीतिक, सामाजिक, दार्शनिक महात्माओं ने अपने-अपने राष्ट्र सम्बन्धी विचारों को पेश किया था।

हिन्दी साहित्य में राष्ट्र, राष्ट्रीयता

"एक आदमी भी दूसरे के ऊपर शासन करने योग्य अच्छा नहीं है। एक राष्ट्र भी दूसरे राष्ट्र पर शासन करने योग्य अच्छा नहीं। एक-एक राष्ट्र को अपना शासन करने दो...वही है स्वातन्त्र्य। एक का शासन दूसरा करने का मतलब है तानाशाही। दूसरे देश का स्वातन्त्र्य छीननेवाला देश स्वतन्त्रता का अधिकारी नहीं है।" यह अब्राहम लिंकन की प्रसिद्ध उक्ति है। इसलिए भारत में ही नहीं विश्व भर में जब कभी दूसरे लोगों या देशों के ऊपर किसी दूसरे के द्वारा अन्याय होता तो साहित्यकारों ने ऐसे निर्मम कठोर कार्यों की निन्दा बड़े कटु शब्दों से कविता, कहानी, उपन्यास या अन्य कला माध्यमों के ज़रिये की है। उदाहरण के तौर पर जब ब्रिटेन ने अफ्रीका के बुवर वर्गों को दबा कर रखा तथा भारत को तहस-नहस कर डाला तो अमेरिका के कवि बट्रान्ड पड्वेल ने लिखा–

"तुम तटों की ओर जहाज़ में पहुँचते हो,
हाथ में एक बाइबिल लेकर।
तुम उसके लिए प्रार्थना करके
उसकी लूट करते हो,
उसकी भलाई के लिए।
यदि उसने विरोध किया तो तुम उस पर बन्दूक चलाते हो
उसकी भलाई के लिए।
तुम मज़बूत हो, इसलिए
कमज़ोरों पर अन्याय करते हो
उसकी भलाई के लिए है तो, कर दो
उसकी लूट कर दे दो
उसकी भलाई के लिए है तो
उसे मार डालो।
उसकी भलाई है तो।"

उपर्युक्त कविता को पढ़कर मार्क ट्वाइन ने कहा कि यदि कविता करने की प्रतिभा मुझमें होती तो मैं खुद लिखता। विलियम कूपर जैसे कवियों ने भी भारत पर जो अन्याय ब्रिटिश लोग कर रहे थे उनका विरोध साहित्य के ज़रिये खुले आम किया था। दार्शनिक एवं समीक्षक रश्किन तथा अन्य कई विद्वानों ने ब्रिटिशों का समर्थन करके भी लिखा। ये लोग भारत को और भारत की संस्कृति को निम्न दृष्टि से देखनेवाले तथा डेयाड केप्लिंग और मेकाले की कोटि में आनेवाले हैं। एडवर्ड सईद ने अपनी 'ओरियंटलिज़म' नामक किताब में जॉन स्टुअर्ट मिल और मार्क्स जैसे लोगों की भारतीय संस्कृति के प्रति जो घृणा एवं निन्दा है उसको प्रकट किया है।

लेकिन भारत की राजनीतिक स्वतन्त्रता भारतीयों का जन्मसिद्ध अधिकार एवं विश्वनीति है। ऐसी धारणा से सम्पन्न भारतीय साहित्यकारों, चिन्तकों एवं राजनीतिज्ञों की दृष्टि व्यापक एवं गहरी रही थी। गुलामी से जर्जर होनेवाले विश्व के सारे देशों की मुक्ति भारत की राष्ट्रीयता का ध्येय रहा था। इसलिए अन्तरराष्ट्रीयता के समर्थक रवीन्द्रनाथ ठाकुर से गाँधीजी ने कहा था कि मेरी राष्ट्रीयता का मतलब मानवीयता है। मैं इसलिए देशभक्त बना था कि मैं एक मनुष्य और देशस्नेही हूँ। मेरे देशप्रेम में सबको स्थान है। भारत की सेवा करने के लिए मैं इंग्लैंड या जर्मनी का विरोध नहीं करता हूँ। इससे बिल्कुल मिलती-जुलती कविता है केरल के कवि वल्लत्तोल की–

"भारत रूपी मादक हाथी जंज़ीर इसलिए नहीं तोड़ता
विश्व को तोड़मरोड़कर इधर-उधर जाने को
पानी में गिरकर तपनेवाले अपने स्नेह के झुण्डों से
ऊपर ले आने के लिए है"

राष्ट्रीय आन्दोलन को सशक्त बनाने के लिए साहित्य उस समय वाक्‌शस्त्र बन गया। अथवा उस समय का साहित्य शब्द को कर्म में परिणित करने का इतिहास रहा। आलस में पड़ी मनुष्य-चेतना को कर्मोन्मुख बनाने की बड़ी भूमिका उस समय के साहित्य ने निभायी थी। भारत की विविध प्रान्तीय भाषाओं के साहित्य ने अहिंसा का आधार ग्रहण कर, स्नेह से प्रेरित क्रियाकर्मों से, समरों से राजनीतिक, सामाजिक स्वातन्त्र्य प्राप्त करने की कोशिश की। केरल के प्रसिद्ध आलोचक संजय के शब्दों को इधर पेश करना अनिवार्य सा लग रहा है—"साहित्य की आँखों के लाल न होने पर सैनिक की तलवार युद्ध में लाल नहीं बनेगी। मैं बालदृष्टियों के सामने रक्त में सने हाथ की तलवारों की रंगभंगिमा को नहीं दिखाता हूँ। हमारे बीच में प्रचलित जो राय है कि साहित्य कमज़ोर है, उसको तोड़ना मेरा लक्ष्य है। पाश्चात्य की तलवार को उसके म्यान से साहित्य निकालता है तो पूर्वात्यों की तलवार को अपने म्यान में रखकर अहिंसा के जाप से उन्हें तालियाँ बजाकर रोकनेवाला भी साहित्य है। स्वातन्त्र्य और क्रान्ति की ओर ही नहीं, चिरन्तन शान्ति एवं आत्मचेतना की ओर भी मनुष्य को ले जाता है साहित्य।" इस कथन से साहित्य के मूल्य और शक्ति साबित हो जाते हैं।

भारत में नवजागरण के सन्दर्भ में हिन्दी साहित्य ने राष्ट्रनिर्माण और राष्ट्रीयता की रूपायिति में सशक्त क़दम उठाया था। यद्यपि 1857 का संग्राम असफल हो गया तो भी उसने कुछ सन्देशों को छोड़ दिया है। भारत में लम्बे समय से जो अन्धकार छाया हुआ था, उसमें प्रतिरोध का प्रकाश चमकने लगा। शिक्षित और कामयाब लोग आधुनिकता के सामने दुविधाग्रस्त होकर खड़े तो किसान और सर्वसाधारण अपनी मुक्ति की लड़ाइयाँ शुरू करने लगे। अधिकांशों ने समझ लिया कि यदि साम्राज्यवाद को रोकना है तो सबको मिलजुलकर रोकना है। हिन्दू-मुस्लिम, दलित, आदिवासी, स्त्री, बूढ़े-नौजवान, सबको अपने-अपने सामुदायिक दायरों का अतिक्रमण कर आगे की ओर बढ़ना है। यह आन्दोलन राष्ट्रीय स्वत्व का संग्राम था। इसलिए भारतेन्दु ने 'स्वत्व निज भारत गहै' कहा था। साम्राज्यवादी न्याय व्यवस्था में असमानता ही है। तब साम्राज्यवाद का विरोध सबसे मुख्य मुद्दा बनकर आ गया। भाषा समस्या भी राष्ट्रनिर्माण की मुख्य समस्या बनी है। हिन्दुस्तानी, हिन्दी, फ़ारसी, उर्दू जैसे कई विवाद चर्चा में आ गये।

संस्कृति के लोकतन्त्रीकरण और केन्द्रवाद के ख़तरे पर भी विचार हुआ। किसान एवं सबाल्टर्न सभी केन्द्रीय विषय के रूप में आये। इस सन्दर्भ में सबसे उल्लेखनीय है स्वराज अथवा साम्राज्यवाद का विरोध। एक राष्ट्र के सन्दर्भ में इसकी प्रधानता को सामने रखते हुए भारतेन्दु और उनकी मण्डली के रचनाकार, महावीर प्रसाद द्विवेदी और द्विवेदी युग के रचनाकार और आगे स्वतन्त्रता प्राप्ति तक के रचनाकारों की रचनाओं में कई प्रकार से बुलन्द है। सबसे पहले भारतेन्दु और भारतेन्दु मण्डली के रचनाकारों में साम्राज्यवाद का विरोध एवं स्वदेशी विचारों की सजगता कई दृष्टियों से परखने की ज़रूरत है। उनमें मुख्य हैं—स्वातन्त्र्य, स्वभाषा, अर्थ, संस्कृति, स्त्री-जागरण, हिन्दू-मुस्लिम समानता, किसान का यथार्थ, हाशियेकृतों के प्रति चिन्ता आदि।

भारतेन्दु

भारत की राष्ट्रीय चेतना अंग्रेज़ों के सभी प्रकार के कारनामों का विरोध कर रही थी। इसलिए भारत का नया साहित्य अंग्रेज़ी राज्य का विरोधी साहित्य है। अंग्रेज़ साम्राज्यवादियों ने भारतीय जनता को गुलामी की शिक्षा दी, भरसक उसके राष्ट्रीय सम्मान और उसकी प्रतिरोध भावना को कुचलने की कोशिश की। इसके बावजूद जनता के समर्थक लेखक देश की संस्कृति की रक्षा और विकास के लिए आगे बढ़े। ऐसे लेखकों में भारतेन्दु हरिश्चन्द्र सबसे प्रथम थे। भारतेन्दु ने अंग्रेज़ी राज्य की जो आलोचना की थी, उसी से उसे निर्मूल करने का मन्त्र भी निकलता था। यह मन्त्र था स्वदेशी का। लेखों में इस मन्त्र को सिद्ध करने के लिए उन्होंने व्यापारियों, शिक्षित लोगों और साधारण जनता सभी से अपील की। उन्होंने यह आवश्यक समझा कि स्वदेशी के संघर्ष में हिन्दू और मुसलमान दोनों शामिल हों। उन्होंने स्वदेशी-व्यवहार के लिए एक प्रतिज्ञा-पत्र लिखा था और उस पर लोगों से दस्तख़त कराये थे। 23 मार्च 1874 की 'कविवचन-सुधा' का प्रकाशित प्रतिज्ञा-पत्र इस प्रकार है—"हम लोग सर्वान्तर्यामी सब स्थल में सर्वद्रष्टा और नित्य सत्य परमेश्वर को साक्षी देकर यह नियम मानते हैं और लिखते हैं कि हम लोग आज के दिन से कोई विलायती कपड़े न पहिनेंगे और जो कपड़ा कि पहिले से मोल ले चुके हैं और आज की मिती तक हमारे पास हैं उनको तो उनके जीर्ण हो जाने तक काम में लावेंगे पर नवीन मोल लेकर किसी भाँति का भी विलायती कपड़ा न पहिनेंगे, हिन्दुस्तान ही का बना कपड़ा पहिनेंगे हम आशा रखते हैं कि इसको बहुत ही क्या प्रायः सब लोग स्वीकार करेंगे और अपना नाम इस श्रेणी में होने के लिए श्रीयुत बाबू हरिश्चन्द्र को अपनी मनीषा प्रकाशित करें

और सब देशी हितैषी इस उपाय की वृद्धि में अवश्य उद्योग करेंगे।" भारतेन्दु जानते थे कि स्वेदशी का रास्ता सुगम नहीं है। वे अंग्रेज़ी राज्य के आतंकवादी तरीक़ों से परिचित थे। उन्होंने 'भारत-दुर्दशा' में दिखलाया था कि किस देश-सुधार की बात करने पर ही डिसलायलटी आकर धर दबोचती है। उन्होंने लोगों को सत्य कहने के लिए जेल जाते देखा था, इसीलिए सबकुछ सहने के लिए तैयार रहने की पुकार की थी।

भारतेन्दु के लिए स्वदेशी का मतलब सिर्फ़ विदेशी वस्त्रों का बहिष्कार न था, बल्कि देश के औद्योगीकरण के लिए संघर्ष भी था। उन्हें यह ज़रा भी भय न था कि भारत में भी मशीनों का चलन होने से भारतीय संस्कृति का नाश हो जायेगा। 9 मार्च 1874 की 'कविवचन-सुधा' में उन्होंने विलायत की मशीनों के बारे में लिखा था—"वहाँ एक लक्ष बाइलर, भाफ के यन्त्र हैं और एक-एक की शक्ति 40 घोड़ों की है एक घोड़े की शक्ति आठ मनुष्यों के बराबर है तो इस हिसाब से चालीस लाख घोड़े अर्थात् तीन करोड़ बीस लाख मनुष्यों का काम इन यन्त्रों के द्वारा होता है मनुष्य तो काम करते करते थक जाते हैं पर ये यन्त्र कभी नहीं थकते और मनुष्यों के समान चार आना आठ आना रोज नहीं देना पड़ता केवल इनमें प्रदीप्त करने से चलने लगते हैं...इस वृत्तान्त से स्पष्ट हुआ कि परदेश के कला-कौशल्य ने भी इस देश पर चढ़ाई की, ऐसा पहले कभी नहीं हुआ था।" इसलिए इधर धनी लोगों से बाहर से आप के यन्त्र माँगकर औद्योगीकरण का विकास स्वदेशी बनाने का आह्वान वे करते हैं।उनको अच्छी तरह मालूम था कि औद्योगीकरण के बिना देश की उन्नति सम्भव नहीं है।

अंग्रेज़ी राज्य में कैसे उद्योग और व्यापार चौपट हुए और जनता का बहुसंख्यक भाग किसान बदहाल हो गये, इस पर लिखा है—"कपड़ा बनानेवाले, सूत कातनेवाले, खेती करनेवाले आदि सब भीख माँगते हैं—खेती करनेवालों की यह दशा है कि लँगोटी लगाकर हाथ में तूँबा ले भीख माँगते हैं, और जो निरुद्यम हैं उनको तो अन्न की भ्रान्ति है।" रेल कैसे चलती है, फोटो कैसे खींची जाती है, हम गुलाम क्यों हो गये, अंग्रेज़ी राज्य क्यों है, सब प्रश्नों पर विचार करने के लिए भारतेन्दु ने जनता से अपील की। उन्होंने बताया कि मशीनों के इस्तेमाल से यहाँ के लोग छले जाते हैं, धन बाहर जाता है और वहाँ से तैयार माल लाकर यहाँ बेचा जाता है, यहाँ पर उद्योग और मशीनों के बारे में पुस्तकें नहीं हैं।

अंग्रेज़ी शिक्षा पर उन्होंने ख़ूब आरोप लगाया। 30 दिसम्बर 1872 की 'कविवचन-सुधा' में भारतेन्दु ने अंग्रेज़ी शिक्षा का रहस्य बताते हुए लिखा था कि "अंग्रेज़ लोग केवल हम लोगों को उसी शिक्षा का उपदेश करते हैं जिसमें किसी

प्रकार की शिल्पादिक कोई कला न हो केवल पंडित मात्र बन जाये।" क्योंकि अंग्रेज़ लोग नहीं चाहते हैं कि यहाँ के लोग कौशल सीखें। यहाँ के लोगों को आगे वे बढ़ने नहीं देते। उन्होंने हिन्दू और मुसलमान दोनों से कहा कि संस्कृत और अरबी फ़ारसी की शिक्षा काफ़ी नहीं है, देश का उद्धार उद्योग और शिल्प की शिक्षा से भी होगा। फोर्ट विलियम कॉलेज की स्थापना 1800 में हुई तब से खड़ी बोली हिन्दी का विकास शुरू हुआ। अदालती भाषा के रूप में फ़ारसी-उर्दू का उपयोग 1900 तक हुआ था। लेकिन अधिकांश साधारण जनता की भाषा खड़ी बोली है, उसका उपयोग नागरी में करने की माँग राजा शिवप्रसाद सिंह और लक्ष्मण प्रसाद सिंह कर रहे थे। सन् 1884 में भारतेन्दु हरिश्चन्द्र ने अपनी रचना 'कालचक्र' में लिखा कि 'हिन्दी नये चाल में ढली'। भारतेन्दु के पूर्व राजा लक्ष्मण सिंह और शिवप्रसाद सितारे हिन्द टकसाली गद्य की रचना कर चुके थे। उनके अनुकर्ता रहे थे भारतेन्दु। लेकिन भारतेन्दु की हिन्दी लोकोपयोगी हिन्दी थी। उसके पूर्व राजा शिवप्रसाद ने जिस हिन्दी का उपयोग किया था वह टकसाली थी। भारतेन्दु तथा उनके मण्डल के लेखकों की भाषा में जो 'सजीवता', 'स्वच्छता' और उमंग पायी जाती है वह पूर्ववर्ती गद्य लेखकों में नहीं मिलतीं। देशी बोली के मिश्रण से भाषा में सजीवता ही नहीं आयी बल्कि अंग्रेज़ियत के विरुद्ध एक मुहिम भी चल निकली। 'स्वदेशी' पर उन्होंने बहुत ज़ोर दिया कि उन्होंने अपनी भाषा पर बल दिया और कहा–"निजभाषा उन्नति अहै, सब उन्नति को मूल।" उनका मूल मन्त्र भी था 'परदेसी वस्तु और परदेसी भाषा का भरोसा मत करो।' भारतेन्दु ने जातीय संस्कृति की रक्षा और विकास के लिए भाषा के महत्त्व को पहचाना। अंग्रेज़ी राज की नीति यहाँ की भाषा को दबाने की है। धर्मग्रन्थों की भाषा को लिखने की ज़रूरत को उन्होंने समझ लिया। जब भाषा में धर्मग्रन्थ के न लिखने से पुरोहित लोग धर्म की व्याख्या जनभाषा में करते थे। इसलिए उनका भाषा सम्बन्धी स्वर एकदम जनवादी था।

भारत में अंग्रेज़ों ने जो वर्णभेद चलाया, उससे जनतन्त्र की कलई अच्छी तरह खुल जाती है। भारतेन्दु स्वयं यात्रा करते हुए इस वर्णभेद के शिकार हुए थे। 'वैद्यनाथ की यात्रा' में उन्होंने ख़ुद काले होने के दुरानुभव का वर्णन किया था। 'अन्धेर नगरी' भारतेन्दु का सबसे लोकप्रिय प्रहसन है। यह अन्धेर नगरी अंग्रेज़ी राज्य ही है। राजा विदेश में रहता था। न्याय और क़ानून के नाम अन्धाधुन्धी चल रही थी। चूरनवाले के लड़के ने 'अन्धेर नगरी' की सामयिकता को और भी उभार दिया है। उसका चूरन खाकर अमले दूनी रिश्वत लेते हैं, पुलिसवाले क़ानून हजम कर जाते हैं और साहब लोग तो सारा हिन्दी ही हजम कर गये हैं।

'अन्धेर नगरी' के राजा का वही अन्त होता है जो होना चाहिए, "राजा को लोग टिकटी पर खड़ा करते हैं।" इस नाटक के तन्त्र द्वारा जनता के तीव्र असन्तोष को प्रकट करने का मौक़ा मिला, जिसे वह शत्रु समझती थी उसका यह अन्त देखकर उसे हर्ष हुआ। यह साम्राज्यवाद विरोधी नाटक है।

भारतेन्दु ने धार्मिक सहिष्णुता और हिन्दू-मुस्लिम एकता का सूत्र भी अपनाया। वे मुसलमानी साम्राज्यवाद के वैसे ही विरोधी थे जैसे अंग्रेज़ी साम्राज्यवाद के। 'बादशाह दर्पण' में उन्होंने लिखा है—'बागवाँ आया गुलिस्ताँ में कि सैय्याद आया। जो कोई आया मेरी जान को जल्लाद आया।' वे मुसलमानी राज्य की अपेक्षा अंग्रेज़ी राज्य को उदार समझते हैं। पर चूँकि मुसलमान यहाँ बस गये और देश को दरिद्र कर गये। वे अकबर के गुणों के प्रशंसक थे। मुसलमानी साम्राज्यवाद का विरोध करने के कारण कुछ लोगों ने उनमें इस्लाम-विरोध देखा। लेकिन भारतेन्दु ने कहा कि मुसलमानों ने मन्दिर अवश्य तोड़े पर मन्दिरों के लिए अनुदान भी दिये। वे मुहम्मद, बीवी फातिमा, अली, इमाम हसन और इमाम हुसैन को पंच परमात्मा कहते हैं। हिन्दी में कुरान शरीफ़ लिखकर वे इस्लाम के प्रति सम्मान प्रदर्शित करते हैं। बलिया के व्याख्यान में भी मुसलमानों की स्थिति सुधारने के सम्बन्ध में उन्होंने चिन्ता जताई। हिन्दू और मुसलमानों को एक साथ स्वराज के लिए लड़ने का आह्वान उन्होंने दिया। 'महात्मा मुहम्मद' नाम के निबन्ध में उनकी धार्मिक उदारता का अच्छा परिचय मिलता है। उसमें उन्होंने इस्लाम धर्म के प्रवर्तक के बारे में लिखा था—"प्रभु का आदेश पालन हेतु सब प्रकार का दरिद्र क्लेश, अपमान और आत्मीयजन का विग्रह अम्लान बदन से नीचा करके सहन किया। धन्य! ईश्वर के विश्वास किंकर मुहम्मद! आज मुसलमान धर्म के प्रवर्तक ईश्वर के आज्ञाकारी विश्वस्त मूल मुहम्मद के नाम और उनके प्रवर्तित पवित्र एकेश्वर के धर्म में एशिया से योरोप अफ्रीका तक कोटि-कोटि मुसलमान एक सूत्र में ग्रन्थित हैं। वह ऐसा आश्चर्य धर्म का बन्धन जगत में संस्थापन कर गये हैं कि आज के दिन तक उसको खोलने की किसी को सामर्थ्य नहीं है।"

सामन्ती समाज में स्त्रियों को अधिकारहीन करके उन्हें शिक्षा और संस्कृति से वंचित किया गया था। भारतेन्दु स्त्री-शिक्षा के ही पक्षपाती न थे, वह स्त्रियों को समान अधिकार देने के पक्ष में भी थे। 'सत्य हरिश्चन्द्र' में उन्होंने 'नारी नर सम होहि' का क्रान्तिकारी नारा दिया था। 'नीलदेवी' के समर्पण में उन्होंने अंग्रेज़ स्त्रियों की चर्चा की है और उनके अच्छे गुण सीखने की सलाह दी है। 'नाटक' नाम के निबन्ध में उन्होंने लिखा था कि प्राचीन काल में स्त्रियाँ भी रंगमंच पर अभिनय करती थीं। उन्होंने बाल-विवाह का विरोध किया, विधवाओं के प्रति

परम्परा से चली आती हुई नैतिक धारणाओं का खण्डन किया। वे जाति-प्रथा के नाम पर ऊँच-नीच का भेद करने के विरोधी थे। और इसे सामाजिक विकास के लिए बाधक मानते थे। वे पुरोहितों आदि की संस्कृति का विरोध करते थे। जो धर्मान्धता पण्डे पुरोहितों द्वारा फैलाई जाती है, उस पर उन्होंने प्रहार किया।

'भारत-दुर्दशा' में सत्यनाश फौजदा कहता है–

"जाति अनेकन करी नीच अरू ऊँध बनायो।
खान-पान सम्बन्ध सवन सों बरजि छुड़ायो।।
जन्मपत्र विधि मिले ब्याह नहिं होन देत अब।
बालकपन में ब्याहि प्रीति-बल नास कियो सब।
करि कुलीन के बहुत ब्याह बल धीरज मारयौ।
विधवा-ब्याह निषेध कियो विभिचार प्रचारयौ।।
रोकि विलायत गमन कूप मण्डूक बनायौ।
औरन को संसर्ग छुड़ाइ प्रचार घटायो।।"

भारतेन्दु की धारणा थी कि वैष्णव भक्ति जनता में समानता और एकता का भाव पैदा करने के लिए थी, लेकिन उसका उपयोग संकीर्ण मतवादियों ने भी किया। ऋग्वेद से लेकर ग्राम-संस्कृति तक भारतेन्दु की पैनी दृष्टि वैष्णवता के विकास और प्रसार के प्रमाण ढूँढ़ लाती है। रामविलास शर्मा के अनुसार "भारतेन्दु शायद पहले हिन्दी-लेखक हैं जिन्होंने 'जाति' शब्द का 'नैशनैलिटी' के अर्थ में प्रयोग किया है। उनके 'जातीय संगीत' नाम के निबन्ध में जातीय शब्द 'वर्ण या कास्ट' के लिए नहीं है।" (भारतेन्दु हरिश्चन्द्र और हिन्दी नवजागरण की समस्याएँ, पृ.-94) इस प्रकार भारतेन्दु सभी दृष्टियों से अर्थात् स्वस्थ सामाजिक, राजनीतिक, आर्थिक, धार्मिक, शैक्षिक एवं सांस्कृतिक धरातल पर अपने साहित्य एवं पत्रकारिता के ज़रिये 'राष्ट्र' की परिभाषा देने की कोशिश की। वे सचमुच साहित्य के क्षेत्र में इस दृष्टि से क्रान्तिकारी अग्रदूत बनकर सदा विराजमान रहेंगे।

भारतेन्दु के सदृश्य उनकी मण्डली के बालकृष्ण भट्ट, बदरीनारायण चौधरी 'प्रेमघन', प्रतापनारायण मिश्र जैसे रचनाकारों ने भी भारतेन्दु से मिलते-जुलते विचारों से साहित्यिक क्षेत्र में राष्ट्रीयता की रूपायिति में बिल्कुल सार्थक प्रयत्न किया।

महावीर प्रसाद द्विवेदी

राष्ट्र एवं राष्ट्रीयता की रूपायिति में जिस नवजागरण की बड़ी भूमिका है उसके बारे में रामविलास शर्मा कहते हैं, "गदर, सन् 57 का स्वाधीनता संग्राम, हिन्दी प्रदेश के नवजागरण की पहली मंज़िल है। दूसरी मंज़िल भारतेन्दु हरिश्चन्द्र की है।"

वे आगे कहते हैं कि हिन्दी नवजागरण का तीसरा चरण महावीर प्रसाद द्विवेदी और उनके सहयोगियों का कार्यकाल है। 1900 से 1920 तक द्विवेदीजी ने जो काम पत्रकारिता में किया, साथ ही कवि, अनुवादक, निबन्धकार, भाषाविद् के रूप में उन्होंने सराहनीय काम किया था। अर्थशास्त्र, विज्ञान, इतिहास, पुरातत्व, खगोलशास्त्र, धर्मशास्त्र आदि में गहरी रुचि रखनेवाले थे वे। वे राष्ट्रनिर्माण के लिए आवश्यक सारी बातों पर गहराई से मन्थन-मनन करने के लिए तैयार हुए। सुधारवादी दृष्टि रखनेवाले द्विवेदीजी ने रीतिकालीन काव्य-परम्परा का विरोध किया और समाजोन्मुख विचारों से भारतीय जीवन को युगधर्मों से परिचित कराने का कार्य बहुत सुचिन्तित रूप से उन्होंने किया। साम्राज्यविरोधी जातीय सांस्कृतिक-चेतना के निर्माण में वे हमेशा सजग रहे थे। अंग्रेज़ी राज में भारत की जो आर्थिक, राजनीतिक, सांस्कृतिक एवं सामाजिक स्थितियों पर सतर्कता से उन्होंने विचार किया वह आज भी प्रासंगिक नज़र आता है। राष्ट्र एवं राष्ट्रीयता को स्वदेश के परिप्रेक्ष्य में देखने की उनकी अद्भुत दृष्टि विचारणीय है। वह भी नहीं पाश्चात्यों की आधुनिकता को मानने के बदले में जापान जैसे पूर्व देशों को देखकर उससे बहुत कुछ अपनाने के वे पक्षपाती रहे थे। तब राष्ट्रनिर्माण में सबसे पहले उनकी स्वदेशी भावना पर विचार करने की सख्त ज़रूरत है।

भारत की निर्धनता पर विचार करनेवाले द्विवेदीजी का ग्रन्थ ही स्वराज की आवश्यकता को रेखांकित करता है। भारत की तात्कालिक सम्पत्तिहीनता के कारण और उसके समाधान के रूप में वे हमारी पराधीनता जो राज्य-व्यवस्था और व्यापार में है उसको मानते हैं। राष्ट्र की रूपायिति में सबसे मुख्य है जनता की आजीविका एवं विकास के लिए काफ़ी धन। इसे स्पष्टतः समझते हुए द्विवेदीजी ने 'सम्पत्तिशास्त्र' की भूमिका में लिखा—"हिन्दुस्तान सम्पत्तिहीन देश है। यहाँ सम्पत्ति की बहुत कमी है। जिधर आप देखें उधर ही दरिद्र-देवता का अभिनय किसी-न-किसी में अवश्य ही देख पायेंगे। परन्तु इस दुर्दमनीय दारिद्र को देखकर भी कितने आदमी ऐसे हैं जिनको उसका कारण जानने की उत्कंठा होती है? यथेष्ट भोजन-वस्तु न मिलने से करोड़ों आदमी जो अनेक प्रकार के कष्ट पा रहे हैं उनको दूर किया जाना क्या किसी तरह सम्भव नहीं? गली-कूचों में, सब कहीं, धनाभाव के कारण जो कारुणिक क्रन्दन सुनाई पड़ता है उसको बन्द करने का क्या कोई इलाज नहीं? हर गाँव और हर शहर में जो अस्थि-चर्मावशिष्ट मनुष्यों के समूह आते-जाते देख पड़ते हैं उनकी अवस्था उन्नत करने का क्या कोई साधन नहीं? बताई तो सही, कितने आदमी ऐसे हैं जिनके मन में इस तरह के प्रश्न उत्पन्न होते हैं?" अंग्रेज़ों ने हिन्दुस्तान की ज़मीन पर अधिकार जमाया। भारत की जनता

से उसकी सबसे बड़ी सम्पत्ति, उसकी आजीविका का मुख्य स्रोत, ज़मीन उसने छीन ली। यह बात 1857 के स्वतन्त्रता संग्राम के वक़्त किसानों को मालूम थी। इसलिए उन्होंने इस संग्राम में भाग लिया। पुरानी सामन्ती व्यवस्था में ज़मीन पर राजा का स्वामित्व न था। हर अपनी-अपनी ज़मीन का मालिक था। उस समय राजा लोग किसानों से कर लेते थे। लेकिन पराधीन भारत में किसी प्रकार का अधिकार ज़मीन पर किसान को नहीं था। आज ब्रिटिश सरकार लगान लेती है, यह लगान इसलिए देता है कि पूरा स्वामित्व ब्रिटिशों का है।

किसानों का यथार्थ

भूमि पर पूँजीवादी व्यवस्था में किसानों का जो अधिकार है उसे देने के लिए अंग्रेज़ लोग तैयार नहीं हुए। वे किसानों से मनमाना लगान वसूल करते थे। इस लगान की वजह से धनिक किसानों को भी जीना मुश्किल हो गया। इसलिए अंग्रेज़ी शासन में अकाल पड़ता था। अंग्रेज़ राज्य-व्यवस्था का ख़र्च मुख्यतः किसानों से वसूल करता था। किसानों की इस दुरवस्था पर सरस्वती में कई लेख छापे गये। लगान भरने के लिए किसान लोग महाजनों से क़र्ज़ लेते थे, तब उसका बड़ा ब्याज भी देने में असमर्थ होकर आजीवन क़र्ज़दार बनकर मर जाता है। अंग्रेज़ों ने इन सूदखोर महाजनों की सुरक्षा की। इस महाभयानक अवस्था में लाखों किसान भूख से मर गये। अंग्रेज़ों की ज़मींदारी की एक और विशेषता थी कि ज़मीन के अधिकारी अंग्रेज़ लोग अपनी लूट से वसूल करनेवाले धन का थोड़ा-सा हिस्सा देकर अपनी मदद के लिए ज़मींदारों का एक वर्ग तैयार किया था। इस वर्ग के कारण किसानों का उत्पीड़न और भी बढ़ गया था। द्विवेदीजी ने इस क्रूर व्यवस्था का वर्णन 'सम्पत्तिशास्त्र' में ही नहीं उनके किसान सम्बन्धी निबन्धों एवं 'सरस्वती' में छपे अन्यान्य लेखों में भी किया।

द्विवेदीजी के किसानी यथार्थ पर केन्द्रित 'देश की बात', 'भारतवर्ष का क़र्ज़', 'किसानों का संगठन' जैसे निबन्ध ध्यातव्य हैं। राजकाज का पूरा ख़र्च, सरकारी अफ़सरों की तनख़्वाह से लेकर फ़ौज रखने और रेल बनाने तक का ख़र्च, भारत के किसानों से वसूल किया जाता था। अंग्रेज़ों ने इसका नाम रखा था होम चार्जेस। बाहर से नित नया क़र्ज़ लिया जाता था। इस क़र्ज़ का सूद देते-देते कभी भी समाप्त होनेवाले क़र्ज़ पर पड़ते हैं भारत के लोग। अंग्रेज़ों ने वहाँ जो नया सामन्तवाद चलाया था, उसी के अन्तर्गत उन्होंने रियासतों के महाराजाओं को इस सूदखोरी में शामिल किया था। मूलधन और ब्याज, दोनों की रकम, आख़िरी हिसाब-किताब में, किसान से ही वसूल की जाती थी।

ज़मीन पर किसानों के अधिकार को पुनः स्थापित करने के लिए आन्दोलन चलाने की बात पर भी उन्होंने विचार किया।

द्विवेदीजी ने जितनी गहराई से किसानी समस्या और सम्पत्ति के बीच के रिश्ते का अध्ययन किया उतना और किसी ने इस विषय पर विचार नहीं किया। उन्होंने 'देश की बात' निबन्ध में जो बात उठायी वह आज के सन्दर्भ में भी बहुत प्रासंगिक है—"देश कहते किसे हैं? किसकी भक्ति करने—किसका। हित साधन करने से मनुष्य देशभक्त कहा जा सकता है? नगर, क़स्बे, गाँव, पेड़, पहाड़, जंगल, नदियाँ, तालाब, मकान, मन्दिर, मस्जिद आदि का समूह ही देश नहीं। ये सब देश के अन्तर्गत हैं अवश्य, पर 'देश' के साथ जिस 'भक्ति' का ग्रन्थि-बन्धन हुआ है उस भक्ति का सम्बन्ध एकमात्र इन्हीं से नहीं है। इस भक्ति और इस हित का सम्बन्ध देश में रहनेवालों से है, पेड़, पहाड़, नगर और क़स्बे आदि से नहीं। या वो देश में रहते कौन हैं? देश में रहते हैं कोई 70 फ़ीसदी कृषक-किसान, खेतिहर...इस दशा में देश भक्ति का अर्थ देश में रहनेवालों पर भक्ति करने से है, तो देशवासियों में अधिक संख्या किसानों की है। परन्तु देश की उन्नति के लिए अब तक जो प्रयत्न किया गया है और इस समय भी जो प्रयत्न किया जा रहा है उसके कितने अंश का सम्बन्ध किसानों से है? हर साल जो यह कांग्रेस होती है उसने आज तक किसानों पर अपनी भक्ति प्रकट की है? उसके पास किये हुए प्रस्तावों में कितने प्रस्ताव ऐसे हैं जिनसे किसानों को लाभ पहुँचने की सम्भावना है? अथवा इन प्रान्तिक सभाओं ने ही इन बेचारों के लिए क्या किया है? कांग्रेस के जो प्रतिनिधि इस समय बिलायत की हवा खा रहे हैं वे इन लोगों की कौन-कौन सी शिकायत सुनाने के इरादे से वहाँ गये हैं? यदि ये 70 फ़ीसदी कृषक दुर्भिता और अत्याचार से पीड़ित होकर नष्ट हो जायें तो फिर देश की क्या दशा हो? तो भी क्या यह देश 'देश' रह जायेगा।" (आचार्य महावीर प्रसाद द्विवेदी के श्रेष्ठ, निबन्ध, सम्पादक विनोद तिवारी, पृ. 210) इससे द्विवेदीजी यह स्थापित करते हैं कि एक राष्ट्र को राष्ट्र बनाने में कृषकों की भूमिका बड़ी है।

द्विवेदीजी ने जो अहम सवाल कृषकों के बारे में उठाया यह सवाल आज देश के सामने भयानक समस्या बनकर सरकार के सामने है। लेकिन सरकार अनुत्तरित है। किसानों के संगठन में किसानों को संगठित करने का भारी क़दम उठाने के पक्ष में वे बोल रहे हैं। देश की उन्नति उनके हाथ में है। आज़ादी प्राप्त करके इतने साल हुए, उस साम्राज्यवाद का भयावह रूप कई प्रकार से किसानों का शोषण करता आ रहा है। किसान बेदखल हो रहा है मज़दूर बन गया, अब भी उसके सामने निराशा ही निराशा है। भूख से, त्राण से, आज भी मर रहे हैं।

वे आत्महत्या कर रहे हैं। जब मैं यह लिख रही हूँ तब किसान 10 दिनों की देशव्यापी हड़ताल पर है। स्वामीनाथन रिपोर्ट लागू करवाने और किसानों की आमदनी बेहतर करने की माँग को लेकर 1 जून से 10 जून तक सब्ज़ी, फल और दूध की सप्लाई रोकने की घोषणा किसान नेताओं के द्वारा की गयी है।

अंग्रेज़ राज में व्यापार और उद्योग-धन्धे की स्थिति पर भी द्विवेदीजी ने बड़ी संजीदगी से बात की थी। भारत में अंग्रेज़ों ने यहाँ के व्यापार का नाश करके औद्योगीकरण की जड़ ही काट दी। द्विवेदीजी ने अंग्रेज़ों की व्यापारनीति की विस्तृत आलोचना की। उन्होंने लिखा : "शुरू-शुरू में इँगलिस्तान की गवर्नमेंट ने यहाँ के कपड़े की रफ्तनी को, बिलायत में उस पर कड़ा महसूल लगाकर, बिल्कुल ही रोक दिया, यहाँ का व्यापार-यहाँ का कला कौशल मारा गया। अब जब उसके पुनर्जीवन की ओर लोगों का ध्यान गया है तब यथेष्ट कर लगाकर विलायती वस्तुओं की आमदनी रोकी नहीं जाती। यदि किसी विलायती चीज़ पर कुछ महसूल है भी तो इतना कम है न होने के बराबर है।" (सम्पत्तिशास्त्र, पृ. 182)

इस तरह अंग्रेज़ों ने खुली होड़ का पूँजीवादी नियम न माना, क़ानून के ज़रिये व्यापार पर अधिकार कायम किया।

द्विवेदीजी चाहते थे कि भारत का औद्योगिक विकास हो। नया औद्योगिक विकास होगा तो मज़दूरों और पूँजीपतियों के बीच संघर्ष बढ़ेगा ही। मज़दूरों के संगठन की ओर भी उन्होंने इशारा किया। द्विवेदीजी ने साम्राज्यवाद और भारत के बारे में जो कुछ लिखा वह आज भी हमारे लिए महत्त्वपूर्ण है।

द्विवेदीजी ने भारतीय विवेक-परम्परा पर, चार्वाक जैसे दर्शनों पर विचार करते हुए उसे आधुनिक विज्ञान से संवाद करने योग्य माना। अथवा भारतीय विवेक-परम्परा को तर्कसंगत एवं युक्ति संगत साबित किया गया। डार्विन के विकासवाद को केन्द्र में रखकर आधुनिक भौतिक दृष्टियाँ रूपायित हुईं। लेकिन निरीश्वरवादी भारतीय परम्परा में बृहस्पति और चार्वाक का मत डारविन के मत से ज़्यादा वैज्ञानिक मानने को द्विवेदी तैयार हुए। 'निरीश्वरवाद' निबन्ध में उन्होंने यों लिखा—"पृथ्वी, जल, तेज, और वायु के योग ही से शरीर में चैतन्य उत्पन्न होता है और वह चैतन्य शरीर के नष्ट अर्थात् उन चारों तत्त्वों के विश्लेषण होने से नष्ट हो जाता है। ये लोग स्वभाव ही से जगदुत्पत्ति मानते हैं और स्वर्ग, नरक, पुनर्जन्म, परमात्मा किसी को नहीं मानते। इनके मत में आत्मा न ईश्वर का अंश है, न अमर है, और न कर्मजन्य फल ही उसे भोगना पड़ता है। चेतना विशिष्ट देह ही को ये आत्मा कहते हैं और प्रत्यक्ष प्रमाण को छोड़ अनुमानादि प्रमाण ही नहीं मानते।" इसी परम्परा के अन्तर्गत बौद्ध धर्म और जैन धर्म निरीश्वरवाद

का अनुपालन करते हैं। "द्विवेदीजी प्रकृति विज्ञान और समाज-विज्ञान में विकास सिद्धान्त के अनुगामी हैं। यह बात वे जानते थे कि डार्विन नास्तिक था, संसार को ईश्वर की रचना नहीं मानता था, बचपन से नास्तिक नहीं था, वैज्ञानिक अनुसन्धान करते हुए निरीश्वरवाद के ठिकाने तक पहुँचा था। यद्यपि द्विवेदीजी खुलकर निरीश्वरवाद का समर्थन नहीं करते किन्तु ईश्वर को लेकर वह बार-बार जो तर्क-वितर्क करते हैं और ऐसा करने के लिए दूसरों को प्रेरित करते हैं।" (महावीर प्रसाद द्विवेदी और हिन्दी नवजागरण, रामविलास शर्मा, पृ. 155)। वैसे ही भारत में इतिहास-लेखन की आवश्यकता को भी सरस्वती में प्रकाशित 'इतिहास का अध्ययन' में उन्होंने सूचित किया। उन्होंने इतिहास सम्बन्धी नयी परिभाषा भी दी है—"राजाओं के नाम, वंश-विवरण, युद्ध तथा जय और पराजय की सूची का नाम इतिहास नहीं। महत्त्वपूर्ण राजनीतिक, सामाजिक और धार्मिक घटनाओं का पक्षपात-रहित वर्णन, उनके स्थूल और सूक्ष्म कारणों एवं प्रभावों का निरूपण, मनुष्य-जीवन के प्रत्येक अंश से सम्बन्ध रखनेवाली उन्नति और अवनति के नियम को स्पष्टतापूर्वक दिखला देना इतिहास है।"

द्विवेदीजी की राय में भारतीय समाज के आधुनिक समाज बनने में यहाँ सबसे बड़ी बाधा जाति-पन्थ रही है। वे वैज्ञानिक ढंग से सोचने-समझने, चिन्तन-मनन करने और समर्थ बनाने का कार्य सरस्वती के माध्यम से करते आ रहे थे। वैज्ञानिक शिक्षा की अनिवार्यता को उन्होंने समझ लिया।

राष्ट्र और भाषा

राष्ट्रनिर्माण में भाषा का हाथ है। द्विवेदीजी ने इसलिए भारत की भाषा समस्या पर गम्भीरता से विचार किया। रामविलास जी के शब्दों में यदि कहा जाय तो द्विवेदीजी ने जाति और राष्ट्र के सम्बन्ध को समझा। इस देश में अनेक भाषाएँ बोलनेवाली जातियाँ रहती हैं। ये वर्णव्यवस्था वाली जातियाँ नहीं हैं, ये उस अर्थ में जातियाँ हैं जिस अर्थ में भारतेन्दु हरिश्चन्द्र ने 'जातीय संगीत' निबन्ध में जातीय शब्द का प्रयोग किया। द्विवेदी ने 'जाति' शब्द का अनेक बार एक भाषा के प्रयोग करनेवाली 'जनता' के रूप में किया। उन दिनों महात्मा गाँधी के साथ केवल एक ही व्यक्ति थे जो अंग्रेज़ी की जगह राजभाषा, केन्द्रीय भाषा अथवा सम्पर्क भाषा के रूप में अखिल भारतीय व्यवहार के लिए हिन्दी का समर्थन कर रहे थे और इसके साथ-साथ प्रादेशिक स्तर पर अंग्रेज़ के विरुद्ध भारतीय भाषाओं का समर्थन कर रहे थे। भारत में गाँधीजी के आने के पूर्व ही महावीर प्रसाद द्विवेदी भाषा-समस्या पर वैज्ञानिक और जनतान्त्रिक दृष्टि से विचार प्रकट कर चुके थे।

अंग्रेज़ी के विरुद्ध देशी भाषाओं की हिमायत वे सदा करते थे। हिन्दी को एक जाति की भाषा वे जानते थे। पूरे भारतवासी यह समझते नहीं थे।

द्विवेदीजी ने समझ लिया कि अंग्रेज़ी ने सभी भारतीय भाषाओं के अधिकार छीने हैं, इसलिए अपने अधिकारों के लिए किसी एक भाषा के संघर्ष से अन्य भाषाओं को सहायता मिलती है। गाँधीजी भारतीय भाषाओं के व्यवहार के प्रबल समर्थक थे। उनके भाषा सम्बन्धी विचार का समर्थन करते हुए सरस्वती पत्रिका में 'गाँधीजी के मातृभाषा प्रेम का एक उत्कृष्ट उदाहरण' शीर्षक लेख में द्विवेदी ने लिखा। द्विवेदीजी ने सूचित किया कि यूरोप की भाषाओं ने लम्बे संघर्ष के बाद अपने अधिकार प्राप्त किये हैं, उनका उदाहरण भारत के लिए अनुकरणीय है।

हिन्दी-उर्दू भेद के आधार पर यहाँ जो भेदभाव कायम था उसको निपटाने में उन्होंने अपने लेखन के द्वारा पूरी कोशिश की। कुछ समय तक भारत की राजभाषा के रूप में फ़ारसी का प्रयोग हुआ था। लेकिन फ़ारसी भाषा के प्रति हिन्दुओं का आग्रह और हिन्दी में नागरी लिपि में लिखनेवाले मुसलमान कवियों का भी वे उल्लेख करते हैं। भाषा के नाम पर जो भेदभाव है उसको तोड़कर धर्मनिरपेक्ष दृष्टि से भाषा समस्या पर विचार करने के लिए भारतीयों को उन्होंने प्रेरित किया।

व्रजभाषा को काव्य भाषा बनाने में तत्पर कवियों को उन्होंने आह्वान किया कि गद्य-पद्य की भाषा एक होनी चाहिए। अथवा सर्वसाधारण जन भाषा का प्रयोग साहित्य के लिए उपयोगी होगा। साहित्य और भाषा के लोकतन्त्रीकरण की उनकी इच्छा प्रबल रही थी। गद्य और पद्य की भाषा एक करके जनता के नवीन युग का सन्देश पहुँचाना उनका उद्देश्य था। वे हिन्दी को युगानुकूल एक ऐसी भाषा के रूप में ढालने की कोशिश कर रहे थे जो 'भाषिक-शुद्धतावाद' और 'व्याकरणिक-पाण्डित्य' के आग्रह और कठिन अनुशासन से छूट ले सके, तभी वह सक्षम ढंग से अपने युग का संवाहक हो सकती है। व्याकरण से ज़्यादा वे हिन्दी की उन कमज़ोरियों को दुरुस्त करने का प्रयास कर रहे थे जो किसी तरह से देश, समाज और साहित्य की नैतिक, सामाजिक और वैज्ञानिक चेतना को बाधित कर रहे थे। कविता में सुधार सम्बन्धी उनकी धारणा को भी इसी अर्थ में लेना चाहिए। इसलिए नये विचार और नयी भाषा—नया शरीर और नयी पोशाक—दोनों ही नयी हिन्दी को द्विवेदीजी की देन है।

स्त्री-सम्बन्धी विचार

आचार्य द्विवेदी की सामाजिक उन्नति सम्बन्धी सोच का एक महत्त्वपूर्ण पक्ष है स्त्री-निबन्ध, 'स्त्रियों का सामाजिक जीवन', 'रोज़गारी स्त्रियाँ', 'स्त्रियों के

राजनीतिक अधिकार', 'स्त्री-शिक्षा के विरोधी कुतर्कों का खण्डन', 'गुजरातियों की स्त्री-शिक्षा, 'जापान की स्त्रियाँ', 'स्त्रियाँ और संगीत' आदि ध्यातव्य है। वे स्त्री-पुरुष समानता के प्रबल समर्थक थे। समाज और जीवन के प्रत्येक क्षेत्र में वे स्त्रियों की सक्रिय उपस्थिति एवं भागीदारी देखना चाहते थे। उन्होंने भारतीय नवजागरण में सक्रिय रूप से जिन स्त्रियों ने भाग लिया उनमें ताराबाई शिन्दे, रमाबाई, झाँसी की रानी लक्ष्मीबाई, पण्डिता गोदावरी बाई आदि की महत्त्वपूर्ण प्रवृत्तियों पर विशेषतः बल दिया। स्त्रियों को राजनीतिक अधिकार देने की ज़रूरत पर उनके विचार में योरोपीय स्त्रियों के अधिकार को भी उन्होंने तुलनात्मक नज़रिए से देखा। समाज की गतिमयता और विकास के लिए स्त्रियों को शिक्षा देना अनिवार्य घोषित किया गया। स्त्री-शिक्षा के विरोध में कुतर्क हमारे बीच में प्रचलित था उसका विरोध उन्होंने अपने निबन्ध 'स्त्री-शिक्षा के विरोधी कुतर्कों का खण्डन' में किया। उन्होंने यह सिद्ध किया कि मनु स्मृति में भी स्त्री-शिक्षा का संकेत है। 'स्त्रियों का सामाजिक जीवन' शीर्षक निबन्ध में स्त्री-शिक्षा पर वे यों लिखते हैं–"जिस देश के धर्माचार्यों ने यह क़ानून बना दिया है कि लड़कियों को भी उसी तरह शिक्षा दी जानी चाहिए जिस तरह कि लड़कों को दी जाती है उस देश की स्त्रियाँ मूर्ख रह जायें तो बड़े ही परिताप की बात है। क्या ऐसे आचार्यों पर कभी स्वप्न में भी यह दोष लगाया जा सकता है कि उन्होंने पुरुषों का पक्षपात करके स्त्रियों की स्वाधीनता छीन ली? विद्या और शिक्षा की प्राप्ति ही से मनुष्य में मनुष्यता आती है। अतएव स्त्रियों को शिक्षा और विधा से विभूषित करने का जो स्पष्ट नियम कर देता है उसे स्त्री जाति का सबसे बड़ा हितैषी और कल्याणी चिन्तक समझना चाहिए। उसके उस नियम का ठीक-ठाक परिपालन न होने से ही हम लोगों के समाज में विशृंखलता उत्पन्न हो गयी है, हम लोगों के पारिवारिक सुख में बाधा पड़ गयी है; हम लोगों में मूर्खता की इतनी वृद्धि हो गयी है।" (आचार्य महावीर प्रसाद द्विवेदी के श्रेष्ठ निबन्ध, सं. विनोद तिवारी, पृ. 207)। उन्होंने स्त्रियों की शिक्षा को लेकर एक जगह नहीं अनेक जगहों पर लिखा। 'गुजरातियों में स्त्री-शिक्षा' में भी पुरुषों के समान इस देश की स्त्रियाँ भी सब प्रकार की शिक्षा ग्रहण करने में योग्य हैं। इस प्रकार उन्होंने देशोन्नति के प्रायः सभी पक्षों पर आधुनिक वैज्ञानिक ढंग से विचार किया है।

द्विवेदी के मुख्य विचारों के आकलन से यही प्रमाणित होता है कि राष्ट्र और राष्ट्रीयता के प्रसंग में अर्थ के लिए मुख्य स्थान है जो किसान, उद्योग आदि के विकास पर निर्भर है। भारत की अपनी वैज्ञानिक परम्परा है। राष्ट्र के लिए स्वदेशी भाषाओं का महत्त्व है। अथवा जातीय बहुलता एवं भाषायी बहुलता पर्यायवाची है।

धार्मिक सहिष्णुता एवं अनेक जातियों में विभक्त भारत की समस्या आदि को उन्होंने राष्ट्रनिर्माण के लिए आवश्यक माना है। स्त्री की स्वाधीनता एवं शिक्षित विवेकी स्त्रियों से राष्ट्र प्रगतिपथ पर अग्रसर करेगा आदि विचार बहुत प्रगतिशील चिन्तनका परिणाम है, वह तो राष्ट्र रूपायिति में अनिवार्य सामाजिक विचार बनकर आ रहा है।

उपर्युक्त दो महान हस्तियों के साथ अन्य अनेक साहित्यकारों ने राष्ट्रीयता से ओतप्रोत होकर उपन्यास, कहानियाँ, गद्य, कविता आदि लिखा। उन सबमें जो राष्ट्र तत्त्व है उनमें मुख्य है स्वराज एवं स्वदेशी भावना, जो साम्राज्यवादी विरोध की उपज है। उस स्वदेशी भावना में आर्थिक स्वावलम्बन सबसे अनिवार्य है। भारत की भाषा बहुलता को बनाये रखते हुए यहाँ की सांस्कृतिक बहुलता एवं भारत की अहं-सांस्कृतिक विरासत की स्वीकृति होनी चाहिए। उसमें धर्मनिरपेक्षता एवं सहिष्णुतापूर्वक सांस्कृतिक बहुलता का संरक्षण मुख्य बात है। सामाजिक नीति सबके लिए एक है, उनमें लिंग, वर्ग, वर्ण, जाति, भाषा, वंश आदि से उत्पन्न जो संकुचितता है उसका नकार है। यह राष्ट्र, राष्ट्रीयता के तत्त्व सबसे ज़्यादा प्रेमचन्द, रामचन्द्र शुक्ल, प्रसाद जैसे रचनाकारों में बड़े पैमाने पर प्राप्त हैं, उसका अनावसरण अलग से किया जायेगा।

सन्दर्भ ग्रन्थ

1. Hobsbawm . E. J.–Nations and Nationalism sina 1780
2. Ranjit Guha–Subaltern studies
3. Aijaz Ahmed–Classes, Nations and Literature
4. Benedict Anderson–Imagined Communities : Reflections on the origin and Spread of Nationalism
5. Homi Bhabha–Nations and Naration
6. Bipin Chandra–Nationalism and Colonialism in Modi India
7. Fredrek Jameson–Third world Hitersatan in the Era of MultiNational Capitalism
8. आचार्य महावीरप्रसाद द्विवेदी के श्रेष्ठ निबन्ध–सं. विनोद तिवारी
9. भारतेन्दु हरिश्चन्द्र ग्रन्थावली–सं. ओमप्रकाश सिंह
10. भारतेन्दु हरिश्चन्द्र और हिन्दी नवजागरण की समस्याएँ–रामविलास शर्मा
11. महावीरप्रसाद द्विवेदी और हिन्दी नवजागरण–रामविलास शर्मा
12. राष्ट्रीय पुनर्जागरण और रामविलास शर्मा–शम्भुनाथ
13. हिन्दी का गद्य साहित्य–डॉ. रामचन्द्र तिवारी

नवराष्ट्रीयता

आधुनिक विचारकों के अनुसार, राष्ट्र सांस्कृतिक राजनीतिक संकीर्ण रूप है। उसे एक सीमित भू-भाग के भीतर समेटकर उसमें रहनेवाली जनता, उसकी भाषा एवं उसकी स्वतन्त्रता को दर्ज किया जाता है। उसे सीमातीत माननेवाले भी हैं। उसे औद्योगीकरण की उपज मानने के पक्षधर ज़्यादा हैं। और कुछ आधुनिक वैज्ञानिक बोध का तथा पाश्चात्यीकरण का परिणाम मानने पर राष्ट्र अर्थकेन्द्रित केन्द्रीय शासन व्यवस्था से निर्मिति है। भाषा, धर्म आदि राष्ट्रनिर्माण के मूल में सक्रिय तत्त्व हैं। भारत में स्वतन्त्रता आन्दोलन के सन्दर्भ में पहली बार राष्ट्रीयता रूपायित हुई। तब सब लोग सभी प्रकार के भेदभावों को भूलकर साम्राज्यवाद के ख़िलाफ़ लड़ने को तैयार हुए। इसका तात्पर्य यह है कि कई प्रकार की विविधताओं के बावजूद राष्ट्र के लिए एकता ज़रूरी है। उस समय असल में दो राष्ट्रीयताएँ चल रही थीं—एक देशज राष्ट्रीयता है तो दूसरी विदेशी राष्ट्रीयता। गाँधीजी देशज राष्ट्रीयता की अगुआई करते थे। इधर जो विकास हुआ वह भारतीय परिप्रेक्ष्य में यहाँ की परम्परा एवं आर्थिक स्रोतों से है। बड़े उद्योगों के स्थान पर पारम्परिक एवं कुटीर उद्योगों के विकास, धार्मिक सहिष्णुता, जाति केन्द्रित भेदभाव को मिटाकर एक समन्वयात्मक सामाजिक एवं राजनीतिक दृष्टि को रूपायित करने और उससे आगे की ओर अग्रसर होने के पक्ष में थे वे। लेकिन दूसरा पक्ष सशक्त हो गया, उसके अनुसार भारत के सभी प्रकार के विकास का कारण पाश्चात्य शिक्षा और पाश्चात्य शासन एवं संस्कृति है।

औपनिवेशिक आधुनिकता

भारत के सन्दर्भ में स्वतन्त्रता तक आते-आते गाँधीजी की देशज राष्ट्रीयता की स्वीकृति खो जाने लगी और गाँधी भी अप्रासंगिक बने। गाँधीजी के निधन से यह लुप्त हुआ सा दिखाई देता है। नेहरू यन्त्र से कृषि एवं उद्योग को विकसित कर नये विकास की ओर भारत को ले जाने के पक्ष में थे।

वे पाश्चात्य आधुनिकीकरण को खुले आम अपनाने को तैयार हुए। इसका मतलब है सन् 1950 तक आते-आते औपनिवेशिक मानसिकता की दासता में भारतीय जीवन का हर क्षेत्र डूबता रहा। इसकी चकाचौंध में हम बेसुध होकर सभी प्रकार के सुखों की तलाश में रहे।

विकास का जो मॉडल आज हमारे सामने है उसकी सैद्धान्तिक बुनियाद अठारहवीं शती में डाली गयी थी। उस काल को हम ज्ञानोदय काल कहते हैं। उस काल की जो अवधारणा है वह बिल्कुल एक रेखीय एवं भौतिक विकास पर केन्द्रित है। यह पाश्चात्य कालबोध है। इसमें परम्परा और इतिहास को तहस-नहस कर अथवा उनका अनदेखा कर आगे की ओर जाने की प्रक्रिया है। वहाँ अतीत एवं वर्तमान बिल्कुल भूलने के लिए है। भविष्य निर्माण की व्यग्रता में भटकनेवाला मनुष्य अथवा भविष्य में सुख खोजनेवाला मनुष्य कभी भी सही सुख प्राप्त करने में असमर्थ बन जाता है। तीनों को मिलाकर जीने में मनुष्य कमी महसूस करता है। वह पाश्चात्य कालबोध को स्वीकार करके जल्दी सुख प्राप्त करने के लालच में है।

पाश्चात्यों का कालबोध रेखीय है वह ज्ञानोदय की देन है। भारतीय कालबोध चाक्रिक है। इसमें मनुष्य जन्म, जीवन, मृत्यु के अनवरत चक्र में घूमता फिरता है। वहाँ अतीत वर्तमान का सम्बल बनता है। यादों के बिना यानी कि जड़ों के बिना मनुष्य का सही अस्तित्व नहीं होता है। चिरन्तन वर्तमानता की बात परम्परावादी कहते आते हैं तो वामपन्थी विचारक इतिहास शब्द का प्रयोग कर उसमें जड़ों को खोजने तथा प्रामाणिकता सबको देने का प्रयास करते हैं। आधुनिक युग के लोग चाक्रिक कालबोध से अलग होकर रेखीय बनकर भविष्यवादी बन गये। ज्ञानोदय के दौरान ज्ञान-विज्ञान और तर्क बुद्धि के स्वतन्त्र विकास के साथ उस दौर की शुरुआत होती है, जिसे काण्ड ने मनुष्यता की प्रौढ़ावस्था कहा है। काण्ड का मानना था कि मनुष्य अपने विकास के इतिहास में पहली बार ऐसी स्थिति में पहुँच गया है, जहाँ तर्कबुद्धि के द्वारा वह समाज और समाज की समस्याओं को बिना किसी धार्मिक अन्धविश्वास का सहारा लिए समझ सकता है, और उसे बदल भी सकता है। तर्कबुद्धि के विकास के बिना इस प्रकार का स्वप्न नहीं देखा जा सकता था। इसे कुछ दार्शनिकों ने आधुनिकता का प्रोजेक्ट कहा था। लेकिन यह प्रोजेक्ट कुछ विद्वानों के अनुसार गड़बड़ था। लेकिन बिलग्रामी जैसे दार्शनिकों ने एक महत्त्वपूर्ण कार्य ज्ञानोदय के बारे में कहा था कि ज्ञानोदय की रैडिकल धारा ज़्यादा मानवीय, समतामूलक और किसी भी प्रकार के वर्चस्व का विरोध करनेवाली थी। लेकिन इस धारा के बदले में देकार्त जैसे लोगों की जो

धारा प्रकट हुई उनका विकास राज्यसत्ता, धर्मसत्ता, अर्थसत्ता और ज्ञान-विज्ञान की सत्ता के गठजोड़ से हुआ। इस दृष्टिकोण का असर भारत में भी पड़ा।

स्वतन्त्रता प्राप्ति तक आते-आते भारतीय जन-जीवन के विचारों, चिन्तनों तथा राजनीतिक-सामाजिक क्षेत्र में परिवर्तन लाने के लिए भारतीयों ने पाश्चात्य विचारधाराओं को अपनाया। उन विचारधाराओं में मुख्य हैं मनोविश्लेषणवाद, मार्क्सवाद, अस्तित्ववाद आदि। ये विचारधाराएँ साहित्य को सँवारने में ही नहीं राजनीतिक-सामाजिक मान्यताओं को बदलने में भी बड़ा सहयोग देती रहीं। उनमें भारतीय जीवन के तौर-तरीक़े को भी परिवर्तित किया मार्क्सवाद ने।

मार्क्सवाद ने योरोपीय राजनीतिक-आर्थिक क्षेत्र में क्रान्तिकारी परिवर्तन किया। उसने भारतीय जीवन में विशेषकर बुद्धिजीवियों में नये ढंग से सोचने की, वह भी अभी तक भारत में ज़ोरों पर प्रचलित आध्यात्मिक विचारों से अलग होकर भौतिकवादी नज़रिया रूपायित करने की दृष्टि दी। सभी असमानताओं का कारण आर्थिक है। वह आर्थिक समानता को राष्ट्र रूपायिति का मेरुदण्ड समझता है। पूँजीवादी व्यवस्था में स्वाभाविक रूप से पूँजीपतियों एवं मज़दूरों के बीच में संघर्ष पैदा होगा। इस वर्ग संघर्ष के ज़रिये उस समय तक प्रचलित सामन्तवाद उसके बादवाली पूँजीवादी अमानुषिकता को ख़त्म कर एक नये राजनीतिक एवं सामाजिक वातावरण को सृजित करना मार्क्सवाद का मुख्य लक्ष्य रहा था। साहित्यिक क्षेत्र में यह मार्क्सवाद बड़ी शक्ति के साथ अभी तक की साहित्यिक परिपाटियों से अलग एक नये उद्‌देश्य-लक्ष्य के साथ अवतरित हुआ। नया राष्ट्रबोध प्रदान करनेवाला यह भौतिक विचार नवजागरण के बाद भारत में विशेषकर बंगाल, केरल, पंजाब, आन्ध्र, बिहार, असम जैसे प्रदेशों में फैल गया। उसने सामाजिक परिष्कार को मुख्य एजेण्डा बनाया। वह जातिगत भेदभाव के संकुचित दायरे से मुक्त होने, ज़मींदारी व्यवस्था के स्थान पर कृषक को ज़मीन के मालिक बनाने तथा मज़दूरों एवं कृषकों को संगठित होकर लड़ने आदि में प्रेरक बना। रूस एवं चीन इस द्वन्द्वात्मक भौतिकवादी की चाल पर चलकर दुनिया के सशक्त देशों के सामने चुनौती पैदा करते रहे। नेहरू के नेतृत्व में भारत की राजनीति इस वामपन्थी विचार की ओर मृदु स्वभाव दिखाती आ रही थी। यदि नेहरू ने गुटनिरपेक्ष देशों का नेतृत्व किया तो भी वामपन्थ की ओर उनका झुकाव ज़्यादा था।

हिन्दी तथा अन्य भारतीय साहित्य में उस समय दो धाराएँ सशक्त हो गयीं। उनमें एक धारा मार्क्सवादी भौतिक सिद्धान्त को आधार बनाकर सामाजिक समता पर दृष्टि रखनेवालों की थी। दूसरी उस समय की पाश्चात्य अन्य विचारधारओं

में मुख्य अस्तित्ववाद से प्रेरित तथा आई.ए. रिचर्ड्स एवं टी.एस इलियट के विचार की छाया में उदित नयी समीक्षा जैसी वैज्ञानिक कलावादी पक्षों की है। वे कलावादी होते हुए भी व्यक्तिवादी रहे थे। लेकिन उनमें से अज्ञेय, निर्मल वर्मा जैसे रचनाकार टी.एस. इलियट के परम्परावाद एवं निर्वैयक्तिकता को स्वीकार कर साहित्य जगत को समृद्ध करने के पक्ष में थे। ये दोनों धाराएँ अपने लिए आवश्यक उपजीव्य बाहर से ही ग्रहण करती थीं। कहने का तात्पर्य है कि आधुनिकीकरण भारत में जब शुरू हुआ तब देशज आधुनिकीकरण को गाँधीजी जैसे लोगों ने जो सामने रखा वह बिल्कुल अस्त होते नज़र आया। उसके स्थान पर पाश्चात्य विचारों का बोलबाला दिखाई पड़ा।

पाश्चात्य दृष्टि या तरीक़े को भारतीय इतिहास, परम्परा, संस्कार आदि से विच्छिन्न होकर राष्ट्रनिर्माण के बीच तत्त्वों के रूप में ग्रहण किया गया। इसलिए भारत पाश्चात्य का भी नहीं रहा, पौर्वात्य का भी। अतः भारत को अपना एक स्वत्व विकसित करने में तथा उसी दिशा में आगे की ओर जाने की दक्षता नहीं मिली। आर्थिक क्षेत्र में पाश्चात्य देशों की गुलामी स्वीकार करनी पड़ी। अपने कुटीर उद्योगों आदि को विकसित कर प्रकृति के मेलमिलाप से सम्पन्न सादगीपूर्ण विकास प्राप्त करने में भारत कामयाब नहीं हो पाया। सन् 1853 में कार्ल मार्क्स ने 'न्यूयार्क डेली ट्रिब्यून' में प्रकाशित अपने एक लेख में लिखा है—यह सच है कि हिन्दुस्तान में सामाजिक क्रान्ति लाने के लिए ब्रिटेन ने जो कुछ किया था उसके पीछे उसके निकृष्ट स्वार्थों की पूर्ति का लक्ष्य निहित था। इसके लिए उसने जो तरीक़ा अपनाया, वह दुष्टतापूर्ण था। पर प्रश्न यह नहीं है। प्रश्न यह है कि क्या मनुष्य-जाति एशिया की मौलिक व्यवस्था में सामाजिक क्रान्ति हुए बिना अपने लक्ष्य तक पहुँच सकती है? यदि नहीं तो इंग्लैंड ने जो अपराध किये हैं इस क्रान्ति को लाने में, वह अनजाने इतिहास का हथियार बन गये।" यहाँ मार्क्स ने भारत को पाश्चात्य ढंग से विकसित करने और यहाँ उसी प्रकार की एक क्रान्ति लाने में समर्थ ब्रिटिश शासन का समर्थन किया। उनके पाश्चात्य मनोभाव ने एशिया की स्थिरता सामाजिक-आर्थिक व्यवस्था का विश्लेषण करते हुए 'एशियायी उत्पादन प्रणाली' पर ब्यौरेवार विचार किया और गाँवों की अपरिवर्तनशील और जड़ इकाई पर प्रकाश डाला। उस मार्क्स को उनके अन्तिम दिनों में उनके विचारों में परविर्तन लाना पड़ा। मार्क्स ने भी विश्वास किया कि भूतबद्ध भारत जैसे पौर्वात्य देशों का भविष्य योरोप में है। लेकिन अन्त में उन्होंने अपने अख़बारी लेखों में कहा कि भारत का आधुनिकीकरण ब्रिटिश शासन का लक्ष्य नहीं रहा था। उपनिवेश को भस्मीभूत किये बिना भारत बचेगा नहीं। उसके लिए इंग्लैंड

में एक समाजवादी क्रान्ति अथवा भारत में स्वतन्त्रता आन्दोलन को चलाना है, इससे जीत हासिल करनी है।

1857-58 में मार्क्स द्वारा लिखित रचना है ग्रेंडिसे, जिसे एरिक होब्सबोम ने चिन्तक मार्क्स को अनुधावन करनेवाले 'अनुभव' कहा। इस ग्रेंड्रिंसे में और फ्रेंच में लिखित दस कैपिटल के पहले खण्ड में मार्क्स इसका इनकार करते दिखाई देते हैं कि आधुनिकता का एकमात्र केन्द्र योरोप है। भारत, चीन जैसे पौर्वात्य देशों में पूँजीवादी उत्पादन व्यवस्था शुरू नहीं हुई थी। इसलिए इन देशों को योरोप से भिन्न इतिहास के रास्ते पर अपनी आधुनिकता को बनाने में कोई कठिनाई नहीं है। ऐसा एक रास्ता खुला पड़ा है। 1853 से भारत सम्बन्धित टिप्पणियों में जो ओरियंटिलिज़म प्रकट हुआ वह उनके द्वारा रचित 'अर्थशास्त्र की आलोचना में योगदान' (1859) की भूमिका 'एशिया की उत्पादन रीति' में परिवर्तित रूप दिखाई देता है। उसमें उन्होंने लिखा है कि मनुष्य का इतिहास एकरेखीय नहीं है, वह बहुरेखीय है, उत्पादन का जब एक एशियाटिक नमूना बनेगा तो योरोप से भिन्न एक एशियाटिक इतिहास भी निर्मिति होगा। 'दस कैपिटल' (जिल्द 1-1867) में मार्क्स ने लिखा था कि औद्योगिक रूप से विकसित राष्ट्र विकासशील देशों को अपनी ही प्रतिछाया भविष्य के लिए दिखाते हैं। लेकिन उन्होंने फ्रेंच संस्करण में 1872 में इसे ऐसा परिवर्तित किया कि औद्योगिक ढंग से विकसित राष्ट्रपथ पर चलनेवाले अन्य राष्ट्रों को भविष्य की प्रतिच्छाया दिखाएँगे। इससे यह साबित होता है कि पाश्चात्य समूहों से अलग पौर्वात्य समूहों की चर्चा करने के लिए उन्होंने शुरू किया था। प्राचीन भारत की अपरिवर्तनीयता सम्बन्धी उनके विचारों को तब तक वे छोड़ने को तैयार हुए। उन्होंने महसूस किया कि पाश्चात्य पूँजीवादी व्यवस्था में काम करनेवाले मज़दूरों की तुलना में भारत की सामन्तीय व्यवस्था बिल्कुल स्वतन्त्र है। यन्त्र मज़दूरों का शासन करता है तो मज़दूर यन्त्राधीन हो जायेगा। मार्क्स ने अपने समकालीन नरवंशशास्त्री माक्सिम कोवलेव रूकी ने भारत की पूर्व पूँजीवादी व्यवस्था को 'फ्यूडलिज़म' का जो नामकरण किया था उसका विरोध किया। योरोप की जैसी सामाजिक संरचना को भारत में अमल करना उचित नहीं है, भारतीय इतिहास के अध्ययन के लिए अलग मापदण्ड और विचारधाराओं की आवश्यकता की ओर भी उन्होंने संकेत किया था।

ओरियंटलिज़म असल में साम्राज्यवाद का बौद्धिक हस्तक्षेप है। इसलिए यह जो देशज राष्ट्रीयता और राष्ट्र रूपायित हो रहा था उसका विकास आगे सम्भव नहीं हो पाया था। यहाँ की भाषाएँ, उनमें लिखे जानेवाले साहित्य तभी आगे बढ़ सकते हैं, जब वह अंग्रेज़ी राज के प्रति आलोचनात्मक दृष्टिकोण अपनाते हैं।

इसी परिप्रेक्ष्य में एडवर्ड सईद ने 'ओरियंटलिज़्म' लिखा था। भारत और पूर्व देशों को हीन दृष्टि से देखना और पाश्चात्य को ऊँचे दर्जे का मानना। लेकिन भारत में इसकी असफलता पर खुद मार्क्स भी सशंकित थे।

औपनिवेशिक आधुनिकता अर्थकेन्द्रित धर्मकेन्द्रित व्यक्तिवादी पूँजीवादी केन्द्रवाद रही थी। यहाँ परम्परा एवं इतिहास ख़त्म होते हैं। मिथक एवं प्रकृति मनुष्य से दूर चले जाते हैं। ईश्वर का अन्त घोषित किया गया। यूरोप ने प्रकृति और मनुष्य का शोषण सिर्फ़ उपनिवेशों में ही नहीं, उससे पहले स्वयं अपने यहाँ भी किया था। ग्रामीण आबादी की बड़े पैमाने पर तबाही इसका प्रमाण है। खेतों को भेड़ों के चरागाह में तबदील कर दिया गया और किसानों को शहरों की ओर धकेल दिया गया। विकास की इस परिकल्पना के परिणामस्वरूप मनुष्य और संसाधनों का इस्तेमाल एक विशेष वर्ग के मुनाफ़ा के लिए किया जाने लगा। सत्ता के द्वारा मनुष्य और प्रकृति का संसाधन के रूप में दोहन से ही विकास का वह सिलसिला कायम हुआ, जिसकी तार्किक परिणति ने प्रकृति और पर्यावरण को विनाश के कगार पर पहुँचा दिया। अब तो समूची पृथ्वी का अस्तित्व ही ख़तरे में पड़ गया सा लगता है। पहली बार यह एहसास दुनिया भर के पैमाने पर हो रहा है कि भौतिक विकास की भी एक सीमा है और प्रकृति के साथ आप अनियन्त्रित छेड़छाड़ नहीं कर सकते। इसके बावजूद विश्व की पूँजीवादी व्यवस्था इस चेतावनी को दरकिनार करते हुए अपने लोभ-लाभ के लिए विकास के उसी मॉडल को आगे बढ़ा रही है, जो प्रकृति और मनुष्य के दोहन और शोषण पर टिका हुआ है। लेकिन इस दृष्टि से भी एक देशज दृष्टि अथवा एक देशज विकास को आधार में रखकर एक विकास का मॉडल निर्मिति करना है, वह सादगीपूर्ण एक राष्ट्र के गठन में सहायक होगा।

राष्ट्रीयता का ह्रासशील स्वरूप

एकपक्षीय राष्ट्रीयता देश की जनता को एक साथ मिलाकर रखने में समर्थ नहीं है। जनता की प्रान्तीय, वंशीय एवं सांस्कृतिक विविधता का तिरस्कार जहाँ होता है वहाँ राष्ट्रीयता हिंसात्मक बनती है। 1960 में विख्यात इतिहासकार प्रो. आर्नोल्ड टोयनबी ने नयी दिल्ली में आयोजित आसाद स्मृति भाषण में कहा कि 'थोड़े ही समय के भीतर एक विश्व समूह को बनाने के लिए हम प्रयत्न कर रहे हैं। उसमें हम यदि हार जाते या जीतने के लिए देरी हो जाय तो आत्मनाश धमकी देते हुए हमारे सिर के ऊपर लटकेगा। विश्व की एकता का मुख्य शत्रु राष्ट्रीयता है, विश्व इतिहास के वर्तमान अध्याय के लिए मनुष्य वर्ग का पहला शत्रु राष्ट्रीयता है।

इसलिए राष्ट्रीयता के द्वन्द्वों को सबसे पहले निकालना अनिवार्य है।' दूसरे विश्वयुद्ध के जन्म का कारण टोयनबी ने राष्ट्रीयता कहा। उन्होंने पूछा कि 'मेरा देश, वह महान है', इस नारे की अर्थवत्ता पर विचार करना है। इस अति संकुचित एवं वैकारिक नारे से अडोल्फ हिटलर ने जर्मन जनता को और मुसोलिनी ने इटली की जनता को राष्ट्रीयता के उन्माद की उत्तुंगता तक पहुँचाया था। इसका परिणाम हुआ दूसरा विश्वयुद्ध। नागरिकों में देशप्रेम और राष्ट्रीयता की भावना जगाने, विदेशी आधिपत्य के ख़िलाफ़ एक साथ खड़ा करने, मतभेद और अनेक से अलग एक लक्ष्य के लिए एक साथ लड़ने के लिए राष्ट्रीयता सहायक है। लेकिन हाल ही में क्यों यह राष्ट्रीयता सम्बन्धी चर्चा इतनी प्रबल हो गयी। इसकी तलाश अनिवार्य है।

भूमण्डलीकरण

भारत में पहले ही कहा जा चुका है कि आधुनिकीकरण का मतलब पश्चिमीकरण है, अथवा औद्योगीकरण है। देशज विचारों से अलग होकर इस प्रकार की एक पाश्चात्य दृष्टि यहाँ प्रबल हुई। इससे केन्द्रवाद रूपायित हुआ। इसी पूँजीवाद का भयानक रूप धारण कर भूमण्डलीकरण हमारे सारे कार्यक्षेत्रों में अवतरित हुआ। मार्क्सवादी अर्नेस्ट मेंडले ने इसे 'लेट कैपिटलिज़म' अथवा वृद्ध पूँजीवाद कहा। पूँजीवाद एक क्रान्तिकारी शक्ति है। इस भूमण्डलीकरण में साम्राज्यवाद एवं पूँजीवाद दोनों एक साथ दर्ज हैं। अन्तरराष्ट्रीय मुद्राकोष, विश्वबैंक तथा विश्वव्यापार संगठन जैसी संस्थाओं के पीछे शुरू-शुरू में विश्वमानव की भलाई लक्षित थी। अविकसित तथा विकासशील राष्ट्रों को आवश्यक आर्थिक तथा तकनीकी सहायता देकर उन्हें विकासोन्मुख करना तथा विश्वराष्ट्रों का एक खुला मंच तैयार करना भी इसका लक्ष्य रहा था। विश्वस्तरीय व्यापार में जो बाधाएँ थीं उन्हें मिटाकर एक खुले व्यापार-क्षेत्र का गठन भी इसके उद्‌देश्यों में प्रमुख रहा था। जिससे हर पिछड़े देश को आगे आ जाने, अपने उत्पादनों के लिए योग्य मण्डी चुन लेने तथा सबसे अधिक मुनाफ़ा प्राप्त करने का अवसर मिले। इस उद्‌देश्य को लेकर बनाई गयी योजना पर धीरे-धीरे विकसित राष्ट्रों के स्वार्थ ने अपना क़ब्ज़ा जमा लिया। जब वे अपने स्वार्थ को भी मिलाकर इस योजना को चलाने लगे तो उसका बुरा परिणाम ही विश्व को मिलने लगा था।

विकसित देशों में भी अमेरिका का ज़ोर अधिक रहा। परिणामतः वर्तमान भूमण्डलीकरण की प्रक्रिया का सूत्रधार बन गया अमेरिका। उसने अपनी स्वार्थता के तहत विश्व को अपने लिए अनुकूल मण्डी बना लेने का कुत्सित कार्य शुरू किया।

इसलिए विश्वबैंक, अन्तरराष्ट्रीय मुद्राकोष तथा विश्वव्यापार संगठन आदि भी अपने मूल लक्ष्य से विचलित होकर अमेरिकी नीति लागू करनेवाली संस्थाओं में रूपान्तरित हो गये। अन्ततः जनहित के जिस महान उद्देश्य को लेकर वैश्वीकरण की योजना बनाई गयी वह जन विरुद्ध हो गयी। यह भी नहीं वह अविकसित तथा विकासशील राष्ट्रों के ऊपर अपने अधिकार को जमा लेने की गुप्त एजेण्डा बन गयी। इसलिए भूमण्डलीकरण आज जनविरोधी शक्ति का षड्यन्त्र मात्र समझा जाने लगा। विकासशील देशों में इस अमानवीय वृत्ति के ख़िलाफ़ सख़्त विद्रोह भी चल रहा है।

भूमण्डलीकरण की प्रक्रिया नरसिंह राव सरकार के समय भारत में सशक्त होकर प्रकट हुई। गाट्ट समझौता इसका परिणाम था। इसकी राष्ट्रीयता शिथिल होने लगी। भारत के स्वत्व को निर्धारित करनेवाली संस्कृति, भाषा आदि का नुक़सान शुरू हुआ। खेती, वनस्पति, औषधि, विज्ञान एवं तकनीकी क्षेत्रों में भारत का अधिकार अपने देश में नष्ट होने लगा। विदेशी कम्पनियों ने भारत के बाज़ारों पर भी अपना अधिकार जमा लिया। वे मुफ़्त और किश्त नीति के तहत जनता को सम्मोहित करके उन्हें लूटने लगीं। आकर्षक विज्ञापनों के ज़रिये जनमानस को लुभाकर उन्हें अपने जंजाल में फँसाने लगीं।

आज भारत में शहर एवं गाँव के बीच भेद नहीं है। एक चेहरे की दुनिया बन रही है। एक संस्कृति और एक भाषा के लोगों की दुनिया है। शहरों और गाँवों के भेद के बिना हर दरवाज़े पर बहुराष्ट्र कम्पनियों एवं बैंकों के बिचौलिए खड़े हुए हैं, अपने आकर्षक वादे की तरफ़ जनसाधारण का ध्यान आकर्षित करने तथा उन्हें फँसा लेने के लिए। इनके वादों के पीछे छिपे छल की गहराई से अनबूझ जनता उसमें फँस जाती है। जब वह समझने की स्थिति में आ जाती तो वे उस जंजाल से बचने में नाक़ाबिल हो जाते हैं। राष्ट्र की स्थिति भी इससे भिन्न नहीं है।

भूमण्डलीकरण सम्बन्धी विभिन्न परिभाषाएँ इधर दी जा रही हैं, उनसे राष्ट्र सम्बन्धी विचार भी प्रकट होता है। पोलन्सी कहते हैं–"भूमण्डलीकरण अर्थतन्त्र की व्यवस्था द्वारा उदार आर्थिक ढाँचों के बिगाड़ (Break down) सी मन्दी, फासिज़म, बेरोज़गारी और पुनरूज्जीवित राष्ट्रवाद की उत्पत्ति हुई है। पूँजीवाद की इस अवस्था का एक विश्वसनीय चित्र मार्क्स ने 1848 में कम्यूनिस्ट मेनिफेस्टो में खींचा था, जिसमें विश्व बाज़ार और उसके बुर्जुआपन के अति चंचल और गतिवान होने का ज़िक्र था। मार्क्स की किताब 'ग्रेंडिसे' (1857) में भूमण्डलीय बाज़ार का उल्लेख है। भूमण्डलीकरण असल में एक ऐसी संकल्पना है जो

बहुस्तरीय विश्लेषण में अर्थतान्त्रिक, राजनीतिक, सांस्कृतिक और सैद्धान्तिक को परस्पर मिलाती है।"

पोलन्सी के मुताबिक़ ब्रिटिश उपनिवेशवाद भूमण्डलीकरण का पहला चरण है। अर्थात् आर्थिक दृष्टि से परतन्त्र देशों की भाषा व संस्कृति को समाप्त करनेवाली उपनिवेशी शक्तियों का षड्यन्त्र ही भूमण्डलीकरण का प्रारम्भिक स्वरूप है। वह नवऔपनिवेशिक रूप ही है। एजाज अहमद ने इसे साम्राज्यवाद का ताज़ा उच्चतम चरण कहा। कमल नयन काबरा के अनुसार, "भूमण्डलीकरण की एक बहुप्रचलित जनविरोधी अवधारणा नीति और जीवनशैली का श्रेय और प्रेय बनाकर लागू करने की चालबाज़ी को पहचानना ज़रूरी हो गया—सिद्ध व्यवहार और शुद्धता की खोज के स्तरों पर।" इसलिए एजाज अहमद ने भूमण्डलीकरण शब्द की रहस्यात्मकता को हटाने से वास्तविकता उभर आने की बात कही। पूँजीपतियों द्वारा आर्थिक लाभ की दृष्टि से अपनाई गयी इस षड्यन्त्रकारी प्रक्रिया से मानव अस्मिता के साथ भाषाओं का भविष्य भी अन्धकारमय हो रहा है। इसलिए शम्भुनाथ के अनुसार आज भारतीय भाषाओं का संघर्ष अंग्रेज़ी से स्वायत्त जातीय संस्कृति को आत्म विसर्जित कर विकास की नयी अवधारणाओं की ओर बढ़ती भारतीय मानसिकता को पुनः औपनिवेशिकता से दबाने का प्रयास कर रही है। यह भूमण्डलीकरण भारतीय सांस्कृतिक पहचानों के साथ भाषाओं को भी निगलने लगा है। इतना ही नहीं 21वीं शती की अंग्रेज़ी समर्थक पीढ़ी द्वारा विकासशील देशों पर बौद्धिक उपनिवेशवाद की पुनः विजय का मार्ग प्रशस्त किया जा रहा है। साथ ही भूमण्डलीकरण व्यक्तिवाद, उदारवाद, निजी स्वतन्त्रता, मुक्त व्यापार, निर्बाध आयात-निर्यात, आवागमन, नागरिक स्वतन्त्रता, लोकतन्त्र आदि को अपनी सैद्धान्तिक भावभूमि का रक्षा कवच और शस्त्र बनाकर हमारे सोच-विचार, मूल्यों और जीवन-दृष्टि पर हावी हो रहा है।

भूमण्डलीकरण से संस्कृति का सम्बन्ध है। प्रत्येक राष्ट्र की वर्चस्वशाली संस्कृति पर जब साम्राज्यवादी संस्कृति का वर्चस्व काम करता है जिसे आलंकारिक ढंग से भूमण्डलीकरण कहा जाता है। एक राष्ट्र में कई संस्कृतियाँ आदि मौजूद हैं तो उस राष्ट्र की संस्कृति को अनेकता में एकता का साम्य रूप नहीं बल्कि विपरीतों में एकता का रूप ग्रहण करना है।

कुल मिलाकर भूमण्डलीकरण हमारे निजी तथा सामूहिक जीवन के किसी भी पक्ष को अछूता नहीं छोड़ता है। यदि ऐसे विद्यमान वर्चस्वपूर्ण विभेदनकारी एकांगी भूमण्डलीकरण से पीड़ित लोग आपस में बँट जाते हैं, तो हमारी प्राथमिकताएँ संकीर्ण, विभेदक, फूट, अलगाव और आपसी हिंसा-प्रति हिंसा के दुष्चक्र में फँस जायेंगी।

हम निजी और संकीर्ण स्वार्थी और आसक्तियों के जाल में फँस जायें तो भूमण्डलीकरण के वर्तमान विकृत रूपों, फैलाव और वर्चस्व से निजता पाना दूभर हो जायेगा। न केवल आर्थिक क्षेत्र में, बल्कि संस्कृति, सभ्यता, कला और साहित्य के क्षेत्र में भी वर्तमान भूमण्डलीकरण का नेता और उससे लाभ उठानेवाले लोग दुर्बल देशों में अपने समर्थक, दलाल और प्रचारक खोज लेते हैं। अविकसित एवं विकासशील देशों के ऊपर दुर्भूत समान सवार करनेवाले भूमण्डलीकरण के षड्यन्त्रों के प्रति सजग होना अनिवार्य है, क्योंकि भूमण्डलीकरण के सकारात्मक पहलुओं से ज़्यादा नकारात्मक पक्ष बुलन्द होकर शोषण का कार्य करता रहता है।

आधुनिकता एवं भूमण्डलीकरण

आधुनिकता द्वारा निर्मिति राष्ट्र योरोप केन्द्रित था। यह ज्ञानोदय द्वारा निर्मिति था। ज्ञानोदय ने जिस संस्कृति उद्योग को जन्म दिया, उसने जीवन के हर क्षेत्र को ग्रस लिया। देकार्ते ने कहा कि मनुष्य की मुक्ति 'प्रकृति पर स्वामित्व' में निहित विचार बना और वह धरती एवं प्रकृति के फल खाने के लिए निकल पड़ा। ज्ञानवृक्ष भला तो बिजली, इंजन और उद्योग बने। इस यान्त्रिकता ने मनुष्य को केन्द्र में प्रतिष्ठित कर बाक़ी सभी को 'अन्य' बनाया। 'मैं हूँ और मनुष्य हूँ' के आत्मबोध को उठाया गया। ईश्वरवाद ने ईश्वर और मनुष्य के बीच में जो सेतु बनाया था वह टूटकर बिखर गया। सबको हाशिए पर छोड़ते हुए भारत की गौरवपूर्ण अस्मिता एक संकीर्ण-अहंग्रस्त दायरे में सिकुड़ गयी। ख़ुद को विश्व के केन्द्र में प्रतिष्ठित करने की व्यग्रता में हम अपने को शून्य के केन्द्र में प्रतिष्ठित करते हुए बिल्कुल अकेले हो गये। भौतिक वैज्ञानिकता को प्रतिष्ठित करने के लिए तर्कवाद की पुष्टि हुई। विकास का ऐसा मॉडल हमने तैयार किया वह सिर्फ़ भौतिक समृद्धि पर आधारित हो। इसलिए मनुष्य और प्रकृति के बीच का रिश्ता टूट गया। आधुनिकता में मिथक का स्थान 'आइडियोलॉजी' ने ले लिया, ताकि 'इतिहास' की भूख को शान्त किया जा सके। हेगल और मार्क्स दोनों इस सच को जानते थे। हेगल मनुष्य को इतिहास के साथ एकाकार करना चाहते थे और मार्क्स इतिहास को बदलने की आकांक्षा रखते थे। लेकिन दोनों को पता था कि मनुष्य और इतिहास के बीच जो सम्बन्ध बना वह टूट गया और मनुष्य 'आत्म निर्वासित' हो गया।

मनुष्य का निर्वासन इतिहास में हुआ है, इसलिए इतिहास में उसका निवारण नहीं हो सकता। इसी से पैदा हुआ 'आइडियोलॉजी' का संकट। यहाँ तक डेनियल बोल के तर्क कहें तो एक दिन 'आइडियोलॉजी के अन्त' में बिखर गया।

इसलिए पूँजी ने 'आइडियोलॉजी' की जगह ले ली। भूमण्डलीकरण को वृद्ध पूँजीवाद या उत्तर-पूँजीवाद कहा जा सकता है। उसने 'विचारधारा' के केन्द्रवाद को ध्वस्त कर दिया। ब्रिटेन के केन्द्रवाद को उखाड़कर अमरीकावाद का डंका बजाया। तब तक सोवियत यूनियन अपनी ही अन्तर्विरोधी दमनकारी करतूतों से खण्डित होकर बिखर गया। पूरी तरह विश्व पर अमरीकी नव सांस्कृतिक साम्राज्यवाद और पूँजीवाद क़ाबिज़ हो गया। इस भूमण्डलीकरण तक की प्रक्रिया केन्द्रवाद को प्रतिष्ठित करती है। वह केन्द्रवाद पूँजी और बाज़ार केन्द्रित है। उस केन्द्रवाद में एक भाषा, एक संस्कृति और सबका एक ही रूप होगा। अब वह अमेरिकीकरण है। इस केन्द्रवाद में अमेरिका की रणनीति में साम्प्रदायिकता भी है। अन्य को कहीं पर जगह नहीं है। मानवतावाद ध्वस्त हो जाता है। नवउपनिवेश में सर्वत्र पूँजी का बन्धन छाया हुआ है। हमारी आँखों पर जाल बिछाया गया है। भारत जैसे देशों के सांस्कृतिक विकास को यह रोक देता है। हमारी जड़ें उखाड़कर फेंकी जा रही हैं। तब यह भय उत्पन्न है कि राष्ट्र का अस्तित्व ख़तरे पर है। एक राष्ट्र की रूपायिति में संस्कृति का हाथ बड़ा है। इसलिए उस संस्कृति को बचाने के विकल्प के रूप में स्वदेशीकरण सामने आया।

जो स्वदेशीकरण नवजागरण के सन्दर्भ में उदित हुआ वह संकुचित नहीं था। विशाल परिप्रेक्ष्य में जो भी चीज़ें भारतीय हैं उनके महत्त्व को मानते हुए, उसमें जो जोड़ना है उसे जोड़कर, उसे छोड़ना है उसे छोड़कर, भारतीय बहुलता को बनाये रखते हुए, भेदभाव के भावों एवं वर्गवैविध्यों को सामप्त कर धार्मिक सहिष्णुता को अपनाकर एक केन्द्रीय शासन के अधीन प्रत्येक व्यक्ति अपने स्वातन्त्र्य के साथ जी सके। वह भाव स्वतन्त्रता प्राप्ति के बाद एकध्रुवीय हो गया। धार्मिक असहिष्णुता, औद्योगिक विकास में प्रकृति का नाश, अन्य जो है उन सबका नाश, प्रत्येक की अस्मिता को स्वीकार करने के लिए आवश्यक परस्पर सम्मान एवं साकल्यता का अभाव आदि उत्पन्न जो केन्द्रभाव है वह हिंसात्मक था। वह हिंसात्मक वृत्ति अति भयानक एवं आक्रामक हो गयी भूमण्डलीकरण से। सभी क्षेत्रों पर उसका असर पड़ा। राजनीति, सामाजिक जीवन एवं सांस्कृतिक क्षेत्र सब अर्थकेन्द्रित हैं, इसलिए उपभोग वृत्ति के चंगुल में पड़कर मूल्यबोध नाशोन्मुख स्थिति में पहुँच गया। तब हिंसात्मकता का जो बोलबाला हुआ उसे समाप्त करने के लिए हमारी जड़ों का अन्वेषण शुरू हुआ। स्थानीयता और लोक जो है उसकी स्वीकृति, जो प्रकृतिजन्य जीवन को स्वदेशीकरण के मुख्य तत्त्व बनाकर स्वीकार किया जा रहा है।

स्वदेशीकरण में जड़ों की खोज में कुछ परम्परावाद के मार्ग को अपनाते हैं तो कुछ भौतिकवादी वामपन्थी इतिहास के मार्ग पर चलते हैं। स्थानीयता एवं राष्ट्रीयता की तीव्रता तब उत्पन्न होने लगी। अपनी भाषा, अपने धर्म आदि को बचाने और उसे केन्द्र में प्रतिष्ठित करते वक़्त दूसरों के प्रति असहिष्णुता उत्पन्न होने लगी। तब सांस्कृतिक राष्ट्रवाद के उदय की सम्भावना है। अपने देश को महान स्थापित करना, अपने देश की संस्कृति को सबसे श्रेष्ठ उद्घोषित कर उस देश की वर्चस्ववादी धर्म केन्द्रित तीव्र राष्ट्रभावना को तैयार करने का षड्यन्त्र रूपायित होता है। यह राष्ट्रीयता या राष्ट्रवाद नहीं है।

कहने का तात्पर्य है कि आधुनिकीकरण और भूमण्डलीकरण दोनों से भारत का सही विकास नहीं हुआ। उन दोनों ने भारत में जो देशज विकास हो रहा था उसका हनन किया। एक पाश्चात्य विकास पद्धति के तहत भारत की विकास-प्रक्रिया को आगे बढ़ाना भारत के लिए सही नहीं निकलता है। वह भारत में एक हिंसात्मक वातावरण पैदा करने में बड़े पैमाने पर सहायक हुआ। इसलिए नवजागरण के सन्दर्भ में जो देशज विकास की प्रक्रिया सभी क्षेत्रों में शुरू हुई वह प्रत्येक के विकास को ध्यान में रखी हुई है इसे आगे की ओर ले जाने की पहचान हुई है।

आधुनिकता में संकुचित राष्ट्रीयता

देश-राष्ट्र के महत्त्व और उच्चता का महिमामण्डन कर अपनी परम्परा को महान बनाने के प्रयत्न में दूसरे देशों को स्वीकार करने में असमर्थ होना स्वाभाविक है। तब दूसरे देशों में द्वन्द्व पैदा होने की सम्भावना है। यह मिथ्या अभिमान एवं अहंकार का कारण बन जाता है। यह आपस के शान्तिपूर्ण वातावरण को भंग करने और युद्ध तक पहुँचने की सम्भावना पैदा करता है। निर्माण एवं विकास के लिए देश की जिस सम्पत्ति का इस्तेमाल करना है वह अनावश्यक संहार कार्य के लिए इस्तेमाल करना पड़ेगा। तब अपनी ग़लतियों को सही मानते हुए दूसरों की सही और सच्चाइयों को भी ठुकरा दिया जाता है। राजनीति प्रजातन्त्र पर आधारित है, फिर भी राष्ट्रीयता के नाम पर विवेक के शब्दों को भी दबाकर अन्य स्वरों को ध्वंस किया जाता है। खेल-कूद और कलाओं में भी अन्यों की कामयाबियों की तारीफ़ करने के बदले में अनादर का पाठ नागरिकों को स्वीकारने की स्थिति पैदा की जाती है। युद्ध की पराजय को आँखों के सामने देखते हुए भी युद्ध में कूद पड़ने के लिए राष्ट्र तैयार हो जाता है। उससे अलग होने के उपदेश देनेवालों को दुश्मन माना जाता है। सम्पूर्ण जनता को राष्ट्रीयोन्माद की ओर ले जाने में राष्ट्र तैयार हो जाता है। वहाँ विवेक का अकेला स्वर बुझ जाता है।

वंश, देश, वर्ण, भाषा आदि में से किसी के आधार पर राष्ट्रीयता को बनाने का भ्रम हुआ या एकपक्षीय राष्ट्रीयता के निर्माण की ओर उन्मुख हुआ तो उसमें असन्तृप्त जनता अपनी-अपनी उपराष्ट्रीयता को उभारने की कोशिश करेगी। यह श्रम जब प्रबल हो जायेगा तब सामान्य राष्ट्रीयता दुर्बल होकर अलगाववाद सशक्त होने लगेगा। हिन्दी, हिन्दू, हिन्दुस्तान का नारा जब भारत में गूँजने लगा तो हिन्दीतर प्रान्तों में हिन्दी भाषा को ज़बरदस्ती लादने की कोशिश शुरू हुई। तब तमिलनाडु में द्रविडस्तानवाद को रामस्वामी नायकर ने शुरू किया। असम का भाग था नागालैण्ड, वह बाद में अलग स्वतन्त्र राज्य बन गया। लन्दन में बैठकर फिंसो ने नागों का जो दंगा चलाया उसका उद्देश्य स्वतन्त्र नागराज्य था। अब जो उल्फा अलगाव आन्दोलन चल रहा है वह गोत्रवर्ग राष्ट्रीयता की भूमिका में रूपायित है। सिख, राष्ट्रीयाधिष्ठित खालिस्तानवाद आन्दोलन ने भिंडरावाले के नेतृत्व में सशस्त्र युद्ध का उग्र रूप धारण किया। उसे ब्लू स्टार ऑपरेशन के द्वारा जब इन्दिरा गाँधी ने दबा दिया तो उनकी हत्या की गयी। अभी तक सुलझाने में असमर्थ जो कश्मीर समस्या है उसके मूल में भी 'कश्मीरियत' नाम का राष्ट्रबोध काम करता है। लाखों की कुर्बानी अभी तक कश्मीर में हुई थी। भारत का सुरक्षा सेना अधिकांश भाग ठण्डे सियाचिन पहाड़ों और कश्मीर की सीमाओं में डेरा डाला गया है। क़रीब दो लाख करोड़ रुपया हर साल हमारे बजट में सैनिक-विन्यास के लिए रखा गया है।

उपराष्ट्रीयता के उभरने से हथियार बन्द आन्दोलन और उससे ख़ून का बहना और अन्त में देश के विभाजन तक पहुँचने के कई उदाहरण समकालीन सन्दर्भ में सर्वत्र विद्यमान हैं। 1971 में उर्दू को पूरे पाकिस्तान की राष्ट्रभाषा बनाने की जब कोशिश हुई तो बंगला भाषा बोलनेवाले पूर्व पाकिस्तान में विरोध हुआ। तब पाकिस्तान का विभाजन हुआ, बंगला बोलनेवाले लोगों का बंग्लादेश अलग राष्ट्र रूपायित हुआ। उसके लिए तीस लाख से ज़्यादा मनुष्यात्माओं की आहुति हुई। 1975 से 1999 तक के इण्डोनेशिया से अलग जाने के लिए ईस्ट टिमूर ने जो सशस्त्र आन्दोलन चलाया, उसमें क़रीब 1,02,800 लोग मारे गये। 2002 मई 20 को संयुक्त राष्ट्र संघ ने ईस्ट टिमूर को स्वतन्त्र राष्ट्र घोषित किया। लेकिन वह नया ईसाई राष्ट्र भयानक ग़रीबी और गृहकलह से मुक्त होने में अभी तक समर्थ नहीं हुआ। 1983 में सूडान से अलग होने के लिए गोत्र जातीय ईसाई राष्ट्रीयता की भूमिका में जॉन गराँग के नेतृत्व में शुरू हुआ विमोचन युद्ध 22 सालों तक जारी रहा। इसके बाद 2005 में जब यह साकार हो गया तब तक क़रीब 20 लाख लोग मारे गये।

यह इतनी बड़ी मनुष्य-हत्या हमारे इतिहास में अभी तक नहीं हुई थी। अब भी गृहयुद्ध में वे सक्रिय होकर अपना सबकुछ बरबाद कर रहे हैं।

सत्तर वर्षों तक के मार्क्सवादी शासन के बाद या मार्क्सवाद के नाम पर एक होकर रहने के बाद सोवियत यूनियन की उपराष्ट्रीयताएँ बन्धनों को तोड़कर स्वतन्त्र हो गयीं और अपनी पुरानी अस्मिताओं की ओर वापस गयीं। लात्विया, लित्वोनिया, जस्तोणिया आदि देशों के पीछे जोर्जिया, युक्रेन, मध्येशिया के मुस्लिम रिपब्लिक आदि वापस जा रहे थे। क्या पाकिस्तान में शान्ति का वातावरण है? कभी भी नहीं। वैसे ही धर्म केन्द्रित इजराइल एवं फिलिस्तीन के बीच का संघर्ष कितने सालों से चल रहा है। धर्मकेन्द्रित राष्ट्रीयता में व्यक्ति स्वातन्त्र्य एवं अन्य स्वातन्त्र्य का अभाव होगा। वहाँ कट्टरता फैलती है।

कहने का तात्पर्य है कि एकपक्षीय या एकमुखीय राष्ट्रीयता एक जनता को शाश्वत रूप से एक साथ मिलाकर रखने में समर्थ नहीं है। विभिन्न प्रकार की जनताओं के व्यक्तित्व और उनकी सांस्कृतिक विशेषताओं को स्वीकार किये बिना वहाँ असली राष्ट्रीयता नहीं जन्म लेती है। संकुचित साम्प्रदायिकता के परिप्रेक्ष्य में भारत को दो भागों में विभक्त किया गया। स्वतन्त्र भारत को इससे बचाने के लिए नवभारत के निर्माताओं ने विशाल मानवीयता पर ध्यान देकर एक धर्मनिरपेक्ष प्रजातन्त्रीय राष्ट्र के रूप में भारत को परिवर्तित करने हेतु भारत के संविधान का निर्माण किया। इसने कई समस्याओं के बीच में भी राष्ट्रीयहित के लिए एक साथ विदेशी धमकियों का सामना करने और सभी मुद्दों पर एक साथ खड़ा करने में समर्थ बनाया। अब एशिया की दूसरी शक्ति बन गयी। जनता ने पार्लियामेंटरी प्रजातन्त्र को विश्वास के साथ स्वीकार किया। भारत में अब राष्ट्र की एकता, कल्याण, शक्ति पर बात करते हुए सत्ताधारी लोग सवर्ण संस्कृति पर आधारित राष्ट्रीयता के नाम पर मानवाधिकार और स्वत्व वैविध्य के स्वाभाविक रुचिभेदों के ख़िलाफ़ तलवार उठा रहे हैं।

पहले ही सूचित किया गया कि जो स्वदेशी राष्ट्रीयता स्वतन्त्रता प्राप्ति के समय रूपायित हुई, उसकी गति क्षीण हुई, आधुनिकता एवं भूमण्डलीकरण की प्रक्रिया से। लेकिन आज सवर्ण मानसिकता के लोग हिन्दुत्व या हिन्दू धर्मकेन्द्रित राष्ट्रवाद को देशज राष्ट्रीयता दिखाने की कोशिश करते हैं और वे अपने को असली देशप्रेमी घोषित करते हैं। यह हिन्दुत्ववादी राष्ट्रीयता पहले से यहाँ मौजूद थी; लेकिन आज सत्ता के साथ प्रबल हुई।

हिन्दू राष्ट्रवाद

1920 में भारत के इतिहास में पहली बार सामान्य जनता राजनीतिक प्रतिनिधि बनकर सामने आयी। इसके साथ गाँधी का आगमन असहयोग आन्दोलन, ख़िलाफ़त आन्दोलन आदि एक साथ मिलकर एक सशक्त स्वतन्त्रता आन्दोलन बन गया। इस आन्दोलन में विविध सांस्कृतिक समाज का सहयोग रहा था, फिर भी यह सवाल उठा कि स्वतन्त्र भारत किस समुदाय का रहेगा। 1910 के आसपास उदित हिन्दू महासभा और मुस्लिम लीग के बीच में इसके लिए होड़ाहोड़ी चलने लगी थी। इसका तात्पर्य यह है कि उस समय से लेकर राष्ट्रनिर्माण में धर्म केन्द्र में आ गया। गाँधी जी उन विपरीतों को समन्वित करने के पक्ष में थे। वे अपनी प्रभातकालीन प्रार्थना में हिन्दुओं, मुसलमानों और ईसाइयों के धर्मग्रन्थों का उद्धरण देते थे। ख़िलाफ़त आन्दोलन जो है वह हिन्दू और मुस्लिम एकता को दृढ़ करनेवाला था। लेकिन एक प्रकार से इसकी प्रतिक्रिया स्वरूप सावरकर ने 'हिन्दुत्व' की अवधारणा की। 1921 में जब सावरकर को जेल भेजा गया तो उन्होंने वहाँ 'एसेंशियल्स ऑफ़ हिन्दुत्व' पुस्तक लिखी। उनकी यह पुस्तक 1923 में प्रकाशित होकर आयी। 'हिन्दुत्व : हू इज़ हिन्दू' शीर्षक से इस पुस्तक का 1928 में पुनः प्रकाशन हुआ। जयन्द जोगलेकर ने उन्हें 'हिन्दू राष्ट्रवाद का जनक' कहा है। सावरकर के लिए 'हिन्दू' होना मुख्य था 'भारतीय' होना गौण। 'हिन्दुत्व' उनके लिए मात्र एक शब्द-विशेष नहीं था। उसे उन्होंने 'अपने आप में सम्पूर्ण इतिहास' कहा है।

27 सितम्बर 1925 को केशव बलिराम हेडगेवार ने राष्ट्रीय स्वयं सेवक संघ की स्थापना की। उसका लक्ष्य 'हिन्दू राष्ट्रवाद' का गठन और समर्थन था। राष्ट्रीय स्वयं सेवक संघ के संस्थापक में दूसरे मुख्य हैं डॉ. बी.एस. मुजे, डॉ. एल.पी. परांजपे, डॉ. भालेकर और बाबा राव सावरकर। वे भारत के स्वदेशी राष्ट्रवाद का अपने जन्म से ही विरोध कर रहे थे। भारत का यह देशज राष्ट्रवाद सबको साथ लेनेवाला धर्मनिरपेक्ष राष्ट्रवाद है। जबकि हिन्दू राष्ट्रवाद मुसलमान राष्ट्रवाद के समान खण्डित, एकांगी और भारत विरोधी है। वह आक्रामक, असहिष्णु है। गोलवलकर इसके सबसे बड़े सिद्धान्तकार हैं। उनके द्वारा रचित 'बंच ऑफ़ थॉट्स' को संघ के लोग अपना 'गीता' मानते हैं। उनके अनुसार भारतीय सभ्यता अर्थात् हिन्दू सभ्यता है। भारतीय इतिहास अर्थात् हिन्दू इतिहास है। उनके लिए 'भारतीयता' और 'हिन्दुत्व' का समानार्थी है। अम्बेडकर ने सावरकर और जिन्ना दोनों को 'दो राष्ट्र' के सिद्धान्त पर एकमत माना है। अपने लेख 'थॉट्स ऑन पाकिस्तान' में अम्बेडकर ने लिखा—"वह चाहे जितना विचित्र लगे मिस्टर सावरकर

और मिस्टर जिन्ना 'दो राष्ट्र' के सवाल पर एक-दूसरे के विरोध करने की जगह एक-दूसरे से पूर्ण सहमति में हैं।" सावरकर ने 1939 की हिन्दू महासभा में कहा था कि हिन्दू स्वयं में है।

कहा जा सकता है कि हिन्दुत्व पर केन्द्रित एक देश का आशय 1980 के बाद सशक्त हुआ। गाँधी की हत्या के बाद हिन्दुत्ववादियों ने अपने को साम्प्रदायिक न दिखाने के लिए नये उपायों को ढूँढ़ निकाला। वह दीनदयाल उपाध्याय द्वारा आगे रखा गया 'उद्ग्रथित मानवतावाद' था। उन्होंने गाँधी की राष्ट्रीयता यानी कि स्वदेशी और सर्वोदय के धर्मनिरपेक्ष राजनीतिक यथार्थ को सांस्कृतिक राष्ट्रीयता के साथ मिलाकर एक नरम मार्ग को अपनाया। सत्तर के समय देशज राष्ट्रीयता का हिस्सा बनकर एक आन्दोलन के रूप में उसे थोड़ी-सी स्वीकृति मिली थी। इसलिए जयप्रकाश नारायण के सर्वोदय आन्दोलन से मिलकर कुछ चुनावों में वे जीत गये। अस्सी के दूसरे दौर में भारत के राजनीतिक क्षेत्र द्वारा निर्मिति नयी सम्भावनाएँ जैसे सत्ता के ख़िलाफ़ हुए जनरोष, दूसरे दलों के बीच का संघर्ष, उनके द्वारा स्वीकृत साम्प्रदायिक पक्षधरता, मण्डल कमीशन की सिफ़ारिशें, राजनीति का नैतिक ह्रास, भ्रष्टाचार आदि ने हिन्दू राष्ट्रीयता को भारत में फिर से स्थान दिया। उस सन्दर्भ का उन्होंने लाभ उठाया। देश की साधारण जनता के भय एवं आशंकाओं का प्रतिनिधित्व करने की प्रतीति की सृष्टि करने में वे सक्षम हुए।

उक्त सन्दर्भ में राजनीतिक, धार्मिक एवं विचारधारात्मक नेतृत्व बिल्कुल कमज़ोर हो गया। अन्तोनियो ग्राम्शी ने कहा कि एक सफल प्रभुत्व हासिल करने या नेता बनने के लिए समाज की प्रबल आकांक्षाओं एवं इच्छाओं के प्रतिनिधित्व करनेवालों की एकता और धार्मिक एवं राजनीतिक नेतृत्व को कौशलपूर्ण मेल की ज़रूरत है। भारत की घटनाएँ ग्राम्शी को सही सिद्ध करनेवाली थीं। बहुत-सी कमियों के होते हुए भी स्वतन्त्रता प्राप्ति के बाद के प्रारम्भिक दशकों में सत्ता का नेतृत्व योग्य रहा था। उसके धीरे-धीरे नष्ट होते ही हिन्दू राष्ट्रवाद की ओर सशक्त हिन्दू मध्यवर्ग आकृष्ट होने लगा। कांग्रेस शुरू से लेकर देशज राष्ट्रीयता की धर्मनिरपेक्षता में था, लेकिन उस समय से लेकर हिन्दुत्व के प्रति मृदु स्वभाव दिखाता भी था। अनेक लोग हिन्दुत्व पर केन्द्रित सांस्कृतिक राष्ट्रवाद को स्वीकारने में तथा मन ही मन उसका समर्थन करने में तैयार हुए थे। नेहरू और नेहरू के समकालीन मन्त्री मण्डल के लोग भी उससे पृथक् नहीं थे। रामायण, महाभारत जैसे पुराण एवं इतिहासों को टेलीविज़न का धारावाहिक बनाकर उनके द्वारा निर्मिति कई धार्मिक बिम्ब हिन्दुत्ववाद की वृद्धि में सहायक हुए। उनको जो लोकप्रियता प्राप्त हुई उसने हिन्दू सांस्कृतिक राष्ट्रवाद के विकास रूप में बताये

जाने वाले रामजन्मभूमि का आन्दोलन एवं उसके बाद हुई बाबरी मस्जिद के ध्वंस की घटना के लिए उर्वर भूमि तैयार की। ये सीरियल राष्ट्रीय हिन्दुत्व और राष्ट्रीय साम्प्रदायिक आशयों को प्रस्तुत करने और बहुमत की साम्प्रदायिकता को राष्ट्रीय स्तर पर प्रमाणित करनेवाले थे।

1970 तक जो विशाल हिन्दू परिषद् चुप थी वह संघ परिवार की अन्य शाखाओं के साथ मिलकर ज़्यादा सक्रिय एवं आक्रामक हुई एवं सामाजिक सेवा के क्षेत्र में हिस्सा लेने में आगे दिखाई पड़ी। उसके लिए ईसाई मिशनरियों ने जो रास्ता अपनाया उसी पर वे चलने लगे। उन्होंने देशभर में स्कूल, हॉस्पिटल, श्रमाभ्यास केन्द्र, आश्रम, छात्रवृत्ति वितरण, स्त्री शिक्षा केन्द्र, सफ़ाई केन्द्र, शिशु संरक्षण पद्धतियाँ, मन्दिरों का पुनरूद्धार आदि कार्यक्रमों को शुरू किया। उनका लक्ष्य हिन्दुओं को सशक्त बनाकर हिन्दू राष्ट्रीयता को ज़्यादा स्वीकृति देना था। हिन्दुओं के बीच के कमज़ोर, ग़रीब एवं बेसहारे लोगों के तत्कालीन व्यवस्था के प्रति जो अतृप्ति, विद्वेष और संशय हैं उन्हें बहुत कुशलता से उन्होंने अपने एजेण्डा को चलाने के लिए प्रयुक्त किया। इन कामों के साथ धर्म परिवर्तन, पुनः परिवर्तन जैसी चतुरता, विभिन्न आचारानुष्ठान एवं विश्वासों को समन्वित कर एक विशाल हिन्दू प्लेटफॉर्म की सृष्टि उन्होंने की। इस प्रकार अपनी बुनियाद को सशक्त बनाने का कार्य अब भी वे करते आ रहे हैं। घरवापसी जैसी धर्मपरिवर्तन की पद्धति के पीछे पुनरुत्थानवाद काम कर रहा है।

धर्म एवं विश्वास तर्क के बल पर नहीं चलते। इसलिए उनका विकास भी युक्ति के बल पर नहीं होगा। कोई भी धर्मपरिवर्तन हो उसके पीछे सक्रिय एकमात्र लक्ष्य आर्थिक है। हिन्दू राष्ट्रीयता की विचारधारा की सृष्टि में आज जो जन संस्कृति मिली है उसके कारण उपर्युक्त हैं। ऐतिहासिक और सांस्कृतिक दृष्टि से धर्माधिष्ठित एक बड़े समाज की गहराई से धर्मकेन्द्रित राष्ट्रीयता के निर्माण के लिए ज़रूरी धर्म को स्वीकार कर वे उस पर आधिपत्य हासिल कर लेते हैं। उनकी राष्ट्रीयता के हर रूप में यह धर्मकेन्द्रित घटक अत्यन्त प्रकट है। लेकिन हिन्दू राष्ट्रीयता का आरम्भ, विकास और सबके ऊपर उसके आधिपत्य की सृष्टि धर्म के भीतर या राजनीति में मात्र नहीं है। उन्होंने बहुलताओं के सामान्य क्षेत्रों में भी आधिपत्य स्थापित किया। इस लोकक्षेत्र की विस्तृत जगह में ही हर एक अपने को चिह्नित करता है। इस लोकक्षेत्र में प्रजातन्त्रीय मार्गों से हिन्दू राष्ट्रीयता ने अपना स्पेस बनाया है। सार्वजनिक क्षेत्र में हिन्दुत्व के महान भूतकाल को भविष्य की ओर ले जाने और उस मार्ग से भारत में हिन्दुत्व की एक सामाजिक, राजनीतिक संरचना को स्थापित करने के श्रम में हैं वे लोग।

धर्म के विकारों के आधार पर बहुमत की साम्प्रदायिकता की सवर्ण पुरुष केन्द्रित सामाजिक-राजनीतिक जगह सार्वजनिक क्षेत्र में संस्थापित कर 'अन्य' के विरुद्ध जो कार्य किया जा रहा है उसे नागरिकों के अधिकार और प्रजातन्त्रीय नीति के कार्यों के साथ मिलाकर हिन्दुत्व एजेण्डा के प्रचार में वे आज लगे हुए हैं। अन्तरराष्ट्रीय स्तर पर यह दिखाने का प्रयत्न किया जा रहा है कि भारत एक है और उसके माध्यम से भारत को विश्व के शक्तिशाली राष्ट्रों के साथ मिलाने की कोशिश भी चल रही है। वाजपेयी सरकार के ज़माने में पोखरन में अणु विस्फोट के ज़रिये और विदेश राष्ट्रों के पर्यटन से यह दिखाने की कोशिश चल रही थी। ग्राम्शी के शब्दों को उधार लिया जाय तो एक निष्क्रिय परिवर्तन वे अमल में लाना चाहते हैं। एक बड़ा समुदाय साम्प्रदायिक विकारों का सम्बोधन जब करता है तो इससे भी एक बड़े समूह के अशिक्षितों और दरिद्रों को अपने अधिकारों के तहत बड़ी कुशलता के साथ हटा दिया जाता है। हिन्दू सांस्कृतिक राष्ट्रवाद नाम की यह विचारधारा खुद असहिष्णुता, साम्प्रदायिक विद्वेष और वर्णव्यवस्था के आधार पर निर्मिति है।

पहले से ही विश्व भर में भारत सांस्कृतिक दृष्टि से एक हिन्दू राष्ट्र माना जाता था। आज धार्मिक और सांस्कृतिक विकारों को हिन्दू राष्ट्रीयता में मिलाकर उस मत को और सशक्त किया जाता आ रहा है। हिन्दू राष्ट्रवाद के अनुसार जो हिन्दू नहीं हैं वे सब राष्ट्रीय सांस्कृतिक क्षेत्र के बाहर हैं। तब धर्मनिरपेक्ष भारत एक राजनीतिक सृष्टि मात्र रह जायेगा। वह उसकी सांस्कृतिक विविधता और स्वर भेदों को छिपाकर रखेगा। मतलब कि हिन्दू राष्ट्रीयता भारत की सांस्कृतिक बहुलता को स्वीकारने में हिचकती है। अहिन्दू चाहे इस्लाम हो या ईसाई वह ख़तरनाक है, विदेशी है, खून का प्यासा है, धार्मिक नहीं है। वे बहुमत के लिए हमेशा चुनौती बनते हैं। वे अपने अधिकार को छीननेवाले हैं। अपने सामाजिक, शैक्षिक और नौकरी सम्बन्धी सारे अधिकारों को छीन लेनेवाले हैं। हिन्दू राष्ट्रीयता द्वारा निर्मिति अन्य में मुस्लिम मात्र नहीं, हिन्दुओं की निम्न जातियाँ भी शामिल हैं। इसके लिए उदाहरण है मण्डल कमीशन के ख़िलाफ़ हुआ हिंसात्मक आन्दोलन। आज सत्ता में जब वे आ गये। उनकी शैली पार्लियामेंटरी प्रजातन्त्र के लायक नहीं है। सत्ता में आने के बाद, समानता, सहिष्णुता, नागरिक-अधिकार, दुर्बलों की सुरक्षा आदि पर उनका जो कार्य है वह हमारी चिन्ता को बढ़ाता है। उसमें फ्यूडल स्वभाव अवश्य प्रकट है।

उपर्युक्त विवेचन से यह स्पष्ट हो चुका है कि यहाँ सांस्कृतिक राष्ट्रवाद एकदम उत्पन्न नहीं है। भारतीय संस्कृति पर केन्द्रित देशज राष्ट्रवाद का उदय

सभी जन संस्कृतियों को मिलाकर रूपायित हुआ तो उसके साथ मुस्लिम राष्ट्रवाद एवं हिन्दू राष्ट्रवाद दोनों का जन्म हुआ। लेकिन भारत देशज संस्कृति की परिणति है जिसमें सबकी अपनी समन्वयात्मक संस्कृति विद्यमान है। प्रत्येक की अस्मिता की सुरक्षा पर वह लक्षित है। हिन्दू राष्ट्रीयता भी यह कार्य करने की कोशिश में है। यह श्रम सबको अपने नियन्त्रण में लाने का है। इस प्रयत्न में हिन्दू इतर अनार्य ही नहीं, हिन्दुओं में निम्न जातियों, भूमण्डलीकरण की प्रक्रिया में राष्ट्र पूँजीवादी शक्तियों द्वारा भारत में उत्पादित अनेक अपरिचित सामाजिक-सांस्कृतिक रूपों को भी नियन्त्रित करने और अधीन बनाने का कार्य दर्ज है। जीयोरजियो अगंबन के अनुसार सामान्यीकरण के लिए तैयार होनेवाले विशुद्ध माने जायेंगे।

यदि स्वातन्त्र्योत्तर भारत के प्रारम्भिक दशकों की प्रजातन्त्रीय व्यवस्था में सहिष्णुता और साम्प्रदायिकता सन्तुलन सूचक बनकर धर्मनिरपेक्षता विद्यमान रही तो भी वह पूर्ण सेक्युलरिज़म नहीं थी। क्योंकि भारत में कभी भी धर्म राजनीति से अलग नहीं था। एक प्रकार से धर्म और संस्कृति को राजनीति की भौतिक शुद्धियों से दूर अराजनीतिक स्तर पर प्रतिष्ठित किया जा रहा था। आज वातावरण बदल गया। खुले आम आज धार्मिक नेता राजनीतिक नेतृत्वों से प्रत्यक्ष एवं परोक्ष रूप से समझौता करते हुए धर्मनिरपेक्षता की संकल्पना की हँसी उड़ा रहे हैं। नवजागरण काल से लेकर धार्मिक-सामाजिक सुधारक उपनिवेशवादी आधुनिक विचारधारा के ख़िलाफ़ प्रतिरोध करने और अन्धविश्वासों एवं अनाचारों के ख़िलाफ़ लड़ने के लिए भारत की सांस्कृतिक परम्परा को महान ऊर्जा स्रोत के रूप में स्वीकार करने के साथ सक्रिय रूप से उसका उपयोग भी किया जा रहा था। लेकिन आज उस परम्परा की ग़लत व्याख्या कर उसे संकुचित सांस्कृतिक राष्ट्रवाद में सीमित कर कुछ लोग अपने अधिकार के लिए जो षड्यन्त्र रच रहे हैं यह भारत की धर्मनिरपेक्षता के लिए अवश्य घातक बनेगा। इसलिए आज जो सांस्कृतिक राष्ट्रवाद कहते हैं वह पश्चिम की एकलतावादी सोच से जन्मा है। वह हिंसात्मक रवैये के साथ चलता है।

नवराष्ट्रीयता

17वीं शताब्दी में वेस्टफेलियाई सन्धि से पाश्चात्य देश में राष्ट्र, राष्ट्रीयता और राष्ट्रवाद जैसे शब्दों का चलन हुआ। लेकिन आज योरोप या अन्य देशों में, भारत में भी वह हिंसात्मक रूप धारण कर सामने आया है। तब नवराष्ट्रीयता की संकल्पना पर विचार करना अनिवार्य बन गया है। क्या है यह नवराष्ट्रीयता? भारत के सन्दर्भ में नवजागरण के सन्दर्भ में जो स्वदेशी राष्ट्रीयता रूपायित हुई, वह गाँधीजी आदि

से प्रवर्तित होकर सारी संकुचितता से मुक्त बहुलता एवं विविधता से परिष्कृत एवं संवर्द्धित हो गयी। वह आगे धीमी गति में, सबकी उपेक्षा की पात्र बनकर रह गयी। यह नहीं उसके नाम पर संकुचित राष्ट्रीयता का निर्माण कर भारत की धर्मनिरपेक्षता को कलंकित करती रही। तब भी जो देशज राष्ट्रीयता सही अर्थ में वर्तमान रही थी उसको सबल बनाकर वर्तमान प्रतिकूलताओं का सामना करने लायक बनाने की राष्ट्र सम्बन्धी अवधारणा है नवराष्ट्रीयता। इसमें फ़्यूडलिज़म का जो शेष भाग है उसका नवसाम्राज्यवाद तथा भूमण्डलीकरण की उपज बनकर जो अर्थवाद केन्द्र में आ गया उनका सशक्त प्रतिरोध कर भारत की संस्कृति और परम्परा के तहत राष्ट्रीयता को रूपायित किया जाता है। प्रेमचन्द ने बहुत पहले ही कहा था कि वर्तमान राष्ट्र योरोप की ईजाद है और राष्ट्रवाद वर्तमान युग का शाप है। इसलिए इस राष्ट्रवाद के स्थान पर नये राष्ट्रवाद को रूपायित करना है। यह पहचान अथवा सूझबूझ भारत में रूपायित हुई है। इसलिए होमी भाभा के राष्ट्र सम्बन्धी विचार का महत्त्व ध्यातव्य बनता है। उनके मुताबिक़ एक राष्ट्र सांस्कृतिक सूचनाओं की व्यवस्था है। संस्कृति का क्षेत्र एकपक्षीय या केन्द्रीय नहीं होगा, बदले में नये अर्थों एवं सूचनाओं को निरन्तर उत्पादन कर चलायमान राष्ट्रीय शरीर में प्रवेश करना है। एडवर्ड सईद के अनुसार सांस्कृतिक विस्तार के रूप में राष्ट्र संस्कृति को उसको सबसे ज़्यादा उत्पादनपरक स्थिति में पहुँचा देता है। इसलिए आज स्वदेशी राष्ट्रीयता की तलाश में हैं हम। आज भूमण्डलीय संस्कार से उपजी जो संस्कृति है उसका सामना करने और यहाँ की विविधता एवं बहुलता को बनाये रखने हेतु नवराष्ट्रीयता एक चालक शक्ति एवं चिह्न बनकर सामने है। राष्ट्रीयता के हिंसात्मक एवं आक्रामक स्वरूप की जगह अहिंसा नवराष्ट्रीयता का सर्वप्रमुख आधारभूत तत्त्व बनकर प्रतिष्ठित हुआ। अहिंसा का व्यापक एवं गहरा अर्थ सन्दर्भ यहाँ लक्षित है।

केन्द्रवाद का टूटना

नवराष्ट्रीयता केन्द्रवाद के टूटन पर निर्भर है। केन्द्रवाद सामन्ती व्यवस्था में राजा है, तो पूँजीवाद में पूँजी है, भूमण्डलीकरण में व्यापार केन्द्रित संस्कृति है। तब प्रजातन्त्रीयता है, केन्द्रवाद का बदला। स्वदेशी राष्ट्रीयता यहाँ नवजागरण के समय उत्पन्न हुई उसमें प्रजातन्त्रीयता बड़ी मात्रा में मौजूद थी। वह भारतीय संस्कृति की सहिष्णुता और बहुलता को विकसित करने में शुरू से सक्रिय थी। इस सन्दर्भ में रामविलास शर्मा ने भारतीय संस्कृति की जो परिभाषा दी है वह उल्लेखनीय है। भारत की प्रादेशिक संस्कृति में जो सामान्य तत्त्व हैं,

उन्हें हम भारतीय संस्कृति कहते हैं। प्रादेशिक संस्कृतियों से अलग भारतीय संस्कृति नहीं है। सांस्कृतिक राष्ट्रवाद और बहुजातीय राष्ट्रवाद में यही अन्तर है। (हिन्दी जाति का साहित्य) यह बहुजातीय राष्ट्रवाद है नवराष्ट्रीयता। इस बहुजातीय राष्ट्रवाद से भारतीय संस्कृति की धारणा विकसित होती है। यह संस्कृति उत्पादनपरक एवं गतिशील है। वह बहुलतावाद का पोषक है। यह संस्कृति ही लोकतन्त्र को विकसित कर सकती है।

लोकतन्त्र

आज लोकतन्त्र एवं राजनीति का स्वरूप अत्यन्त विद्रूपात्मक हो गया। उसका केन्द्रीय हो जाने का कारण सामन्तीय एवं वैश्वीकरण की संस्कृति है। भारत की संस्कृति हर युग में परम्परा का पुनः सृजन करती, जन-प्रतिरोध की प्रेरणा बनती और बाहरी प्रभावों के प्रति विवेकपूर्ण रुख की दृष्टि देती आयी है। आज लोकतन्त्र विश्वपूँजीवाद से प्रेरित अराजकता की चपेट में है। इसलिए संस्कृति के क्षेत्र में भी अराजकता की स्थिति है। पहले मूल्यों का स्रोत धर्म था, फिर लोकतन्त्र मूल्यों का स्रोत बना। विश्व बाज़ार ने धर्म और लोकतन्त्र दोनों को मिटाकर मुनाफ़े को चरम मूल्य बना दिया। भारत में राष्ट्रवादी समावेशिकता की गति साम्राज्यवादी प्रभावों-की वजह से शुरू से ही धीमी थी। राष्ट्रवाद में पुराने का वर्चस्व बना रहा। नया वर्चस्व भी सामने आया। राष्ट्रवाद में पैठे वर्चस्वों से लड़ना होगा इसका अर्थ साझा जीवन-साझी संस्कृति की ओर बढ़ना है, साझे जनतन्त्र से साझे राष्ट्रवाद की ओर बढ़ना है। दरअसल 1947 के बाद राष्ट्रवाद जनाधार खोता गया और कुछ व्यक्तियों ने ही 'राष्ट्र' का मज़ा लिया था। यह वस्तुतः ऊपर से बना राष्ट्रवाद होकर रह गया। वह भी भ्रष्टाचार में डूबा। अब यह विदेशी पूँजी का गुलाम होता जा रहा है। शिक्षा, स्वास्थ्य और जनसेवा क्षेत्रों में राष्ट्र की पहले एक भूमिका थी, अब निजीकरण है। राष्ट्र की वजह से आम लोगों के लिए पहले जो जनतान्त्रिक स्पेस था, वह वैश्वीकरण से ख़त्म हो रहा है।

राष्ट्रवाद जब नीचे से बनेगा यानी कि किसानों, स्त्रियों, दलितों, जनजातियों और मध्यवर्ग के श्रमजीवियों के हाथों जब साझा राष्ट्रवाद गढ़ा जायेगा, तभी वह केन्द्रवाद से मुक्त होगा और नये साम्राज्यवाद को चुनौती दे सकेगा। राष्ट्रवाद तभी बुद्धिपरक रहेगा। बल्कि बुद्धिपरक हुए बिना जनतन्त्र की ओर नहीं बढ़ सकता और साम्राज्यवाद का सामना भी नहीं कर सकता। आज 'अतीत' और 'पश्चिम के बाज़ार' दोनों ओर से सबसे बड़ा हमला बुद्धिपरकता पर है, मनुष्य की तर्क करने की ताक़त पर है। उनका हमला राष्ट्र पर है।

आदमी की सोच पर चारों तरफ़ से 'रेज़िमेंटेशन' है, चारों तरफ़ निर्बुद्धिपरक अलगाववाद है। इस स्थिति को तोड़ना होगा यदि सचमुच किसानों, स्त्रियों, दलितों, जनजातियों और मध्यवर्ग के श्रमजीवियों को वंचनाओं से मुक्त होना हो। प्रकृति को अनावश्यक शोषण से बचाना है। यह है नवराष्ट्रीयता।

कहने का मतलब है कि आज सांस्कृतिक क्षेत्र में जो घिनौनी प्रवृत्तियाँ प्रकट हैं वे भारतीय बहुलता एवं सांस्कृतिक विविधता और चलती आयी देशज राष्ट्रीयता को पतनोन्मुख करती हैं। वह संस्कृति बाज़ारू संस्कृति है। जब राष्ट्रीयता, लोकतन्त्र, आधुनिकता, बुद्धिवाद सब कुछ व्यापार का विषय हो जाता है, सबसे ज़्यादा क्षति न्याय की होती है। इसलिए पहली लड़ाई व्यापारी वृत्ति से है, बनियागिरी से है। अब ब्राह्मण हो, क्षत्रिय हो, दलित हो, निचली जातियाँ हों, राजनीतिक जातियाँ हों, सारी जातियाँ बस एक जाति में ढल गयी हैं, वह है बनिया जाति-व्यापारी जाति। इसलिए कोई भी लड़ाई व्यापारिक मानसिकता को हटाये बिना एकदम आगे नहीं बढ़ सकती।

वैश्वीकरण ने सभी दलों की राजनीति का रंग एक जैसा कर दिया है। एक ही दृश्य है, लूटो और मारो। राजनीतिक नेताओं को चुनाव के समय ही ग़रीबों की ज़रूरत होती है, जो उन्हें वोट देते हैं। चुनाव जीतने के बाद वे अमीरों की जमात में मिल जाते हैं ताकि ये अमीर लोग देश या राज्य का विकास करें और उन्हें गुपचुप धन देते रहें। सभी दलों के नेता ग़रीबों से वस्तुतः कट चुके हैं। उन्हें झूठे सपने दिखाने, सत्ता में हो तो कुछ तात्कालिक राहत देने और स्थानीय राजनीतिक सामन्तों के सहयोग से चुनाव जीतने के अलावा उन्हें इनकी कोई ज़रूरत नहीं है। जब से राजनीति में बड़ी और विदेशी पूँजी घुसी है, तब से राजनीति हिंसावृत्ति एवं गुण्डागिरी की जगह बन गयी है। मूल्यहीन राजनीति में प्रतिरोधी राजनीति और राजनीतिक लोगों की हत्या की जा रही है। केरल में मार्क्सवादी दल और संघ परिवार के बीच ऐसे ही हत्याकाण्ड का सिलसिला चल रहा है। राजनीति से आम लोगों की उदासीनता बढ़ी है, उनका उत्साह ख़त्म हुआ है। आज बिना लोभ के राजनीति में कोई नहीं आता। राजनीति में कोई भला मानस जाना नहीं चाहता, क्योंकि संस्कृति में राजनीति जितनी थी घुसती जा रही हो पर राजनीति से संस्कृति निकलती जा रही है। भ्रष्टाचार, गुंडागर्दी, धर्म और राजनीति का अनैतिक गठबन्धन, सामुदायिक अस्मिता की कट्टरवादी राजनीति आदि जनता को राजनीति से अलग करता है। राजनीति के बिना समाज में कोई बदलाव नहीं आयेगा। लोकतन्त्र की दरारें सही राजनीति के अभाव में बढ़ती जायेंगी। लेकिन अब राजनीति के स्वरूप को कौन बदलने वाला है।

वामपन्थी राजनीति भी वर्तमान सांस्कृतिक सुधार एवं राजनीतिक सुधार में कोई अहम भूमिका नहीं निभा रही है। आज निजीकरण के ज़माने में श्रमजीवी लोग कोई बड़ा आन्दोलन नहीं कर पा रहे हैं। वे गुलाम होते जा रहे हैं और अपमानजनक समझौते के लिए मजबूर हैं। उनकी राजनीतिक कमर टूट गयी है। वे भीतर से बुरी तरह विभाजित हैं। वामपन्थी दलों से भी लोगों की उम्मीद नष्ट हो गयी, क्योंकि वे भी अधिकार के लिए कोई भी समझौता करने को तैयार हैं और अवसरवादी दिखाई दे रहे हैं।

धर्म आज पतन की ओर जा रहा है। विशेषतः हिन्दी समाज में। हिन्दीतर समाज में इतनी सांस्कृतिक शून्यता दिखाई नहीं देती है। कहीं भी सांस्कृतिक सुधार का आन्दोलन नहीं है। हिन्दी मानस पर जीवन की निराशाओं की वजह से बाबाओं, स्वामियों और गुरुओं का क़ब्ज़ा बढ़ता जा रहा है। कई बाबा अथवा स्वामी लोग आपराधिक पृष्ठभूमि के हैं। वे राजनीतिक सम्बन्ध रखते हैं, समाज में बड़े पैमाने पर बुद्धिहीनता फैलाते हैं और धर्म को साम्प्रदायिक मतान्धता में सीमित कर देते हैं।

समाज के उच्च वर्गों की रुचि एवं संस्कृति बदल गयी। पश्चिमी ढंग को एलीट संस्कृति मानते हैं। समाज पर सामन्ती पुनरुत्थान के साथ पश्चिम के सांस्कृतिक साम्राज्यवाद का व्यापक असर है। पहले आधुनिकता व्यक्ति को विद्रोही बनाती थी, लेकिन आज की संस्कृति व्यक्ति को आक्रामक होना सिखाती है। पश्चिम के सांस्कृतिक साम्राज्यवाद का कुल आह्वान यह है कि सुख भोगने के लिए जैसे भी सत्ता हासिल करो। क्योंकि अब समाज में सम्मान उसी का है और वही सांस्कृतिक है जिसके पास पैसा है, सत्ता है, सुख की वस्तुएँ हैं। भारत का सबकुछ अपमानजनक है, सब ग्लोबल दिखाना चाहते हैं। सबसे बड़ी रोचक बात यह है कि हर शहर में विदेशी वस्तुओं से भरे बाज़ारों की मुख्य सड़क का नाम महात्मा गाँधी रोड है।

बाज़ारू अर्थव्यस्था में लूट सबसे उच्च स्तर की है। समाज पर चालाकियों से भरी बाज़ारू अर्थव्यवस्था हावी है। वैश्वीकरण इसे पारदर्शी बनाना नहीं चाहता। बेरोज़गारी से बेचैन नौजवान विदेशी कम्पनियों का झोला पहनकर धूप-बरसात में घूमते हैं और कम्पनियों के जाल ग़रीबों के ऊपर फैलाते हैं। नवयुवकों का बड़े पैमाने पर दुरुपयोग कम्पनी करती है, साथ-ही-साथ ग़रीबों के सपनों को चकनाचूर कर डालती है अपनी चालाकियों से। सरकार इस प्रकार की लूट को समाप्त करने के बदले इस व्यवस्था को अधिक सिस्टमैटिक बनाती है। इसमें विज्ञापन भी बड़ी भूमिका निभाता है। खुद सोचने की हमारी शक्ति पर विज्ञापन

जंग लगा देता है। हमारा सोचने या खुद कुछ करने और सपने देखने का अधिकार भी छीन लिया जाता है। इसलिए इन सबका प्रतिरोध अनिवार्य है। लेकिन प्रतिरोध विभाजित और छिछला दिखाई देता है। कोई प्रभावी राष्ट्रीय आवाज़ नहीं उठती है। इसलिए कई प्रकार से ठगे जा रहे लोग क्षेत्रीय-सामुदायिक राजनीति के आश्रय में जा रहे हैं। अब हाशिए के जो नेता हैं, वे अपने समुदाय के लोगों को समझाते हैं कि उनकी हालत ख़राब है। इसके लिए ज़िम्मेदार मुसलमान है, हिन्दू है, सवर्ण है, शहर के लोग हैं, दूसरे प्रदेश के लोग हैं या पुरुष हैं। उनको असली दुश्मन नहीं दिखाई देते।

सामुदायिक अस्मिता की कट्टरवादी राजनीति और इसे नव-औपनिवेशिक तर्क का जामा पहनानेवाले समाजविज्ञानों से लेकर वर्तमान बाज़ार-संस्कृति तक, सभी विघटनकारी ताक़तों ने राष्ट्र, भारतीय अस्मिता, धर्म, मनुष्यता, जातीय भाषा, श्रम संस्कृति के साझा मूल्य और साहित्य को मज़ाक़ का विषय बना दिया है। कोई भी चीज़ हो उसके लिए पैसे को नहीं छोड़ा जा सकता, जबकि पैसे के लिए कुछ भी छोड़ा जा सकता है। इस प्रकार सम्बन्ध शिथिल हो गया। प्रेम की आर्द्रता कहीं पर भी नहीं। सब व्यापारी दृष्टि से परखा जाता है। भारत की राष्ट्रीय भाषाओं ने एक-दूसरे के लिए दरवाज़े बन्द कर लिए हैं। अब अतर्न्देशीय साझेदारी और दूसरी जातियों के बारे में उत्सुकता नहीं है। हर तरफ़ संवादहीनता है। बिग मीडिया एक तुच्छ, कृत्रिम और एकायामी संस्कृति को ही दुनिया की एकमात्र नयी संस्कृति बनाकर पेश करता है। क्योंकि संस्कृति का लोकतन्त्र बाजारू अर्थव्यवस्था और धार्मिक कूपमण्डूकता दोनों के लिए ख़तरा है।

सबसे बड़ी बात यह है कि मध्यवर्ग भारतीय संस्कृति पर विदेशी पूँजीतन्त्र के प्रभुत्व का नहीं है। उसकी नज़र में भारत का सब कुछ घटिया है और अमेरिका का सब कुछ बढ़िया है। इसलिए पश्चिम का अन्धानुकरण चरम दिशा पर है। यह भारत के उस बौद्धिक अन्तःकरण का ध्वंस है, जो हज़ारों सालों की मानवीय संवेदनशीलता, सृजनात्मकता, विवेक, सह-अस्तित्व और लोक-चिन्ता से बना है। आज इतिहास बड़े पैमाने पर लिखे जा रहे हैं। उनमें से अधिकांश इतिहास नवऔपनिवेशिकता के समर्थक हैं। सबाल्टर्न के इतिहास भी लिखे गये। उनमें से बहुतों का भारत से कोई रिश्ता भी नहीं है। योरोप एवं अमेरिका में शिक्षा प्राप्त कर भारत की जनता से दूर रहते हुए भारत के सबाल्टर्निज़्म पर लिखने वाले इतिहासकारों के विचारों पर साम्राज्यवाद का बौद्धिक हस्तक्षेप है। वे कभी भी साम्राज्यवाद का विरोध करते नहीं दिखाई देते हैं। स्वाधीनता संग्राम के समय से भारत के दलित विभाग साम्राज्यवाद से ज़्यादा स्पष्ट रूप से भारत

के आभ्यन्तर लोक में भयानक रूप से प्रचलित जाति केन्द्रित साम्राज्यवाद का विरोध करते थे। महात्मा फुले, नारायण गुरु, अम्बेडकर सभी ने भारत को राष्ट्र में रूपायित करने के लिए सबसे पहले जातिकेन्द्रित भेदभाव को दूर करने के पक्ष को सामने रखा।

कहने का तात्पर्य है कि एक लोकतन्त्रीय स्थिति अथवा प्रत्येक का स्वातन्त्र्य, मानवीयता, भाईचारा आदि पर केन्द्रित भारतीय संस्कृति जो भारतीय परम्परा और इतिहास के महत्त्व को स्वीकार करती है वैसी एक स्वदेशी राष्ट्रीयता को सशक्त बनाना समय की आवश्यकता है। उसकी पहचान आज प्रत्येक क्षेत्र में प्रकट है, इस नये सांस्कृतिक उत्पादन से गठित है नवराष्ट्रीयता।

तब साम्राज्यवादी केन्द्रीयता और सामन्तवादी केन्द्रीय अवशेषों से मुक्त होने के लिए समस्त क्षेत्रों को पुनरुज्जीवित करने के लिए कौन-सा रास्ता अपनाना है। हमारी परम्परा और संस्कृति के अध्ययन और मूल्यांकन के साथ प्रकृतिबोध से सम्पन्न एक सामूहिक बोध को जगाना है। उसमें बौद्धिक गुलामी की जगह स्वतन्त्र चिन्तन और तार्किक बोध जगाकर अपनी अस्मिता के साथ दूसरों की अस्मिता का भी सम्मान कर भौम सदाचार एवं साकल्यता के नवोन्मेष को उत्पादित करना है। वही तो स्वदेशी राष्ट्रीयता के परिष्कार से सम्पन्न हो जायेगा। आज औपनिवेशिक मानसिकता से भारतीय संस्कृति के प्रति जो उपेक्षा भाव पैदा हुआ है उसको हटाना है।

भारतीय विद्वानों ने ही नहीं राजनीतिज्ञों ने भी एक समय खासकर राष्ट्रीय जागरण के दिनों में कर्म, तर्कबुद्धि और संवाद की भारतीय परम्पराओं का पक्ष लिया था। तिलक ने 'गीता रहस्य' के माध्यम से स्वतन्त्रता संग्राम को कर्म-संस्कृति से जोड़ा। देवीप्रसाद चट्टोपाध्याय ने भारतीय दर्शन की भौतिकवादी परम्परा और लोकचिन्तकों की तर्क-परम्परा को उजागर किया था। रवीन्द्रनाथ और प्रेमचन्द से लोगों ने शिक्षा के द्वारा ज्ञान और उससे लोकमंगल की ओर जाने की प्रवृत्ति पर बल दिया। रामविलास शर्मा ने अपने ग्रन्थ 'भारतीय संस्कृति और हिन्दी-प्रदेश' की भूमिका में भारत की प्राचीन संस्कृति का अध्ययन वर्तमान सामाजिक परिस्थितियों में अत्यन्त प्रासंगिक कहा। उनके मुताबिक़ प्राचीन संस्कृति के अध्ययन की उपेक्षा हो अथवा वर्तमान सांस्कृतिक समस्याओं की उपेक्षा हो, वह दोनों वास्तव में लोकमानस की उपेक्षा है। हम सांस्कृतिक अध्ययन को आमतौर पर पुरोहितों-सामन्तों की दृष्टि का मानते आ रहे हैं। लेकिन उनकी उपेक्षा करते हुए उनमें जो लोकमानस की महान छवियों से आकृष्ट होना है, वही तो है सांस्कृतिक अध्ययन का मुख्य लक्ष्य। बाक़ी सभी के प्रति आकर्षण हमारी औपनिवेशिक मानसिकता की सृष्टि है।

अतीत की संस्कृति जीवन की सुख-सुविधाओं के पीछे भागने की नहीं थी बल्कि वह जीवन की अर्थवत्ता के पक्ष में थी। तब हमें श्रम, तर्कबुद्धि और संवाद पर आधारित लोकजीवन की विविधताओं पर आधारित संस्कृति की खोज ही महान कार्य होगा। वह नवराष्ट्रीयता की सिद्धि में सहायक रहेगा।

आधुनिक मनुष्य ने प्रकृति और ईश्वर से अलग होकर विश्वासों आदि की तिलांजलि कर दी। मनुष्य दूसरे को नष्ट करके सम्पूर्ण बनना चाहता है किन्तु बिना दूसरे के स्वयं उसका अस्तित्व ही शून्य बन जाता है। भारत के सन्दर्भ में कुछ लोग कहते हैं कि भारत कभी बदलता नहीं है। लेकिन यह बिल्कुल ग़लत है। भारत की प्राचीन संस्कृति की प्रवहमानता अभी तक की संस्कृति में प्रकट है। यह चिरन्तन वर्तमानता इतिहास द्वारा निर्मिति कालभेद को नष्ट करती है। आज के मनुष्य को परम्परा और संस्कृति को खोजने के लिए पीछे की ओर देखना पड़ता है। इसलिए विश्वास और मिथकों को भी तर्क की दृष्टि से परखकर उसे इतिहास सम्मत बनाने का प्रयत्न भी चल रहा है। यह एक प्रकार से वामपन्थी विचारों की दृष्टि है। लेकिन परम्परा एवं विश्वासों में भारत एवं भारतीय जीवन की चिरन्तन वर्तमानता का अन्वेषण कर स्मृतियों से हमें ताज़ा बनाना है। इसलिए हमारे प्रकृतिबोध तथा उसमें निहित विविध प्रकार के लोकजीवन, जन्तु जगत्, पेड़-पौधे, प्राणी जगत आदि से सम्पन्न एक राष्ट्रीयता भारत में अनिवार्य है।

प्रकृतिबोध में लोकतन्त्र

आधुनिकता ने केन्द्रीयता का जब निर्माण किया तब से प्रकृति का अथवा पर्यावरण का अन्त शुरू हुआ। मनुष्य और मनुष्य के विकास के लिए जिन उद्योगों, परियोजनाओं एवं खेती का विकास शुरू किया गया, तब से प्रकृति धीरे-धीरे लुप्त होने लगी। व्यापरी साम्राज्यवाद की सृष्टि है उपभोग संस्कृति। उसकी ख़तरनाक परिणति है पर्यावरण का नाश। भारतीय संस्कृति प्रकृति और मनुष्य के सन्तुलन से निर्मिति है। इसलिए हमारी परम्परा के मूल्यांकन के सन्दर्भ में जो चिरवर्तमानता का उल्लेख किया जाता है वह इसे दे सकते हैं। उसमें आदिमानव की सहज वासनाएँ, आद्य बिम्ब, मिथक, लोककथा, लोकगीत, अनुष्ठान आदि सम्मिलित हैं।

मनुष्य, संसार के अन्य जीव-जन्तु तथा उनकी परिस्थितियाँ मिलकर उत्पन्न पारिस्थितिक व्यवस्था है इकोसिस्टम। चेतन और अचेतन सब इसके हिस्से हैं। भूमि का यथार्थ अधिकारी कौन है, क्या यह भूमि मनुष्य मात्र के लिए है, भूमि के जैव और अजैव सत्ता को भी यहाँ अधिकार है। इन सभी प्रश्नों पर इकोलोजी विचार करता है। मनुष्य और प्रकृति की अवस्थिति से जब एक सन्तुलित

सात्विकता पैदा हुई, तब मनुष्यता और भी सहज स्वाभाविक हुई। उन सबको धन से मापने-नापने की प्रतिसंस्कृति व्यापारी संस्कृति द्वारा निर्मित की गयी। इस प्रतिसंस्कृति की सीमातीत घुसपैठ के बीच में भी अपने समृद्ध पारम्परिक संस्कार को बचाये रखने की कोशिश ज़ारी रही। इसका सर्वोत्तम उदाहरण है एक रेड इंडियन का एक अमेरिकन प्रेसिडेंट से किया गया अनुरोध कि मिट्टी, वायु और पानी की बिक्री कभी नहीं होनी चाहिए।

औद्योगिक उपजों की निर्मिति के लिए मनुष्य प्रकृति का शोषण करने लगा। अनुष्ठान, मिथक, चित्रकला, मूर्तिकला, दृश्यकला, लोककथा, लोकगीत, मूल्यसंहिता आदि से संश्लिष्ट संस्कृति प्रकृतिजन्य है। आधुनिक औद्योगिक संस्कार, प्रकृति को तहस-नहस करते हुए विकास प्राप्त करने लगा। तब प्रकृति और संस्कृति द्वैतावस्था में आ गयी। आज संस्कृतियों के विविधता एवं अपनापन नष्ट हो गये। लेकिन रूसो ने जो कहा 'Back to Nature' को चरितार्थ करना है। तब विविधता को बनाये रखते हुए सादगीपूर्ण लोकजीवन सम्भव होगा। वहाँ प्रकृति के समस्त चराचर अपनी अस्मिता को बनाये रखते हुए स्वतन्त्र होकर एक शान्तिपूर्ण जीवन बिताने के लिए समर्थ होगा। औद्योगिक संस्कृति से सारी प्रकृतिजन्यता, प्यार, मानवीयता, विषलिप्त हो गये जिस प्रकार पानी, वायु आदि विषलिप्त हो गये। यन्त्र सबके ऊपर सवार करता है, तब यान्त्रिकता जीवन में भर जायेगी। संवेदना नष्ट हो जाती है।

भारतीय परम्परा में प्रकृति की गोद में बैठकर तपस्या-साधना कर उच्च विचारों के दर्शनों को महान साधकों ने रूपायित किया है। यह ऋग्वेद, अथर्ववेद, उपनिषद और इसके बाद लिखित इतिहासों सब में मनुष्य और प्रकृति की अवस्थिति से अहिंसात्मक भूमिका तैयार करने की बात उठाई गयी है।

> "पशून पाहि गांमा हिंसा, अजां, मा हिंसी।
> अविं मा हिंसी, इम मा हिंसी द्विपादं पशु।।
> मा हिंसिरेक अफं पशु मा हिंस्यात् सर्वाभूतानि।" (ऋग्वेद)

अर्थात् पशुओं की रक्षा करो, गाय को मत मारो, बकरी को मत मारो, भेड़ को मत मारो, दो पैरवाले (मनुष्य, पक्षी आदि) को मत मारो, किसी भी प्राणी की हिंसा मत करो। आज इस अहिंसा की सबसे बड़ी ज़रूरत है। पर्यावरणविदों में भारत में सबसे प्रथम स्थान है गाँधीजी का। गाँधी की पर्यावरण चिन्तन की प्रासंगिकता तथा उसकी लोकतन्त्रीयता पर विचार करना नवराष्ट्रीयता के सन्दर्भ में सबसे ज़्यादा उचित कार्य है।

गाँधीजी का पर्यावरण चिन्तन

गाँधीजी दुनिया के सबसे बड़े पर्यावरण चिन्तक एवं पर्यावरण मित्र रहे थे। पर्यावरणिक समस्याओं का वैज्ञानिक ढंग से गहरा विश्लेषण-विवेचन कर उनका समाधान भी प्रस्तुत करने में वे समर्थ हुए। प्रकृति और मनुष्य के अन्योन्याश्रित जीवन को, समग्र दर्शन को संसार के सामने प्रस्तुत करते हुए उन्होंने अपनी दूरदर्शिता प्रमाणित की। इसलिए पर्यावरण सम्बन्धी गाँधीजी के विचार उल्लेखनीय एवं आज के सन्दर्भ में सबसे अधिक प्रासंगिक भी हैं। यह नवराष्ट्रीय दृष्टि के गठन में सहायक हुआ ही नहीं, यह है नवराष्ट्रीयता। यूरोपीय देशों में औद्योगिक क्रान्ति से जो परिवर्तन उभर आया, उसने एक नवीन संस्कृति को जन्म दिया। गाँधीजी ने उस संस्कृति को फैक्टर संस्कृति मानकर उसे मनुष्य के लिए हिंसक माना। यह मानवीयता और प्रकृति का शोषण करनेवाला उपभोग संस्कार है। यह यन्त्र संस्कार हमेशा आडम्बरप्रियता को बढ़ावा देता है और पूँजीवाद को बनाये रखनेवाले साम्राज्यवादी संस्कार को मज़बूत भी करता है।

गाँधीजी के मुताबिक़ धार्मिकता और आध्यात्मिकता को छोड़कर जो आधुनिक संस्कृति रूपायित हुई है, वह लम्बे समय तक टिकेगी नहीं। गाँधीजी ने एक समग्र जीवन दर्शन को हमारे सामने प्रस्तुत किया। वेद और उपनिषदों द्वारा दिये गये सार्वभौमिक सदाचार की व्याख्या है गाँधीजी के पस्थितिक दर्शन का मूलाधार। उन्होंने सभी क्षेत्रों में भौतिकता तथा आध्यात्मिकता को समन्वित करने की ज़रूरत पर बल दिया। जन-मानस और धरती के पोषण को महत्त्व देनेवाले भारतीय दर्शन का निचोड़ भी वही है। 1909 में रचित 'हिन्द स्वराज' सचमुच पारिस्थितिक दर्शन का 'घोषणापत्र' माना जा सकता है। उन्होंने उसमें यह ज़ाहिर किया कि भौतिकता पर केन्द्रित संस्कृति-प्राकृतिक संसाधनों के निर्मम नाश एवं लूट की वजह बनेगी। मशीनीकृत प्रौद्योगिकी विधाएँ बाह्याडम्बर एवं उपभोग संस्कार के लिए मार्ग प्रशस्त करनेवाले विकास के ग़लत नमूने हैं। यह गाँधीजी की चेतावनी है।

गाँधीजी के दर्शन की आधार-शिलाएँ हैं—सत्य और अहिंसा। उन्होंने प्राकृतिक संसाधनों के शोषण को हिंसा माना। इसलिए लघु एवं कुटीर उद्योगों एवं भारतीय जीवन के साथ मिले हुए कई धन्धों के विकास को वे महत्त्वपूर्ण स्थान देते हैं। वे हमें सादगी की ओर ले जायेंगे। आडम्बरपूर्ण जीवन को उन्होंने हिंसा कहा। मनुष्य की आत्मा के विकास को उन्होंने सही विकास कहा। तब ऊँच-नीच भेदभावों से मनुष्य मुक्त हो जायेगा। किसानी संस्कृति एवं ग्रामीण संस्कृति प्रकृतिजन्य है। उन्होंने अपने विचारों से भारतीय संस्कृति को पुनरुज्जीवित किया।

भारतीय संस्कृति के महत्त्वपूर्ण तत्त्व हैं आत्मनियन्त्रण, सादगी, प्रकृति के साथ सहृदयता, स्नेह, सत्य और अहिंसा। गाँधीजी ने इन तत्त्वों को राष्ट्रनिर्माण का मेरुदण्ड समझा। उन्होंने 1909 में जो संवाद 'हिन्द स्वराज' के ज़रिये शुरू किया उसकी प्रासंगिकता आज बढ़ती आ रही है।

मार्क्स का पर्यावरण चिन्तन

द्वन्द्वात्मक भौतिकवाद है मार्क्सवाद। इसका जैव विकास सिद्धान्त है डार्विन का विकासवाद। उसके अनुसार प्रकृति से प्रकृति का ये हिस्सा बनकर रूपायित है मनुष्य। इस प्रकार रूपायित मनुष्य अन्य जीवों से अपने प्रयत्नों के द्वारा भिन्न हो गया और इस संसार का संचालक बन गया। इस विकास यात्रा में मनुष्य द्वारा हासिल की गयी कामयाबियाँ हैं आज की दुनिया, संस्कृति, प्रगति आदि। मनुष्य द्वारा प्रकृति में जो निर्मितियाँ सम्पन्न हो रही हैं, उन्हें संस्कृति या प्रगति नाम से हम अभिहित करते हैं। इनमें हर प्रगति एक प्रकार से प्रकृति से हमारी दूरी को सूचित करनेवाला पड़ाव है। ये निर्मितियाँ मनुष्य को आधुनिक बना देती हैं और मनुष्य की शक्तियों और सिद्धियों को असीमित भी। यह प्रगति प्रकृति और मनुष्य के बीच के सन्तुलन को बनाये रखने में बाधा बन जाती है। इस द्वन्द्वात्मक साम्राज्यवादी विकासनीति ने समकालीन पर्यावरणीय समस्याओं को बहुत मार्मिक व दुखद बना दिया है। एंगेल्स ने प्रकृति की द्वन्द्वात्मकता में सूचित किया है कि प्रकृति पर मनुष्य द्वारा अर्जित जीतों पर बेइन्तहा आत्मप्रशंसा करने की ज़रूरत नहीं है। प्रत्येक जीत के लिए प्रकृति हमसे प्रतिशोध लेती है। हर जीत हमें प्रत्याशा देती है तो बार-बार सोच-विचार करने पर वह बिल्कुल उलटे परिणाम में पहुँचती है। मेसोपोटामिया, ग्रीक, एशियामैनर जैसे भूभागों में खेती के लिए जंगलों का नाश किया गया, तब जंगल के साथ जलस्रोतों और जलसंचयों का भी नाश हुआ। यह उन देशों के अनाथत्व का कारण बन गया। इसका तात्पर्य यह है कि एंगेल्स उसी समय से ही प्रकृति के शोषण के प्रति चिन्तित थे और इसलिए आज 'Dialectics of Nature' बहुत प्रासंगिक नज़र आता है।

आज मार्क्सवादी लोग समझने लगे कि विश्वभर में पूँजीवादी उत्पादन रीति आधिपत्य स्थापित कर चुकी है। यह उत्पादन के मार्ग का कारण बन रही है। इससे पूँजीवाद अपना नाश ही नहीं बल्कि पूँजीवाद के शोषण के शिकार बननेवाले निम्न तबके की जनता और सारी प्रकृति के नाश की वजह बनता है। यह तभी समझ सकता है कि जब आर्थिक-व्यवस्था के ऊर्जा-प्रवाह की वास्तविक धारणा प्राप्त होती है। वैज्ञानिक एवं औद्योगिक विकास के परे होकर भूमि की जैविक

एवं भौतिक सीमा क्लासिकल अर्थशास्त्र के उत्पादन के प्रतिकूल बनती है। इसका मूल्यांकन जब किया जाता है तब यह विदित होता है कि यह केवल पूँजी और श्रम के बीच का संघर्ष ही नहीं, आर्थिक व्यवस्था विशाल जैवव्यवस्था की उपव्यवस्था मात्र है। इस असलियत को न समझने से आज समस्याएँ उत्पन्न हो रही हैं। इसलिए यहाँ आजकल की पारिस्थितिक नैतिक समस्याओं को आर्थिक व्यवस्था और ऊर्जानीति से सम्बद्ध कर देखने का थोड़ा श्रम किया जायेगा।

सामान्य आर्थिक नमूनों की सीमाओं को जैवभौतिक नियमों के आधार पर पहचानने और उनके अनिवार्य पतन की भविष्यवाणी करने के लिए तैयार हुए फ्रेडरिक सोडी। फ्रेडरिक सोडी सहित कई वैज्ञानिकों ने संकेत किया कि आर्थिक व्यवस्था विशाल जैविक व्यवस्था की उपव्यवस्था मात्र है। अन्य ग्रहों के समान भूमि की पारिस्थितिक स्थितियों का भी निर्णय सूर्य ही करता है। सूर्य से आनेवाली ऊर्जा को स्वीकार कर उसे ताप में परिणत कर बाह्याकाश में प्रतिबिम्बित करने का कार्य यहाँ घटित हो रहा है। भूमि में बाह्य ऊर्जा का यदि आवागमन होता तो भी पदार्थों की बातों पर यह प्रक्रिया नहीं चलती है। इस दृष्टि से भूमि को एक बन्द व्यवस्था (closed system) कहा जा सकता है। आज मनुष्य जैवेतर आवश्यकताओं की लगातार माँग करनेवाली आर्थिक व्यवस्था का गुलाम हो गया। इसलिए ही दूसरे जीव-जन्तुओं से ज़्यादा आर्थिक व्यवस्था की माँग की पूर्ति सम्भव बनाने के लिए मनुष्य द्वारा निर्मिति पारिस्थितिक बोझ दिन-ब-दिन बढ़ता जा रहा है। सौर-ऊर्जा को जैवसंचय में परिवर्तित करने की भूमि की जलवायु की शक्ति भूमि के जीवन की निरन्तरता को सुदृढ़ करती है। लेकिन नियोक्लासिक की यह ग़लत धारणा इस निरन्तरता के लिए चुनौतीपूर्ण है कि आर्थिक व्यवस्था बन्द है और प्रकृति लगातार संसाधनों को बहानेवाला स्थिर स्रोत है। नियोक्लासिकल अर्थव्यवस्था के आधारभूत आशयों की प्रायोगिक सम्भावना समझकर नगर-ग्रामीण क्षेत्रों को संसाधनों की कॉलोनी बना पाता है। इसी कारण से प्रकृति के संसाधन उपभोक्ताओं तक पहुँचने की प्रक्रिया के बीच में सामाजिक-सांस्कृतिक एवं पारिस्थितिक दृष्टि से जो मूल्य चुकाना पड़ता है वह इतना बड़ा है कि उसका अनुमान नहीं किया जा सकता है। इसी कारण से ही अधिकार एवं बाज़ार के बीच का रिश्ता सशक्त बन गया।

मनुष्य और प्रकृति के बीच के रिश्ते के बढ़ने के साथ प्रकृति में मनुष्य द्वारा निर्मिति समस्याएँ भी बढ़ती जायेंगी। आज दुनिया ने यह पहचान लिया कि रोज़मर्रे की ज़िन्दगी में मनुष्य जो प्राकृतिक विनाश करता आ रहा है इसकी गणना किये बिना आगे की ओर जाना मुश्किल है। आज आर्थिक हस्तक्षेपों को

मापने के लिए जीडीपी नामक इकाई का इस्तेमाल किया जा रहा है। वैसे ही पारिस्थितिक विनाशों को मापने के लिए नवें दशक के आरम्भ में पारिस्थितिक पादमुद्रा नामक सूचिका के बारे में पहली बार सोच-विचार किया।

बाज़ारू आर्थिक व्यवस्था की राष्ट्रीय आय के योग (Gross National product GNP) और प्रतिशीर्ष जीवन ख़र्चों (Percapita cost of living) की तुलना कर उनके द्वारा परिस्थिति पर किये जानेवाले आघातों को मापना है इसका मक़सद। एक निश्चित जनसंख्या की पारिस्थितिक पादमुद्रा की परिभाषा यों दी जाती है कि वे जहाँ रहते हैं उस भूप्रदेश के जैवउत्पादन सक्षम भूमि, जल (कृषिभूमि, घास के मैदान, वन, पठार, नदी, समुद्र आदि) आदि प्रौद्योगिक विधाओं की सहायता से रोज़मर्रा की उपभोग वस्तुओं में (द्रव्य, ऊर्जा) जब परिणत होते हैं तब वह परिस्थिति में जो आघात पहुँचता है वह इस ढंग से समझ लिया जाता है।

एक देश को प्राप्त देशीय जैवक्षमता (National Available Biocapacity) को अथवा उत्पादित सक्षम क्षेत्रों को कुल मिलाकर मानते हुए भी पारिस्थितिक पादमुद्राओं की गणना की जा सकती है। उदाहरण के लिए एक देश के घास से दूध के उत्पादन आदि के लिए जो धन ख़र्च करता आ रहा है उसका और उतने दूध उत्पादन के लिए ज़रूरी गायों के चराने की भूमि आदि की गणना करते हैं।

यह गणना सचमुच परम्परागत आर्थिक सिद्धान्तों के अनुसार निर्मित है। अथवा जितना हमारा संसाधन है उसके अनुपात में उत्पादन करना उचित है। यह है गाँधीजी का विचार "Nature has enough for everybody need not for everybody's dead." लेकिन नियोक्लासिकल व्यवस्था का आधार है कि प्रकृति के संसाधनों की समृद्धि कभी भी न समाप्त होनेवाली है। इस पर आधारित है विकास सम्बन्धी उसकी दृष्टि। साम्प्रदायिक मार्क्सवादी दृष्टि भी इससे भिन्न नहीं है। प्रौद्योगिकी विधाओं को नवीकरण और विकास से संसाधनों की कमी की समस्या का सामना करने के पक्ष में हैं वे। लेकिन आधुनिक मनुष्य के ऊर्जा उपभोग की मात्रा आज जैवस्रोतों से प्राप्त ऊर्जा से बहुत ज़्यादा है। यह भविष्य में एक भयानक विपत्ति की वजह बन पायेगा।

यह नियोक्लासिकल अर्थव्यवस्था सामाजिक असमानता के साथ पीढ़ियों के बीच की असमानता की भी वजह बन जायेगी। आर्थिक-व्यवस्था के निरन्तर विकास के लिए आवश्यक एक उपकरण मात्र समझा जाता है जैवव्यवस्था को। नियोक्लासिकल आर्थिक दर्शन आर्थिक व्यवस्था को एक विशाल जैवव्यवस्था की उपव्यवस्था मात्र समझने में तैयार नहीं है। पूँजीवादी उत्पादन प्रक्रिया में जो अधिक उत्पादन हो रहा है उसके श्रमशोषण के बारे में आशंका जतानेवाले

वामपन्थियों को अधिक उत्पादन की भौतिक बुनियाद के बारे में भी मूर्त धारणाओं को गठित करने का समय आ गया है। इसलिए इन सभी को ध्यान में रखकर एक इकोमार्क्सवादी परिप्रेक्ष्य का निर्माण करना आज की ज़रूरत है।

आज मार्क्सवादी बुद्धिजीवियों के ऐसे परिवर्तित विचारों को पढ़ते हुए हो ची मिन्ह ने भारतीय मार्क्सवादी दल को जो उपदेश दिया वह याद आता है। वामपन्थियों को एक गाँधी की ज़रूरत है। इसका तात्पर्य यह है कि पूँजीवाद के ख़िलाफ़ लड़ने के लिए और उसके ज़रिये उत्पन्न ऊँच-नीच भाव को समाप्त करने के लिए मार्क्सवाद का सन्देश अनिवार्य है, लेकिन उसे लागू करने के लिए कौन-सा रास्ता अपनाना चाहिए। आज मार्क्स का रास्ता नहीं गाँधी के अहिंसात्मक रास्ते को सही ढंग से प्रयुक्त करना है। इसलिए नवराष्ट्रीयता पर विचार निम्नलिखित ढंग से किया जाना समीचीन रहेगा। सभी प्रकार की हिंसा का सामना आत्मविश्वास और सहिष्णुता से करना है।

नवराष्ट्रीयता आज की ज़रूरत है। वह समकालीन पहचान है। वह सभी प्रकार की केन्द्रीयता से मुक्ति है, चाहे सामन्तवाद हो, या नवसाम्राज्यवाद। दूसरे शब्दों में कहा जाये तो वह लोकतन्त्रीय है। वह देशज संस्कृति और राष्ट्रीयता का विकसित और परिष्कृत रूप है। यह पश्चिमीकरण से मुक्ति है। भारत में विद्यमान और अभी तक हाशिए पर पड़े लोगों की अस्मिता और संस्कृति है। इसमें स्त्री, दलित, आदिवासी तथा अन्य लघुसंस्कृतियों का समावेश है। अथवा विरोधी संस्कृतियों का मेल है यह। यह लोकजीवन की स्वीकृति है। एक राष्ट्र, एक संस्कृति, एक धर्म का नारा नहीं है यह। यह बहुलता का स्वर है। यह मानवतावाद पर केन्द्रित अहिंसात्मक संस्कृति है। उसमें सभी प्रकार के कलाकारों एवं साहित्यकारों को अभिव्यक्ति का स्वातन्त्र्य है। धार्मिक स्वातन्त्र्य है, लेकिन धर्म की राजनीति के साथ गठबन्धन सही नहीं है, उसका अन्य किसी भी क्षेत्र पर हस्तक्षेप करने का अधिकार नहीं है। राजनीतिज्ञों को अपने अधिकार का महत्त्व समझना और लोकतन्त्र की दरारों को दूर करना है। किसानी संस्कृति के भारत में सादगीपूर्ण जीवन के प्रति उन्मुखता होनी चाहिए। उपभोग संस्कार से स्थानीयता की ओर वापसी उसकी आवाज़ है। भारत में भाषाई स्वातन्त्र्य की ज़रूरत है। जड़हीन प्रवासी से लेकर थेर्ड जेण्डर, उग्रवादी की अस्मिता तक को माना जायेगा। लघु कुटीर उद्योगों को पुनरुज्जीवित करना भारत के इतिहास एवं परम्परा को महत्त्व की स्वीकृति तथा व्यापार संस्कृति एवं पाश्चात्यीकरण की उपेक्षा आदि इस नवराष्ट्रीयता में समन्वित है। आर्य-द्रविड भेदों से मुक्त होकर भारतीय सब एक हैं और इन सबसे परे प्रकृतिबोध पर केन्द्रित विकास और

अर्थव्यवस्था से सम्पन्न राष्ट्रीयता ही है नवराष्ट्रीयता। केन्द्रीयता को तोड़ने और समाज में समानता एवं स्वातन्त्र्य के साथ जीने के लिए संघर्ष करना है तो उसके लिए अहिंसात्मक रास्ते को स्वीकारना है। समस्त चराचरों के प्रति अहिंसात्मक खैर को बरतना पड़ेगा। सामूहिक बोध से निर्मित राष्ट्र में सहिष्णुता की भावना बड़ी ज़रूरी है। ये सब नवजागरण के समय अद्भुत राष्ट्रीयता के तत्त्व रहे थे। आगे उसका विकास सही ढंग से नहीं हुआ। पाश्चात्य ढंग की राष्ट्रीयता से यहाँ असहिष्णुता प्रबल हो गयी। प्रत्येक व्यक्ति के मन में भय उत्पन्न हुआ। यह भय इस व्यवस्था की पैदाइश है। लेकिन देशज राष्ट्रीयता का विकसित रूप है नवराष्ट्रीयता। इसलिए नवजागरण का पुनर्जागरण है नवराष्ट्रीयता। यह विवेकी लोगों की सही पहचान है। कारण, अभी तक भारतीय बुद्धि बन्धन में थी। अब भी नव साम्राज्यवाद के जकड़न से ख़ुद सोचने-समझने में असमर्थ बौद्धिक पराधीनता अनुभव करनेवाले बहुत से लोग हैं। नवराष्ट्रीयता को सही दिशा में प्रवर्तनोन्मुख बनाने में साहित्य स्तुत्य कार्य करता आ रहा है। संक्षेप में कहा जाय तो नवराष्ट्रीयता देशज लोकतन्त्रीयता है।

आज यह नवराष्ट्रीयता साहित्यिक क्षेत्र तक सीमित नहीं है, बल्कि प्रौद्योगिकी, विज्ञान, चिकित्साशास्त्र, विचारधारा, कला, जैसे जीवन के समस्त क्षेत्रों में व्याप्त हुई है जो सच्चे अर्थ में स्वदेशी भावना जगा रही है। आर्थिक क्षेत्र में भी कब तक उधार से देश का विकास सम्भव हो जायेगा, यह सवाल उठा। अतः देशी उद्योगों एवं कुटीर उद्योग धन्धों पर तथा कृषि के क्षेत्र के उचित विकासों पर और प्रकृतिजन्य और प्राकृतिक संसाधनों के अनावश्यक शोषण से मुक्त जीवन के तरीक़ों पर विचार किया जा रहा है। उधार लेनेवाले धन से उच्च वर्ग का विकास हो रहा है, ग़रीबों तक धन पहुँचता नहीं है। सम्पन्न वर्ग उपभोग संस्कार के शिकार बनते हैं, वे देशी चीज़ों के बदले ब्राण्ड संस्कृति के ग़ुलाम बनते हैं। प्राकृतिक संसाधन का अनावश्यक शोषण कम कर प्रकृति के साथ मिलकर जीने का पाठ सभी दिशाओं में मिल रहा है। यह स्वास्थ्य के लिए तथा अन्य जीवजन्तुओं सहित एक सन्तुलित भूमि के लिए अनिवार्य है।

टेक्नो नवराष्ट्रीयता

राष्ट्रीयता की अवधारणा में तकनीकी विधाएँ देश के लिए शक्ति, ज्ञान के लिए बल, राष्ट्र के लिए महत्त्व, प्रजा के लिए सुरक्षा, दुश्मन के लिए प्रतिरोध और अन्यों के लिए भय प्रदान करती हैं। राष्ट्रीय वरेण्यों को तकनीकी विधाएँ स्वाभिमान का विषय है। ग़रीबी और पिछड़ेपन से संसार के सामने के महत्त्व को वापस

प्राप्त करने का मार्ग वरेण्य पक्ष के अनुसार ज्ञान से हासिल यश है। राष्ट्रीयता में तकनीकी विधा से लगाव सर्वत्र प्रकट है। देश-राष्ट्र का आधुनिक बनने का मतलब है तकनीकी विधा में आगे आना। राष्ट्रीयता और तकनीकी विधा परस्पर उलझी हुई है। तकनीकी विधा का ज्ञान प्राचीन काल से ही राष्ट्र की सम्पत्ति रही थी। देश-राष्ट्र की आत्म-निर्भरता तकनीकी विधाओं के निर्माण के सामर्थ्य पर निर्भर है। देश के ज़रूरी विकास की आवश्यकताओं को मानकर उसके लिए आवश्यक कार्रवाई करनी चाहिए। तकनीकी विधाओं का स्वदेशीकरण करना सबसे मुख्य कार्य है। स्वदेशी तकनीकी विधाओं पर बल देती हुई ग्रामीण लघु पारम्परिक तकनीकों को प्रोत्साहित करना, साथ ही साथ राष्ट्रीय जीवन शैली में परिवर्तन लाते हुए स्पर्धा रहित व्यवस्था की ओर बदलना है।

राष्ट्र का असली नागरिक आधुनिकता के प्रति इच्छुक और उसकी सिद्धियों पर विश्वास करते हुए भी परम्परा से प्रेम करनेवाला होगा। परम्परा को आधुनिकता के लिए लायक रूप में परिष्कृत करना राष्ट्रीयता का प्रमाण है। इस परम्पराधारित आधुनिक तकनीकी विधा राष्ट्र को प्राप्त होनी चाहिए। तब तक वैज्ञानिक एक साथ भिन्न-भिन्न संसार में ज़िन्दगी को साध्य बना देता है। ताराशंकर बैनर्जी के 'आरोग्य निकेतन' में जीवनमशायी और प्रद्योत बोस के बीच के संघर्ष के बाद की एकता यह दिखाती है कि दो भिन्न चिकित्साशास्त्रीय पद्धतियों को मिल जाने की आवश्यकता है। यह समझौता या एकता का बीजवपन राष्ट्रीयता सम्बन्धी विचारों में पहले ही हुआ था। यह बिल्कुल भिन्न दो ज्ञान-शैलियों के बीच का संवादीय समन्वय है। यह आज की ज़रूरत है, यह है नवराष्ट्रीयता का स्वरूप।

स्वातन्त्र्योत्तर साहित्य में नवराष्ट्रीयता

स्वतन्त्रता प्राप्ति तक साहित्य देशज राष्ट्रीयता का समर्थक रहा था। लेकिन स्वतन्त्रता के पूर्व ही साहित्य का पाश्चात्यीकरण शुरू हो चुका था। अनेक पाश्चात्य विचारधाराएँ भारतीय साहित्य में मिलजुल गयीं। लेकिन भारतीय परिवेश एवं भारतीय जीवन के यथार्थ को उस समय के साहित्यकारों ने बड़ी संजीदगी के साथ अंकित किया। द्वितीय विश्व युद्धोत्तर भीषण परिस्थितियाँ एवं स्वातन्त्र्योत्तर भारत की भीषण त्रासदियाँ, विभाजन की जख़्में, जीवन की सारी विद्रूपताएँ, कुरूपताएँ आदि खुले आम प्रस्तुत करने के लिए आधुनिक साहित्यकार तैयार हुए। औद्योगीकरण के फलस्वरूप नगर और नगरीय जीवन के प्रति आकर्षण और वहाँ का मोहभंग एक ओर है तो दूसरी ओर ग्रामीण जीवन में राजनीति का हस्तक्षेप और उनका शोषण आदि साहित्य का विषय बना।

कई केन्द्रीयताएँ टूटने लगीं। लोकतन्त्रीयता साहित्य जगत में अन्यत्र प्रकट हुई। वैज्ञानिकता और परम्परा का द्वन्द्व हुआ। देशज राष्ट्रीयता के विकास में दोनों की अनिवार्यता है। लेकिन आधुनिकता में जब वैज्ञानिकता का बोलबाला हुआ तो परम्परा को युवा पीढ़ी ने कठघरे में खड़ा कर दिया। परम्परा और उससे अनुप्राणित संस्कृति मानव के सामूहिक अस्तित्व का अविभाज्य अंग हो गयी हैं। परम्परा से एकाएक अलग हो जाना धुरीहीनता की भावना को जन्म देना है। उस समय अज्ञेय, निर्मल वर्मा जैसे रचनाकार टी.एस.इलियट से प्रभावित होकर और हमारे साहित्य में ही हजारीप्रसाद द्विवेदी जैसे रचनाकारों की पंक्ति में परम्परा के महत्त्व पर और उससे अलग होने से उत्पन्न मानव की दिशाहीनता एवं मूल्यहृास को रेखांकित किया। लेकिन मुक्तिबोध जैसे लोगों ने इतिहास को सामने रखकर बिल्कुल वैज्ञानिक पद्धति से सामाजिक प्रतिबद्धता और सभ्यता समीक्षा एवं कविता को सामने रखा। यहाँ कविता का लोकतन्त्रीकरण हुआ। व्यक्ति का महत्त्व सभी कवियों ने स्वीकार किया। मानव जीवन के तथा राष्ट्र के यथार्थों को पेश करने के बीच में भी मूल्यों के संकट की स्थिति वे स्वीकार करते थे। आज के वैज्ञानिक तकनीकी-औद्योगिक-यान्त्रिक युग में पुराने मूल्य विघटित हो गये हैं, जिसके फलस्वरूप आज व्यक्ति का तन-मन सब खाली है और जीवन के लक्ष्यों से उसकी अनबन ठन गयी है (कीर्ति चौधरी)। नये मूल्य अभी स्थापित नहीं हो पाये। मूल्यों के द्वन्द्व के फलस्वरूप कवि शंकाकुल हो उठा है (नरेश मेहता : संशय की एक रात)।

यहाँ कवि लोग क्यों इतने सशंकित हैं, क्यों कवियों को लग रहा है वे अँधेरे में हैं। इसलिए है कि जो स्वदेशी राष्ट्रीयता रूपायित होकर विकास प्राप्त कर रही थी वह आधुनिकता के फलस्वरूप रुक-सी गयी। पाश्चात्य मूल्यबोध को अपनाने लगे। लेकिन तब इससे बुद्धिजीवियों को मानसिक आह्लाद नहीं मिल रहा था। वे स्वयं किसी समाधान के लिए लड़ते हुए दिखाई देते हैं। कारण नये मूल्यों के लिए वे भटकते हैं। स्वदेशी संस्कृति को पहचानने में असमर्थ कवि अपने में स्थित कस्तूरी को समझे बिना भटकनेवाले कस्तूरी मृग के समान हैं। जीवन के प्रति आस्था और विश्वास के साथ केदारनाथ सिंह लिखते हैं—कल उगूँगा मैं/ आज तो कुछ भी नहीं हूँ.../ एक नन्हा बीज मैं अज्ञात नवयुग का/समूचा विश्व होना चाहता हूँ...“मतलब है सभी कवि पहचानते हैं कि वे अन्धकार में हैं लेकिन मोह है बचने का। इस संघर्ष का सही समाधान उपनिवेशवादी संस्कार से बचना है। संस्कृति का देशीकरण करना है। उसके लिए जो विद्यमान संस्कृति है उसके अन्तर्गत जो बाह्य सांस्कृतिक तत्व, प्रथाएँ और मूल्य हैं उनका उन्मूलन करना है।

इसलिए परम्परा में जो सही नहीं है उसका शुद्धीकरण कर नवीन बनाना अनिवार्य है। परम्पराएँ जब नष्ट हो जाती हैं तब समाज का जातीय स्वभाव ह्रासोन्मुख होने लगता है। प्रत्येक देश की आत्म-छवि का प्रतीकात्मक रूप है परम्परा।" श्यामाचरण दुबे ने कहा–"विज्ञान और प्रविधि की आँधियों ने कई समाजों को नयी गति और दिशा देकर उनके ढाँचे को ही बदल दिया, किन्तु विवेक और विचार के क्षणों में ये समाज भी सोचते हैं कि उन्होंने क्या पाया और खोया। जड़ों की तलाश उन्हें एक बार फिर परम्परा की ओर आकर्षित करती है। आधुनिकता का सम्मोहन समाज को पूरी तरह परम्परामुक्त नहीं करता। परम्परा का एक अंश उनमें जीवित रहता है और अपनी सांस्कृतिक अस्मिता को बचाये रखने के लिए वे प्रयत्नपूर्वक अपनी परम्परा के कुछ पक्षों को पुष्ट और सुदृढ़ करते हैं।" (परम्परा, इतिहास-बोध और संस्कृति, पृ. 22) यह आधुनिकता में हुई। आधुनिकता के कवियों में यह पहचान सशक्त थी।

उस समय के रचनाकारों में सबसे ज़्यादा औद्योगीकरण का विरोध अज्ञेय ने किया। उन्होंने 'प्रकृति-काव्य-काव्य-प्रकृति' नामक अपने लेख में कहा कि वैज्ञानिकता के आधिक्य से कविता में प्रयुक्त प्रकृति भी यन्त्रवत् बन गयी है। प्रकृति ही कविता को सरस एवं कालातीत बना देती है। लेकिन इसका नष्टबोध अज्ञेय को सदा सताता रहा था। उस संवेदना की अभिव्यक्ति 'हरी घास पर क्षण भर' में उन्होंने यों दी है–

"क्षण भर भुला दें हम
नगरी के बेचैन बदकती गड्डमड्ड अकुलाहट
और न मानें उसके पलायन
क्षण भर देख सकें आकाश, धरा, दुर्वा, मेघाली
पौधे लता दोलती, फूल, झरे पत्ते,
तितली-फुनगे-फुनगी पर पूँछ
उठाकर इतराती छोटी-सी चिड़िया
और न सहा चोर कह उठे मन में
प्रकृतिवाद है स्खलन
क्योंकि युग जनवादी है।"

मनुष्य के यन्त्रवत् जीवन की त्रासदी और प्रकृति का नाश कर स्वार्थ की पूर्ति करनेवाला मनुष्य, हमारी जड़ों की खोज आदि उनकी रचनाओं को भारतीयता से जोड़ता है। उनके अनुसार, पुराने सामाजिक संगठन के टूटने से उसकी सजीव संस्कृति और परम्परा मिट गयी–हमारे जीवन से लोकगीत, लोकनृत्य, फूँस के

छप्पर और दस्तकारियाँ क्रमशः निकलती जा रही हैं और उनके साथ ही निकलती जा रही है वह चीज़ जिसके ये केवल चिह्न मात्र हैं—जीवन की कला, जीने का एक व्यवस्थित ढंग जिसके अपने रीति-व्यवहार और अपनी ऋतुचर्या थी—ऐसी ऋतुचर्या जिसकी बुनियाद जाति के चिरसंचित अनुभव पर कायम हो। बात केवल इतनी ही नहीं कि हमारा जीवन देहाती न रहकर शहरी हो गया है, जीवन का ढंग ही नहीं बदला, जीवन भी बदला है। अब समाज न देहाती रहा है, न शहरी अब इसका संगठन ही नष्ट हो गया है। अपने पड़ोसियों से इसका कोई जीवित सम्बन्ध धमनियों के प्रवाह का सम्बन्ध नहीं रहता, सम्बन्ध रहता है भौगोलिक समीपता का, बिजली, पानी, मोटर-ट्राम की मारफत। इस प्रकार यन्त्रयुक्त की प्रगति का निर्मम हल पुरानी मिट्टी उघारता जा रहा है। वहाँ सहजता, स्नेह, सामूहिक बोध जैसे गुण नष्ट होते जा रहेहैं।

अज्ञेय के बारे में यह आरोप है कि वह व्यक्तिवादी हैं। वे असल में व्यक्तित्ववादी हैं। लेकिन परम्परा, प्रकृति, संस्कृति एवं सामूहिक बोध आदि से निर्मिति संवेदनशील मनुष्य की जगह यन्त्र मनुष्य के आविर्भाव में वे आशंका प्रकट करते हैं। 'असाध्यवीणा' उनकी जो कविता है वह लोकतन्त्रीयता का उत्तम दृष्टान्त है। एक रचना का विषय परम्परा पर केन्द्रित होना चाहिए। उसका इस प्रकृति के समस्त चराचरों के संस्पर्श से युक्त होना चाहिए। इसमें उन्होंने प्रकृति एवं कर्मक्षेत्रों से शब्द एवं नाद-योजना की है। वहाँ जीवन का वैविध्य है जैसे—'वर्षा बूँदों की पटपट', 'महुए का चुपचाप टपकना', 'उत्सव-ढोलक की थाप', 'कूँचों का क्रेंकर', 'थाप भैंसों के भारी खुर की, 'शिशु की किलकारी', 'जाल फँसी मछली की तड़पन', आदि। उस कविता के लिए एक लोक कथा को चुन लिया गया। इसलिए लोक से सारे उपकरणों को चुनकर कविता को भारतीय संस्कार से समन्वित कर बहुलता को गुंजायमान कर दिया गया। यह प्रकृतिबोध एवं लोकबोध अज्ञेय को स्वदेशी चिह्न से अंकित करते हैं। वे वृक्ष के रोदन सुनते हैं, वन के नाश का अनुभव करते हैं।

परम्परा और संस्कृति, लोक जीवन एवं प्रकृति आदि के ज़रिये भारतीय जीवन की जो विविधता आधुनिकीकरण से नष्टप्राय अवस्था में पहुँच गयी थी उसे पुनः अपने मूल्यों के साथ मिलाकर संवर्द्धित करने का कार्य अज्ञेय हमेशा अपनी रचनाओं के ज़रिये करते आ रहे थे। भारत के आधुनिकीकरण से मिथकों पर भी सवाल उठाया गया। उस सन्दर्भ में हिन्दी में कई रचनाकारों ने मिथकों के प्रति अपनी सजगता दिखाई और मिथकों के ज़रिये मानव को प्रकृति एवं विश्वासों के साथ मिलाकर अपने में सीमित मनुष्य में सामूहिक बोध जगाने का

कार्य किया। मिथक ही नहीं इतिहाससम्मत कई घटनाओं एवं पात्रों के ज़रिये भारतीयों की जड़ों को तलाशने एवं उनकी बुनियाद पर नये भावबोध को गठित करने के लिए वे तैयार हुए। उन रचनाकारों में कुँवर नारायण, धर्मवीर भारती, मोहन राकेश, जगदीशचन्द्र माथुर, केदारनाथ सिंह, नरेश मेहता, आदि के नाम विशेषतः उल्लेखनीय हैं। कुँवर नारायण ने चक्रव्यूह', 'आत्मजयी' जैसी रचनाओं में मिथक का इस्तेमाल किया। दासता से मुक्त होकर—दासता चाहे विचारधारा की हो या काव्य-परम्परा की व्यक्ति सत्य के सही अन्वेषण के निकट पहुँच सकता है। 'चक्रव्यूह' में ही वह कहता है—'पूज्य मिट्टी है मगर पत्थर नहीं/ कर्मयोगी आदमी बंजर नहीं/मत इन्सान को शिशुमेधों से घेरो/उसे पूरी तरह तम से निकलने दो—/आँक लेगा वह पनप कर/विश्व का विस्तार अपनी अस्मिता में/सिर्फ़ उसकी बुद्धि को हर दासता से मुक्त रहने दो।" वैसे ही 'आत्मजयी' की कथावस्तु 'कठोपनिषद्' की 'यम-नचिकेता' कहानी पर आधारित वैदिककाल के भौतिकवाद के विरुद्ध एक आध्यात्मिक प्रतिक्रिया है। इस वृत्ति में भी भौतिकता के विरुद्ध इसी प्रकार की सार्थकता व्यक्त की गयी है। किन्तु इसे जीने की सार्थकता या सर्जनात्मकता से जोड़कर आधुनिक बना दिया गया है।

धर्मवीर भारती के 'अन्धा युग' में महाभारत के आठारहवें दिन के युद्ध के बाद की वह कथा ली गयी है जिसमें प्रभासतीर्थ में कृष्ण की मृत्यु भी सम्मिलित है। यह विचित्र युद्ध था, किसी की भी जय नहीं हुई। विजय केवल अन्धेपन की होती है, शुभ और कोमल पराजित होते हैं। युद्ध की निरर्थकता और उससे अनेकों की मृत्यु, अनेक घायल होते हैं, अनेक अनाथ हो जाते हैं, देशों की पूरी बरबादी होती है, उससे लम्बे समय के बाद भी उभरना मुश्किल है। दूसरे विश्वयुद्ध में जापान के तहस-नहस होने के बाद अभी तक उससे उत्पन्न चोट से वह मुक्त नहीं हुआ। जगदीशचन्द्र माथुर के 'कोणार्क' और 'पहला राजा' नाटक भी इतिहास और मिथक को आधार बनाकर रचित हैं। 'कोणार्क' में सर्जना और विध्वंस का द्वन्द्व, नयी और पुरानी पीढ़ी का द्वन्द्व है और राजसत्ता और जनसत्ता का द्वन्द्व है। हमारे एशिया के संस्कार पर वे गर्व करते हैं, पाश्चात्य आधुनिकीकरण के विरोध में इसे आँका जा सकता है—"हम एशियावासी कितने आधुनिक क्यों न हो जायँ, नाटक, गीत और नृत्य का मिला-जुला स्वरूप हमारे स्वभाव एवं धरोहर का एक अंग ही बन गया है।"

माथुर का महत्त्वपूर्ण नाटक 'पहला राजा' के कथा-सूत्रों को वेद, महाभारत, भागवत, विष्णु पुराण, हड़प्पा-मोहनजोदड़ो के मिथकों एवं ऐतिहासिक वृत्तों से ग्रहण किया गया है। नाटक में यह अनावृत हो जाता है कि पृथु ही पहला राजा था,

जिसने समस्त भूमिवासियों को समानता प्रदान कर इस धरती में उच्च-नीच, पार्थक्य आदि के बग़ैर धरती एवं मनुष्य की पारस्परिकता को कायम करने की कोशिश की थी। आर्य एवं आर्येतर जातियों के बीच की प्रतिकूल नीतियों एवं संघर्षों के नैरन्तर्य के कारण यहाँ धरती का विनाश हुआ था। ठीक उसी प्रकार आज के परिप्रेक्ष्य में यदि विचार किया जाये तो पता चलेगा कि पूँजीवादी उपनिवेशवादी ताक़तों के आक्रमण से आदिवासी सभ्यता एवं प्रकृति की अन्य सहज संस्कृतियाँ लुप्तप्राय होती जा रही हैं। वैसे ही पूँजीवादी आर्य संस्कार के सामने उस समय की अनेक वन्य जातियों एवं संस्कार में प्रकृति के जल तत्त्व का क्रमातीत उपभोग किया गया। जल तत्त्व से प्रकृति को बचाने के बदले अग्नि से धरती को सुखाकर जंगलों का भी अन्धाधुन्ध नाश किया गया। साथ ही उसके बचाये रखने में तत्पर सभ्यता को पराजित भी किया गया। इसीलिए सरस्वती नदी का अन्त हो गया। 'पहला राजा' सचमुच भारत का पहला प्रधानमन्त्री नेहरू ही हैं। राजा पृथु से अपने परित्राण के लिए पृथ्वी विनती करती है। नेहरू जानते थे कि सम्पूर्ण जनता को साथ लेकर जाना है। वे जानते हैं कि भारतवर्ष के जनपदों को तथा प्रत्येक गाँववासी को बचाना है। लेकिन निम्न जातियों को साथ लेकर जाने में वरेण्य लोग जो अपने को आर्य समझते हैं—तैयार नहीं हैं। वे सब मन्त्रिमण्डल में घुस गये और मन्त्रिमण्डल के इन मुनियों के अनुसार कवच जैसे वन्य संस्कृति के लोग असभ्य, चोर, डाकू और दस्यु हैं। आज सब निम्न वर्ग के लोग राजा को सहयोग देने को तैयार हैं तो राजा आज मुनियों के चंगुल में फँस गया। उपभोग संस्कार से आवेष्टित पूँजीपति सवर्ण लोगों के दोहन से बचाने का प्रयत्न जब प्रकृतस्थ लोग ईमानदारी से करते हैं तो उन्हें केन्द्र से भगाकर अलग करने का प्रयत्न हो रहा है। मन्त्रिमण्डल के मुनिगण सब तन्त्र-मन्त्रों से राजा को भूख-ग़रीबी आदि को निपटाने का मार्ग बता देते हैं। इस नाटक में उर्वी जो निम्न जाति की प्रकृति प्रेमी स्त्री है, वह कहती है—"मेरी सखी एक ही है, धरती। ...धरती जो नशे की तरह मुझमें घुल-मिल जाती है...और ब्रह्मवर्त धरती पर बीतनेवाला है, उसे मैं झेल नहीं पाऊँगी...नहीं...नहीं..." (पृ. 39)। लेकिन मन्त्रिमण्डल के सारे के सारे आकाशवासी हैं। भूमिपुत्र के प्रतिनिधि बनकर कवच और उर्वी उनके राजा के साथ हैं तो भी उसका सदुपयोग कर भूमि को और देश को उर्वर बनाने में असमर्थ हो जाता है। नाटक में पृथ्वी का सही उपयोग कर विकास की ओर जाने का समर्थन करने के साथ प्रकृति के अनावश्यक दोहन का विरोध भी बुलन्द है। राजनीति की दृष्टि से, यहाँ साबित है कि स्वातन्त्र्योत्तर शासन व्यवस्था का पूरा उपयोग उच्च वरेण्यों ने किया तो देश के श्रमिक एवं पृथ्वी पुत्रों की राजा

ने अपेक्षा ही की। उनकी ज़रूरतों की पूर्ति करना राजा के वश की बात नहीं थी। ग्रामवासियों के प्रति राजा न्याय नहीं कर पाया। उनके प्रतिनिधियों को सही स्थान देकर उनके माध्यम से राजा पृथ्वी को उर्वर नहीं बना पाया। यह भी नहीं इन सवर्ण मेघा शासन की भीषणता में इन धरतीपुत्रों का अन्त भी हो जाता है। स्वतन्त्रता प्राप्ति के बाद भी भारत न सामन्ती व्यवस्था के चंगुल से बच पाया और न उपनिवेश संस्कार से।

यहाँ प्रकृति केन्द्रित, स्त्रीप्रधान एवं श्रमजीवी वर्गों की एक शासन-व्यवस्था चलाने में शासक जो कठिनाई महसूस करता है, उस ओर प्रकाश डाला जाता है। असली लोकतन्त्रीयता का स्वर है नाटक का मक़सद।

मिथकीय रचनाओं के ज़रिये भारतीय संस्कृति की परम्परा एवं विश्वासों की परम्परा नये सन्दर्भ में आधुनिकता के साहित्य में प्रकटर हुई। विशेष रूप से नाटकों एवं कविताओं में।

आंचलिकता

लोकतन्त्रीयता साहित्य में सबसे ज़्यादा दिखाई पड़ी आंचलिक कथा साहित्य में। लेकिन रघुवीर सहाय, केदारनाथ सिंह, सर्वेश्वर दयाल सक्सेना, नागार्जुन, त्रिलोचन, केदारनाथ अग्रवाल जैसे कवियों की कविताओं में लोकजीवन, ग्रामीण संस्कृति, कृषक जीवन का यथार्थ, प्रकृतिबोध जैसी देशी विशेषताओं के प्रति आग्रह खुलकर प्रकट है। यह भी नहीं औपनिवेशिक संस्कृति एवं सामन्तवादी अवशेषों का घोर विरोध पूँजीवाद के विरोध के साथ प्रकट है। रघुवीर सहाय की कविताओं में 'गाँव का वसन्त', 'पहला पानी', 'सायंकाल' आदि में बहुत ही नैसर्गिक रूप में उतारा गया है। गाँव का वसन्त, सरसों के फूलों, फ़सलों के गदराये तन, गेहुएँ गालों और गदराई फ़सलों में आता है। 'पहला पानी' में उनकी बिम्ब योजना अन्यत्र दुर्लभ है—"दो गोरे-गोरे बलगर बैलों की गोई/हो गयी ठुमुक कर खड़ी पकरिया के नीचे।" 'सीढ़ियों पर धूप में' एक अनाहत जिजीविषा, मध्यवर्गीय जीवन का दबाव और लोकतन्त्र की विडम्बनाएँ चित्रित हैं। आत्महत्या के विरुद्ध में जो साहित्यिक हत्याएँ हिन्दी में हो रही हैं उसके विरोध के साथ लोकतन्त्र की विडम्बनाओं का सीधा साक्षात्कार करता है। सर्वेश्वर ने भी लोकतन्त्र के ह्रासशील स्वभावों का चित्र पेश किया है—"लोकतन्त्र को जूते की तरह लाठी से लटकाये। भागे जा रहे हैं सीना फुलाये।" सर्वेश्वर की कविता 'यहीं कहीं एक कच्ची सड़क थी' में 'कवि स्मृतियों' में उस ग्रामीण वातावरण की ओर हमें ले जाते हैं जहाँ लोकगीत की धुन, महुआ और जामुन के पेड़ हैं। कवि बाज़ारों की जादू और

नये-नये सुख-साधनों के बीच में पुरानी अपनी कच्ची सड़क को टटोलते हैं। वह कच्ची सड़क उसके गाँव की ओर जानेवाली सड़क थी–

"सुनो। सुनो।
यहीं कहीं एक कच्ची सड़क थी
जो मेरे गाँव को जाती थी।
सावन के बादलों की बकरियों के पीछे
बिजली की लकुटिया हिलाती भागती नजर
शीत की ओस जड़ी हरीतिमा में आती थी
काँसे की चूड़ियाँ खनकाती
इधर-उधर मेदुर दूब छीलती मिल जाती थी।"

(सक्सेना ग्रन्थावली, पृ. 196)

उस गाँव में ऋतुओं के बदलाव की सूचना प्रकृति देती थी। नदियों और खेतों के साथ मिलकर जीनेवाली ग्रामीण जनता कितनी ख़ुशी और भाईचारे के साथ जीवन बिताती थी। व्यक्ति का मानसिक एवं शारीरिक स्वास्थ्य परिवेश द्वारा निर्मिति है। सहजता एवं लोक संस्कार सक्सेनाजी की स्मृतियों में बुलन्द है। लोकगीत एवं रामायण का वाचन भक्ति का साथ कर रग-रग में भावुकता एवं आर्द्रता पैदा करने वाले गाँव का परिवेश कहीं नष्ट हो गया है। आज सर्वत्र कृत्रिमता है। कच्ची सड़क की नैसर्गिक छटा के स्थान पर विदेशी तारकोल है। लेकिन अपनी कच्ची सड़कवाले गाँव की स्मृतियाँ उसे शान्ति एवं सुख प्रदान करती हैं।

उपन्यास में प्रेमचन्द के बाद रेणु का 'मैला आँचल' और उसके बाद उनके द्वारा ही लिखित 'परती परिकथा' में उपन्यास की लोकतन्त्रीयता की अभिव्यक्ति हुई है। मैला आँचल हिन्दी उपन्यास जगत का अहम प्रयोग है। अंग्रेज़ी में टामस हार्डी ने उपन्यास जगत में सबसे पहले Regional Novels नाम से औद्योगिक क्रान्ति और उपनिवेश पूर्व के गाँव की सृष्टि की थी। भारत में स्वातन्त्र्योत्तर काल में गाँव की दशा यथातथ्य चित्रण के द्वारा ग्रामीण भारत को वह भी वहाँ प्रत्येक को पात्र बनाकर रेणु ने आंचलिक उपन्यास लिखा। रेणु के लिए यह गाँव नोस्टेल्जिया है। वे अंचल के भीतर से कुछ मूल्यों को उभारते हैं जो उनकी दृष्टि में जीवन की शक्ति और सौन्दर्य होते हैं। वे अंचल विशेष के संघर्ष-सौन्दर्य की मूकता को स्वर देते हैं, इस प्रकार वह समस्त मोहकता और कुरूपता, शक्ति और सौन्दर्य के साथ सजीव हो उठता है। राजनीतिक दलों के आपसी टकराव और अतिवादिताओं को बड़ी मार्मिकता से चित्रित किया गया है।

पात्र गतिशील परिस्थितियों से गुज़रता है। उसमें कोई क्लासिकल पात्र नहीं है, या नायक या नायिका का अभाव है। अंचल पात्र बनकर हमसे संवाद करता है। अंचल का प्रत्येक प्राणी प्रमुख है। हर पात्र अंचल की मिट्टी से गढ़ा गया है।

एक अंग्रेज़ नीलवर ने 'मेरीगंज' नाम दिया। बहुत ही आधुनिक-सा नाम, पश्चिमी रंग का नाम। आधुनिकता की कोई स्वस्थ किरण उस गाँव को अब तक छू नहीं गयी है। यहाँ के मुख्य रोग के दो कीटाणु हैं ग़रीबी और अज्ञता। यह भूमिहीन संथालों की कथा है। यह भारत के इतिहास पर केन्द्रित है। स्वतन्त्रता प्राप्ति और उसके पश्चात की घटनाएँ हैं। गाँधीजी की हत्या भी इसमें दर्ज है। पूर्णिया ज़िले में ऐसे बहुत से गाँव और क़स्बे हैं जो आज भी अपने नामों पर नीलहे साहबों का बोझ ढो रहे हैं। इस गाँव का असली नाम बोलना मना है—यह उपनिवेशी ताक़तों की क्रूरता है। उनके प्रति हमारा सम्मान है।

मैला आँचल उपन्यास पर विचार करने पर अथवा स्वदेशी राष्ट्रीयता के परिप्रेक्ष्य में विचार करते वक़्त निम्नलिखित विशेषताएँ ध्यातव्य बनती हैं—

(1) उपन्यास का लोकतन्त्रीकरण हुआ
(2) गाँधी चिन्तन का महत्त्व
(3) मिट्टी और मनुष्य का सम्बन्ध
(4) लोक संस्कृति की व्याख्या और उसको बचाने का आग्रह
(5) वैज्ञानिकता और सिद्धान्तों की अनावश्यकता
(6) भाषा का लोकतन्त्रीकरण
(7) आज़ाद भारत की चोरबाज़ारी को ख़त्म करना
(8) भूमिहीन आदिवासी का संघर्ष
(9) स्त्री का महत्त्व
(10) बाहर की विकास योजनाओं का विरोध
(11) स्वाधीन भारत की राजनीति और शासन-व्यवस्था
(12) मानवीय दृष्टि

उपन्यास की भाषा लोकभाषा है। साधारण आदमी अपनी भाषा बोलता है। उपन्यास में भाषा का लोकतन्त्र है जो व्याकरण की तानाशाही की उपेक्षा करता है। अंग्रेज़ी, फ़ारसी और संस्कृत शब्दों और खड़ीबोली के वाक्यों का बिगड़ा रूप है उपन्यास की भाषा का। रूसी विद्वान बाख्तिन के अनुसार किसी भी राष्ट्रीय भाषा के भीतर सामाजिक बोलियों के अनेक स्तर होते हैं, जिनमें पेशा सम्बन्धी विशिष्ट शब्दावली, पीढ़ियों की भाषा, गलियों की भाषा, अधिकारियों की भाषा आदि का समावेश होता है, इन सबका राजनीतिक और सामाजिक प्रयोजन होता है।

भाषा की इस ऐतिहासिक स्थिति का बोध उपन्यास की रचना के लिए आवश्यक है। सामाजिक बहुलता और पात्रों के स्वरों की स्वतन्त्रता इसके ज़रिये सम्भव है। यह मैला आँचल की भाषा की सबसे बड़ी खासियत है।

उपन्यास के अन्त में भारत में स्थापित लोकतन्त्र का स्वरूप है। बावनदास गाँधी का प्रतिनिधि है। विचार में ही नहीं व्यवहार में भी। वह आज़ाद भारत में चोरबाज़ारी रोकने की कोशिश करता है तो बैलगाड़ी से कुचलकर उसकी हत्या की जाती है। उसके हत्यारे स्वाधीन भारत की सत्ता के दलाल और सेवक हैं। हत्या का हुकुम देनेवाला कापरा एक ओर चोरबाज़ारी करता है, जुआ कम्पनी चलाता है दूसरी ओर कांग्रेस का सेक्रेटरी भी है। बावनदास की हत्या, गाँधी की हत्या और रंगभूमि के सूरदास की हत्या है। लोकतन्त्र के स्थान पर लूटतन्त्र का विस्तार करना इनका लक्ष्य रहा था। हम देख चुके हैं कि स्वतन्त्रता के बाद गाँधी को भारत के लिए अनावश्यक समझा हमारे सत्ताधारियों ने। उपन्यास में गाँधीजी के आदर्शों एवं चिन्तनों को जीवन में अपनाकर समाज-सेवा करनेवाले पात्र हैं। उनमें बावनदास के साथ एक और पात्र है ममता। उसका गाँधी सम्बन्धी विचार उपन्यास में स्पष्ट है—"महात्मा गाँधी की आखिरी लालसा! मैं तो कहती हूँ, यह वह महाप्रकाश है, जिसकी रोशनी में दुनिया निर्भय हज़ारों बरस का सफ़र तय कर सकती है।" इससे यह साबित है कि कितने सालों के बीत जाने पर भी गाँधीजी प्रासंगिक हैं, गाँधीजी के विचार कालजयी हैं, इनकी प्रासंगिकता को उपन्यास में दिखाया गया है। वैसे ही समाज सेवा डॉ. प्रशान्त के रग-रग में व्याप्त है—"यहीं इसी गाँव में। मैं प्यार की खेती करना चाहता हूँ। आँसू से भीगी हुई धरती पर प्यार के पौधे लहलहायें। मैं साधना करूँगा, ग्रामवासिनी भारतमाता के मैले आँचल तले। कम-से-कम एक ही गाँव के कुछ प्राणियों के मुरझाये ओठों पर मुस्कुराहट लौटा सकूँ। उनके हृदय में आशा और विश्वास को प्रतिष्ठित कर सकूँ।" अस्पताल में कराहते हुए ग़रीब रोगियों के रुदन को ज़िन्दगी का संगीत समझनेवाले हैं डॉ. प्रशान्त। उनकी मानवीयता में प्रेम, अहिंसा सब छिपे हुए हैं "क्षत-विक्षत पृथ्वी के घाव पर शीतल चन्दन लेप रहा है। प्रेम और अहिंसा की साधना सफल हो चुकी है। फिर कैसा भय! विधाता की सृष्टि में मानव ही सबसे बढ़कर शक्तिशाली है। उन्हें पराजित करना मुश्किल है।" प्रशान्त कह रहे हैं कि मिट्टी के घाव पर मरहम-पट्टी लगाकर उसे सारी समृद्धि में वापस लाना है। यह बंजरता, यह चोट प्रत्येक भारतीय गाँव की स्थिति थी। और आगे देखिए—"ज़मीन! धरती! एक इंच ज़मीन के लिए लड़ाई। ज़मीन तो उन्हीं किसानों की है, नीलाम की हुई जब्त की हुई, उन्हें वापस दे रहा हूँ।"

यहाँ भारतीय किसानों की दुरवस्था और जो इस ज़मीन के अधिकारी हैं उन्हें वापस देने की ज़रूरत महसूस की गयी है।

मनुष्य और प्रकृति का पारस्परिक सम्बन्ध जब नष्ट हो जाता है और जब मनुष्य पूरी वैज्ञानिक दृष्टि से सबको देखने-परखने लगते हैं तब मानवीयता नष्ट हो जायेगी। धरती और धरती के समस्त जीव जन्तु बरबाद हो जायेंगे। प्रकृति बोध मनुष्य को संवेदनशील बना देता है, वह लोकतन्त्रीयता का मूलाधार है, ममता बोलती है—"मिट्टी और मनुष्य से इतनी गहरी मुहब्बत किसी लेबोरेटरी में नहीं बनती। लेबारेटरी...विशाल प्रयोगशाला ऊँची चहारदीवारी में बन्द प्रयोगशाला। ...साम्राज्य लोभी शासकों की संगीनों के साये में वैज्ञानिकों के दल खोज कर रहे हैं। प्रयोग कर रहे हैं। ...गंजी खोपड़ियों में लाल-हरी रोशनी पड़ रही है। ...मारात्मक, विध्वंसक और सर्वनाश शक्तियों के सम्मिश्रण से एक ऐसे बम की रचना हो रही है जो सारी पृथ्वी को हवा के रूप में परिणत कर देगा...पेट्रम ब्रेक कर रहा है मकड़ी के...जाल की तरह। चारों तरफ़ महा अन्धकार। सब वाष्प! प्रकृति-पुरुष...अण्ड-पिण्ड। मिट्टी और मनुष्य के शुभचिन्तकों की छोटी-सी टोली अँधेरे में टटोल रही है। अँधेरे में वे आपस में टकराते हैं। ...वेदान्त...भौतिकवाद... साप्रेक्षवाद...मानवतावाद! ...हिंसा से जर्जर प्रकृति हो रही। व्याध के तीर से जख्मी हिरण-शावक-सी मानवता की पनाह कहाँ मिले? ...हा...हा...हा। अट्टहास! व्याधों के अट्टहास से आकाश हिल रहा है। छोटा-सा, नन्हा-सा हिरण हाँफ रहा है।" इन वाक्यों से आधुनिकीकरण की हिंसात्मकता, औपनिवेशिक मानसिकता, वैज्ञानिकता की अधिकता, प्रकृति का शोषण, कई वादों एवं विचारधाराओं की भरमार आदि से भारत में अमानवीयता का भयानक वातावरण उत्पन्न हुआ। यह है विदेशी राष्ट्रीयता का स्वरूप। वहाँ बलदेव के मुताबिक़ जाति बहुत बड़ी चीज़ है।

उपन्यास में गाँव की विविधता और परिवर्तन की ओर जानेवाला गाँव आदि का ज़िक्र हुआ है। लेकिन उपन्यासकार का लक्ष्य देशी राष्ट्रीयता की रूपायिति ही है। अन्त में ममता के ये शब्द विचारणीय हैं—"कलीमुहीपुर घाट पर चेथारिया पीर में किसी ने मानत करके एक चीथड़ा और लटका दिया।" गाँव में यह विश्वास है कि कपड़े की थैली एक पेड़ पर लटका दी जाती तो उनकी आशाओं की पूर्ति हो जायेगी। यहाँ लोगों की उम्मीद गाँधीजी हैं। गाँधीजी के पुनरागमन के लिए चिथड़ा लटका दिया गया है। इसीलिए उपन्यास के माध्यम से भारतीय जीव की विविधता को सही मायने में प्रस्तुत करते हुए सभी खोखलेपन का पोल खोलकर नवराष्ट्र के निर्माण की सकारात्मक भूमिका रेणुजी प्रस्तुत करते हैं।

रेणुजी का 'परती-परिकथा' शीर्षक उपन्यास नये शिल्प में है। अर्थात् निर्मल वर्मा के शब्दों में कहा जाय तो 'कार्निवेल' समान विरासत से पूर्ण यह उपन्यास अभी तक की नैरेटिव एवं कथात्मक शैली से मुक्त होकर कई एपिसोड तैयार करके उसे कथा के धागे से नहीं, परिवेश के लैंडस्केप से जोड़ा गया है (कला का जोखिम)। यह उपन्यास परानपुर गाँव की कथा कहता है। विशाल बंजर भूमि है। यहाँ रेणु इस ओर संकेत कर रहे हैं कि विकास-योजना बाहरी परिवर्तन की सूचना बनकर रह गयी है, आन्तरिक परिवर्तन हुआ नहीं। भौतिक विकास नितान्त एकांगी हो गया है। सबसे बड़ी ज़रूरत मन की परती को तोड़ना है। उसके लिए समाज को मानवीय और मनुष्य को सामाजिक बनाना ही मुक्ति का एकमात्र पन्थ है। आन्तरिक समृद्धि से मुक्ति सम्भव है। यह है स्वदेशी राष्ट्रीयता का सबसे मुख्य एवं उच्च विचार।

यशपाल, राहुल सांकृत्यायन जैसे उपन्यासकारों ने सामाजिक एवं ऐतिहासिक परिप्रेक्ष्य में द्वन्द्वात्मक भौतिकवाद से प्रभावित होकर मानव जीवन के संघर्षों, जीवन यथार्थों को, अतीत के राजनीतिक एवं सामाजिक चित्रों का अंकन किया था। लेकिन नागार्जुन के उपन्यासों एवं कविताओं में गाँव, किसानी एवं लोक जीवन की अभिव्यक्ति जिस सहजता से हुई है वह विशेष रूप से भारतीय मिट्टी की महक प्रदान करती है। रांगेय राघव का 'कब तक पुकारूँ' जरायमपेशा वाले नटों की दर्दनाक, संवेदनशील कथा की प्रस्तुति है। लोकजीवन उसमें झंकृत है। वैसे ही गाँव एवं लोकजीवन की प्रस्तुति से हमारा ध्यान आकृष्ट किया उदयशंकर भट्ट (सागर, नहरें और मनुष्य), ठाकुरप्रसाद सिंह (सात घरों का गाँव), रामदरश मिश्र (जल टूटता हुआ), विवेकी राय (सोना माटी) आदि ने।

स्वदेशी राष्ट्रीयता के सन्दर्भ में विचार करते समय हज़ारीप्रसाद द्विवेदी के उपन्यासों का ज़िक्र किये बिना छोड़ना मुश्किल है। वे अकेले उपन्यासकार हैं जिन्होंने हिन्दी उपन्यास का स्वदेशी ढाँचा खोजा है। इसलिए नामवर सिंह ने उन्हें भारतीयता का प्रथम उपन्यासकार कहा। यह उपन्यास भारतीय उपन्यास की भी आत्मकथा है। रूपबन्ध में प्राचीन और नवीन का अद्भुत संयोग है। द्विवेदीजी के अनुसार यह आजकल की डायरी शैली है। वे ख़ुद 'व्योमकेश शास्त्री' छद्म नाम में हमारे सामने आते हैं। उसकी अन्तर्वस्तु पूरा रूपक है। भारत में खोज एवं अध्ययनार्थ आनेवाली पाश्चात्य वनिता अपने हाथ आयी पाण्डुलिपि को हिन्दी में परिवर्तित करने के लिए व्योमकेश शास्त्री को सौंप देती है। तब भारतीय पाण्डुलिपि को भारतीय के हाथ में सौंपकर भारतीय रूप प्रदान करने का आग्रह ख़ुद कैथराइन प्रकट करती है। उससे यह सूचना मिलती है कि

यह इतिहासाधारित एक पाण्डुलिपि है। इस इतिहास को एक भारतीय ही अपनी भाषा में स्वदेशी रूप प्रदान कर पाता है, अथवा वह भारतीय की आत्मकथा है। भारतीयों की अपनी शैली और आत्मा होनी चाहिए विदेशियों के द्वारा लिखित साहित्यिक रूपों को यथासम्भव आत्मसात कर भारतीय अपने ढंग का बनाने के लिए तैयार होता है। इसलिए द्विवेदीजी ने उपन्यास के लिए अलग रूप एवं कथावस्तु प्रदान कर भारतीय ढंग पर उपन्यास का प्रणयन किया। यह उपनिवेश का सही विरोध ज़ाहिर करता है। यह आत्मकथा प्रत्येक भारतीय की आत्मा बनकर हमसे संवाद करती है। व्योमकेश शास्त्री उर्फ द्विवेदी उपन्यास रचना के बारे में कहते हैं कि उन्होंने उपन्यास में कुछ जोड़ा नहीं है, केवल उस समय के कुछ सन्दर्भ ग्रन्थ दिये, प्रामाणिकता के लिए। इसका तात्पर्य है कि यह कादम्बरी शैली है उपन्यासों का भारतीय रूप। इसलिए 'बाणभट्ट की आत्मकथा' दोनों ओर से मतलब हिन्दी उपन्यास विधा की दृष्टि से और विषयवस्तु के ज़रिये भी राष्ट्र की अस्मिता की खोज एवं पुनःसृजन का सन्देश देनेवाला नवराष्ट्रीय उपन्यास है। यह भी नहीं उपन्यास का प्रांणतत्त्व 'नरलोक से किन्नरलोक तक व्याप्त रागात्मक अनुभूति' से प्रेमतत्व की महानता समय की माँग मानते हुए ठगोर के अन्तरराष्ट्रीय विचार कैथरीन और भट्टिनी के विचारों एवं उपस्थिति से प्रकट होते हैं। राष्ट्र के लिए विदेशी आक्रमण का सामना करना अपना परम लक्ष्य समझकर जानेवाला यह साम्राज्यवादी विरोध का सच्चा प्रतिनिधि है।

समकालीन साहित्य : नवराष्ट्रीयता का सृजनात्मक स्वरूप

आधुनिकता या स्वातन्त्र्योत्तर साहित्य का 1975-80 तक की प्रवृत्तियों, रूपबन्धों एवं अन्तर्वस्तुओं पर प्रभाव बड़े पैमाने पर पड़ा हुआ है। लेकिन अधिकांश रचनाकारों ने इस विदेशोन्मुखता से साहित्य को बचाकर एक स्वदेशी रूप प्रदान करने की कोशिश भी की है। उसकी एक प्रकार से सफलता का सशक्त एवं विकसित रूप है समकालीन साहित्य। वह आधुनिकता की औपनिवेशिक मानसिकता का पूर्ण पक्षपाती रहा था। आधुनिकता की उपज बनकर एक ओर जो हिंसात्मक, साम्प्रदायिक एवं उग्रवादी माहौल पैदा हुआ उसकी प्रतिसंस्कृति बनकर समकालीन साहित्य का आविर्भाव हुआ। दूसरी ओर व्यापारी संस्कृति से उत्पन्न उपभोग संस्कार, जो नवउदारवाद, साम्राज्यवाद और वैश्वीकरण की सन्तान है, उसका भी खुला प्रतिरोध समकालीनता की मुखमुद्रा है। पूँजीवाद एक 'क्रान्तिकारी शक्ति' है। यह सच है कि वृद्धपूँजीवाद (वैश्वीकरण) की तकनीकी क्रान्ति ने जहाँ उत्पादकता के साधनों में क्रान्तिकारी परिवर्तन किया है,

वहीं मनुष्य का शोषण-उत्पीड़न बढ़ाया है। विश्व बाज़ार को बढ़ावा दिया गया, लेकिन दूसरी ओर उसे सूचना और तकनीकी से मनुष्य और प्रकृति को अपनी पकड़ में लाकर अपने लिए भी सवाल पैदा किये हैं। आधुनिकता का केन्द्रवाद टूटा है तो नये केन्द्र बने हैं। नया बाज़ार बना, नये उपभोक्ता बने और नये प्रतिरोध बने। उद्योग का साम्राज्य जब बढ़ा तो स्थानीयता और अन्य प्रश्न उभर आये। उनमें मुख्य हैं स्त्री, दलित, पर्यावरण, आदिवासी आदि।

पाश्चात्य साहित्य जगत में रोलांग बार्थ का संरचनावाद साहित्यिक दृष्टि को समर्थ करता है। लेकिन देरिदा के विखण्डन ने सभी प्रकार की केन्द्रीयता को तोड़ दिया। उससे प्रत्येक की अस्मिता को महत्त्व दिया गया। अथवा बहुलतावादी यह साहित्यिक विचार राजनीतिक क्षेत्र में भी परिवर्तन की सूचना प्रदान करता है। इसलिए समकालीन जीवन में सर्वव्यापी बनकर विराजमान भूमण्डलीकरण की समग्रता से निपटने के लिए बहुलतावाद को रणनीति की तरह इस्तेमाल करना है, या पूँजीवादी समग्रता को विखंडित करना ही समकालीनता का मुख्य लक्ष्य रहा था। इसलिए बुर्जुआ समग्रता को चुनौती देने के लिए दलित, स्त्री, आदिवासी, पिछड़े और अन्य अल्पसंख्यक सब साहित्य के केन्द्र में आये। आधुनिकता ने सबसको हाशिए पर छोड़ते हुए हमारी गौरवपूर्ण अस्मिता को एक संकीर्ण-अहंग्रस्त दायरे में सीमित कर दिया। व्यक्ति के अस्तित्वबोध के कारण विश्व के केन्द्र में अपने को प्रतिष्ठित करने की व्यग्रता में सबसे अलग होकर भयाशंका एवं निराश्रय का बोध अनुभव करने लगा था।

मनुष्य का अस्तित्वबोध एवं अति आग्रह से जो विकास योजनाएँ हो रही हैं, उन सबके परिणामस्वरूप उसको प्रकृति से भी अलग होना पड़ा। प्रकृति एक 'समग्र इकाई' है। उसके साथ मनुष्य का रिश्ता टूट जाना मनुष्य के सम्बन्ध में सबसे बड़ा पतन है। प्रकृति पर आधिपत्य स्थापन आधुनिक मनुष्य की पीड़ा को गहराता है, मिथक को नकारता है। निर्मल वर्मा के मुताबिक़ "मनुष्य से अभिन्न होने का नॉस्टेलजिया प्राथमिक स्मृति की कौंध, शाश्वत एवं चिरन्तन से पुनः जुड़ने का स्वप्न–ये भावनाएँ मिथक को सम्भव बनाने में सबसे सशक्त भूमिका अदा करती हैं। सच पूछें तो मिथक और कुछ नहीं, प्रागैतिहासिक मनुष्य का एक सामूहिक स्वप्न है और व्यक्ति के स्वप्न के समान वह काफ़ी अस्पष्ट, संगतिहीन और संश्लिष्ट भी है।" (कला का जोखिम-मिथक, कला और यथार्थ, पृ. 15)। इसका मतलब है कि प्रकृति से मनुष्य की अभिन्नता और उससे प्राप्त सामूहिक बोध मनुष्य को अनाथत्व से बचायेगा।

समकालीनता पूर्णतः लोकतन्त्रीय संस्कृति की सोच है। बहुलता की संस्कृति उसमें मुख्य है। समाज की छोटी-छोटी इकाइयों की जड़ों की ओर जाना और उसकी मज़बूती के अनुसार अस्मिता को आँकने की प्रवृत्ति को समाज एवं देश में प्रतिष्ठा प्राप्त हो रही है। सामन्तवादी-पूँजीवादी संस्कृति से मुक्त होकर प्रगतिशील एवं देशी विचारों से सम्पन्न प्रजातन्त्रीयता नवराष्ट्र के गठन में सहायक बन जायेगी। इसलिए नवराष्ट्रीयता सांस्कृतिक तर्क है जैसे समकालीनता। तब धर्म, जाति, नस्ल, लिंग, रंग जैसे भेद उत्पन्न करने वाली संकुचितता से मुक्ति सम्भव हो जायेगी। वह एक विशेष विचारधारा को मानती नहीं, जैसे गाँधी चिन्तन। गाँधी चिन्तन एक वादविशेष नहीं है, वह भारतीय चिन्तनाओं, विश्वासों, धार्मिक विचारों आदि का निचोड़ है। वह जीवन के समस्त क्षेत्रों के लिए आवश्यक समाधान प्रस्तुत करता है। सबको वह स्वीकार करता है, प्रत्येक के अस्तित्व की महत्ता है। वहाँ कोई भी महान नहीं है। वह सादगी का है, वह बुद्ध की अहिंसा पद्धति को पूर्णतः सबका हक मानता है। बुद्ध के विचार उपनिषदीय हैं। लेकिन जिस प्रकार मुक्तिबोध ने 'अँधेरे में' शीर्षक कविता में कहा कि अनुसरण करना मुश्किल है। गाँधीजी आज की माँग हैं सभी तरह से।

मार्क्सवाद में पूँजीवाद का अन्त लक्ष्य में रखा गया था, लेकिन उसके बदले में क्या है, इसके बारे में सोचविचार नहीं हुआ। एक सार्वभौमिक समग्र दर्शन की ज़रूरत है। लेकिन उस भूमिका को मार्क्सवाद निभा सकता था, कुछ नयी व्याख्या के साथ। इसलिए आज भारत में कई मार्क्सवादी चिन्तक नवउपनिवेशवाद का विरोध करने के साथ इकोलॉजिकल मार्क्सवाद को आज के हलके रूप में प्रस्तुत करते हैं। तब यह स्पष्ट हो जाता है कि औद्योगीकरण की निर्मितियों ने इस प्रकृति को तहस नहस कर आगामी पीढ़ी के जीवन को ख़तरे में डाल दिया। क्योंकि आज सबसे ज़्यादा विरोधी तत्त्व बनकर प्रकृति और पूँजीवाद उपस्थित हैं। प्रकृति को बचाने का मतलब पूरी मानवता को तथा सम्पूर्ण जीव जगत को बचाना है। वहाँ जानवर, पक्षी, पेड़-पौधे सब समाहित हैं। इसलिए परिस्थितियों को एक समग्र दर्शन समझा जाता है। तब समकालीन सन्दर्भ में मार्क्स, गाँधी के साथ अम्बेडकर और लोहिया को मिलाने पर भारत में एक वांछित परिवर्तन आने की सम्भावना है। इसलिए आज के साहित्य में कई विमर्श रूपायित हुए, उनमें से हर विमर्श अस्मिता को बनाने के लिए व्यवस्था विरोध में रूपायित है। यह बहुल संस्कार केन्द्रीयता के लिए धावक ही नहीं स्वदेशी संस्कार को पुनः साँस लेने का मौक़ा दे रहा है कि नवसाम्राज्यवाद का विरोध एवं प्रकृति के साथ मिलकर खोए हुए संस्कार का पुनर्जागरण करना है। तब मूल्य एवं आस्था पर केन्द्रित

एक उज्ज्वल सामरस्य का राष्ट्रनिर्मिति करने का अवसर मिलेगा। वहाँ व्यक्ति स्वतन्त्र होगा, किसी प्रकार का बाहरी दबाव या बुरा प्रभाव उसको छुएगा नहीं।

पृथ्वीबोध जगानेवाली कितनी कविता लिखी जा रही हैं। 'पृथ्वी' समकालीन कवियों का प्रिय शब्द है। 'पृथ्वी' उनके लिए नोस्टालजिया है–

"पृथ्वी हमारे सबसे
निकट का रहस्य है
कवि सोच रहा है कविता का
पहला शब्द है पृथ्वी!" –हेमन्त कुकरेती

प्रकृति के विनाश की ओर संकेत करते हुए प्रतिरोध के स्वर ज़ाहिर करनेवाले प्रमुख कवि हैं ज्ञानेन्द्रपति, राजेश जोशी, अरुण कमल, उदय प्रकाश, एकान्त श्रीवास्तव आदि।

"यहाँ एक नदी थी
वो अब मैली हो गयी है
क्योंकि हम उसमें
कचरा डाला आते हैं।" –पंकज चतुर्वेदी : एक सम्पूर्णता के लिए

हमारा अपना कुछ नष्ट होता जा रहा है। आधुनिक संस्कृति से उसे बचाने का मोह है समकालीन कविता में–

"यह घर
हमारे सबसे आत्मीय परिजन
हर दुःख हर सुख में जो रहा हरदम हमारे साथ
क्या इतनी आसानी से गिर जायेगा
जो घर
मैं तुझे गिरने नहीं दूँगा।" –एकान्त श्रीवास्तव

कृषि संस्कृति भारत की संस्कृति मानी जाती है। औद्योगीकरण से कृषकों की स्थिति बदतर होती जा रही है। वे प्रकृति के साथ जानवरों एवं पेड़-पौधों का पालन करते हैं। इसलिए उनकी जो संवेदनात्मक क्षमता है वह अन्यत्र दुर्लभ है। इसलिए विस्थापित होनेवाले किसान और ऋण के बोझ से आत्महत्या करनेवाले किसानों की संख्या बढ़ती जा रही है। एकान्त श्रीवास्तव ने 'कन्हार' में लिखा–

"गाँव के किसान
शहर की मिलों और फैक्टरियों में मजूर हुए
गाँव की बहू-बेटियाँ
शहर जाकर चौका-बर्तन करनेवाली

नौकरानियाँ हुईं
गाँव के नौजवान पढ़-लिखकर
न किसान बन सके, कर्मचारी
एक अधकचरी-सी संस्कृति में फँसकर
फूलती रही उनकी साँस
ज़मीन, जाति-धर्म के झगड़े हुए
थानों और कोर्ट कचहरियों में सो गये।"

खेत, गाय-बैल-बकरी, खेतों का ताप, मिट्टी, बीज, ज़मीन, कच्चे पक्के रास्ते, जुगाली करते बैलों सब यादों में सिमट जाते हैं। यह अनुभूति किसी संग्रहालय में जाकर ढूँढ़ने से प्राप्त नहीं होती है। विश्व के पूँजीवादी देशों ने जैव-प्रौद्योगिकी के सहारे हमारी कृषिरीति और प्रकृति पर आघात पहुँचाया। परम्परागत बीज-व्यवस्था टूट गयी। अब वह बहुराष्ट्रीय कम्पनियों के अधीन है। विदेशी प्रयोगशालाओं की देन नवीन संकर अन्तक बीज, बी.टी. (Bio-technology), जी.एम. (Genetically modified) आदि नामों से विकासशील देशों की खेती तथा पर्यावरण को बरबाद करते हैं। यह वैश्वीकरण का कार्षिक अधिवेशन है, कार्षिक उपनिवेश है। इसलिए कवि ज्ञानेन्द्रपति जैव-प्रौद्योगिकी को 'आयातित तकनीक' मानते हैं। भारत के परम्परागत बीज आज सुदूर पश्चिम के बीज संग्रहालय में नमूने के रूप में सुरक्षित हैं। टेर्मिनेटर तकनीक के सहारे वे अविकसित देशों की बीज सम्पादा को ख़त्म करते हैं। यह खेती विदेशी बीज उत्पादन कम्पनियों के इच्छानुसार चलती है। ज्ञानेन्द्रपति 'बीजव्यवस्था' कविता में 'बीज' का जो अर्थ-परिणाम आया, उस पर विचार करते हैं। वैसे ही कृषि संस्कृति सम्बन्धी कविताओं में वर्षा, पहाड़, समुद्र, सूरज सब अपनी-अपनी गहरी अनुभूतियों, विचारों तथा जीवन साथी बनकर हमारे हर्षोल्लास को बढ़ावा देते हैं। कवि आज उसके प्रति ज़्यादा सजग इसलिए है कि उसको लगता है कि कृषक पूँजीवादी संस्कृति की विकास योजनाओं के तहत शोषण के शिकार बन रहे हैं। यह कविता तक सीमित प्रवृत्ति नहीं उनमें संजीव, मृदुला गर्ग, उदय प्रकाश, स्वयं प्रकाश जैसे बहुत से कथाकार आज इसकी माँग को रेखांकित करते हैं। उपन्यास, कहानी तथा अन्य विधाओं में भी पृथ्वीबोध की बढ़ती उमंग प्रकट है।

समाज के हाशियेकृत वर्ग अपनी अस्मिता की पहचान की वजह से नयी संस्कृति का निर्माण नयी भाषा में कर रहे हैं। यह राष्ट्रनिर्मिति का सकारात्मक एवं आशावादी परिवर्तन की सूचना देती है। स्त्री, दलित, आदिवासी सब अपने अधिकार के प्रति सजग है और ये रचनाकार अभी तक की व्यवस्था द्वारा चलाई

गयी दमननीति का विरोध करते हैं तथा बहुलता के स्वर को सतर्कता से प्रस्तुत करते हैं। स्त्री रचनाकारों में गगन गिल, अनामिका, कात्यायनी, सविता सिंह, नीलेश रघुवंशी, कमल कुमार आदि आत्मविश्वास के साथ अपनी भाषा के तेवर में अपनी संवेदनाओं को अभिव्यक्ति प्रदान करती है। जैसे अनामिका ने 'दूब धान' में कहा—"अब निकलूँगी मैं भी अपने सन्धान में अकेली।" स्त्री दोहरे अभिशाप की शिकार बनती है, जब वह जाति की दृष्टि से भी निम्न है तो। यह पहचान निर्मला पुतुल की इन पंक्तियों में ज़ाहिर है—"मैं स्वयं को स्वयं की दृष्टि से देखते/मुक्त होना चाहती हूँ अपनी जाति से।" (नगाड़े की तरह बजते शब्द, पृ. 4) इसलिए आज स्त्री आस्था, विश्वास, मूल्य आदि को अपना धर्म मानकर अपने अधिकारों के लिए लड़ती है। अपने अधिकार ही नहीं पर्यावरण तथा शोषण के शिकार बननेवाले मानवजाति तथा अन्य जीव-जन्तुओं सबके लिए वे कटिबद्ध नज़र आती हैं। स्त्री कथाकारों की एक लम्बी क़तार हिन्दी साहित्य जगत में स्त्री जीवन के कई पहलुओं का अनावरण करती है उसमें स्त्री का साहस, कर्तव्य, स्नेह आदि दर्ज है। इको-फेमिनिज़म आदि में युद्ध, साम्प्रदायिकता, पर्यावरण, शोषण आदि के प्रति सचेत नारी बिल्कुल मानवीयता के परिष्कार में लगी हुई है।

दलित साहित्य अपने अधिकारों एवं अस्मिताओं को दर्ज करता है। वह भारत की सामन्तवादी वर्णव्यवस्थाओं के ख़िलाफ़ आक्रोश है। जाति व्यवस्था के कटु अनुभवों से मुक्त होकर मनुष्य के समान जीने के उनके प्रबल मोहों की परिणति है यह। लेकिन राष्ट्ररूपायिति के परिप्रेक्ष्य में विचार करते समय एक सवाल हमारे सामने उठता है कि दलित एवं अन्य हाशिएकृतों की स्मृतियों एवं अनुभवों को आधुनिकता के साहित्य में जगह मिली है या नहीं। वह वरेण्य राष्ट्रीयता का प्रचारक रहा था। 1927 दिसम्बर में मनुस्मृति को जलाते हुए अम्बेडकर ने जो सवाल उठाया वह विचारणीय है। विकास, इतिहास, अस्मिता आदि संकल्पनाओं में निहित जो आधुनिक तर्क है उसको निकाले बिना दलित-अस्मिता को अपनी स्मृतियों एवं अनुभवों को वापस लाना सम्भव नहीं है। आधुनिकीकरण दलित समूह की उन्नति की वजह बनेगा, यह अम्बेडकर का विश्वास रहा था। यह शायद गाँधीजी के विचारों से उनकी असहमति होगी। गाँधीजी की ग्राम-व्यवस्था के प्रति अम्बेडकर का विरोध भी इस आधुनिकीकरण के प्रति उनके आग्रह में रहा होगा। सचमुच शहरीकरण से दलितों की सांस्कृतिक पूँजी नष्ट हो रही है। स्मृतिविहीन एक समूह को अपनी अस्मिता और राष्ट्र को स्थापित करना कठिन कार्य है। इसलिए आज दलित कविता, उपन्यास, कहानी एवं आत्मकथा लिख

रहे हैं उनमें अपनी स्मृतियाँ एवं अस्मिता को जगानेलायक संस्कृति की छवि एवं बयान है, इस ओर ध्यान देने की ज़रूरत है।

आदिवासी साहित्य के सन्दर्भ में यदि कहा जाय तो हम देख पायेंगे कि आदिवासी को पहले अधिकार था, अपनी मज़बूत संस्कृति थी वे उनसे छीन लिए साम्राज्यवाद तथा नयी आर्थिक व्यवस्था पर केन्द्रित सत्ता ने। इसलिए अपनी संस्कृति एवं अस्मिता को वापस लाने के लिए वे लड़ रहे हैं, उसकी स्मृतियाँ उनके साथ हैं। दलित कवि मोहनदास नैमिशराय झाड़ू को प्रतीक बनाकर उनके अप्रिय जीवन की अभिव्यक्ति देते हैं तो वे अपने अप्रिय प्रतीक के स्थान पर नये प्रतीक 'क़लम' का उपयोग करते हैं–

"कल मेरे हाथ में झाड़ू था/आज क़लम
कल झाड़ू से तुम्हारी ग़न्दगी हटाता था
आज क़लम से/मैं तुम्हारे भीतर की गन्दगी
तुमने ग़न्दगी फैलाने के लिए धोऊँगा...
वेद/पुराण/मनुस्मृति का सहारा लिया
कल उन्हें जलाने का/मुझे अधिकार न था
आज शब्दों की आँच से/मैं उन्हें जलाऊँगा।"

जातिगत अस्मिता और अधिकार के प्रति सजगता आदि प्रतीकों के ज़रिये अभिव्यक्त करते हुए अभी तक सामन्तीय व्यवस्था एवं सत्ता के ख़िलाफ़ नयी भाषा कवि गठित करते हैं। वेद, पुराण, मनुस्मृति जैसे ग्रन्थों का दुरुपयोग करनेवाले सवर्णों के प्रति विरोध और उनको क़लम के ज़रिये भस्म करने का निर्णय लेनेवाले हैं कवि। एक बात इससे स्पष्ट है कि वेद, पुराण, मनुस्मृति को सवर्णो ने ही नहीं, दलितों ने भी समझा नहीं। अम्बेडकर ने अपनी पुस्तक 'हू वेयर दे शूद्रास' (कौन हैं शूद्र) में वे शूद्र को आर्य ही समझते हैं। बाहर से आये शूद्र में रंगभेद प्रबल थे। इसलिए काले लोगों को दास माना गया। उन्होंने अपनी पुस्तक 'राइटिंग एंड स्पीचस्' में स्पष्टतः उल्लेख किया : "शूद्रों के लिए कहा जाता है कि वे अनार्य थे, आर्यो के शत्रु थे। आर्यों ने उन्हें जीता था और दास बना लिया था। ऐसा था तो यजुर्वेद और अथर्ववेद के ऋषि शूद्रों का अनुग्रह पाने की इच्छा क्यों प्रकट करते हैं? शूद्रों के लिए कहा जाता है कि उन्हें वेदों के अध्ययन का अधिकार नहीं है। ऐसा था तो शूद्र सुदासू ऋग्वेद के मन्त्रों के रचनाकार कैसे हुए? शूद्र सुदासू के लिए कहा जाता है, उन्हें यज्ञ करने का अधिकार नहीं है। ऐसा था तो सुदासू ने अश्वमेध कैसे किया? शतपथ ब्राह्मण ने शूद्र को यज्ञकर्ता के रूप में कैसे प्रस्तुत किया है? उसके लिए शब्द भी बताता है।

शूद्रों के लिए कहा जाता है कि उन्हें उपनयन संस्कार का अधिकार नहीं है। यदि आरम्भ से ही ऐसा था तो इसके बारे में विवाद क्यों उठा? बदरि और संस्कार गणपति क्यों कहते हैं कि उसे उपनयन का अधिकार है? शूद्र के लिए कहा जाता है कि वह सम्पत्ति संग्रह नहीं कर सकता ऐसा था तो मैत्रायणी और कठक संहिताओं में धनी और समृद्ध लोगों का उल्लेख कैसे है? शूद्र के लिए कहा जाता है कि वह राज्य का पदाधिकारी नहीं हो सकता। ऐसा था तो सेवक के रूप में तीनों वर्णों की सेवा करना उसका काम है। यदि ऐसा था तो शूद्र राजा कैसे हुए जैसे कि सुदासू के उदाहरण से तथा सायण द्वारा दिये गये अन्य उदाहरणों से मालूम होता है?" (गाँधी, अम्बेडकर, लोहिया और भारतीय इतिहास की समस्याएँ, डॉ. रामविलास शर्मा, पृ. 545)

उससे एक बात स्पष्ट है कि अम्बेडकर समझते हैं कि उनकी जड़ें वेदों से ही शुरू होती हैं। लेकिन बीच में कहाँ शूद्र इन सबसे वंचित हो गये। तब विरोधी बात यहाँ दिखाई देती है कि वेद से शूद्र की समृद्ध परम्परा शुरू हुई तो क्यों उन्होंने 'मनुस्मृति' को जलाया। जो भी हो बहुलता भारत में वेदों से विद्यमान थी, उनकी स्वीकृति भी हुई थी।

आदिवासियों की अपनी एक संस्कृति होती है, वह उसे मज़बूत करना चाहता है। लेकिन केन्द्रीय धारा के लोग उनका शोषण निरन्तर करते आते हैं। आज वे अपनी कविताओं, कथाओं आदि में अपने जीवन की म्लान छवि पेश करते आ रहे हैं। सिर्फ़ आदिवासी नहीं अन्य साहित्यकार भी उनके जीवन-यथार्थों पर संजीदगी से विचार करते आ रहे हैं। निर्मला पुतुल, अनुज लुगुन, ग्रेज कुसुर, पॉल कक्काट, जैसे आदिवासी रचनाकार इस दृष्टि से विचारणीय हैं। युवा कवि अनुज लुगुन आदिवासी का परिचय अपनी कविता में यों देते हैं–

"और वे नंगे पैर/चुपचाप चले जाते हैं जंगली पगडंडियों में
कभी नहीं कहते कि/हम आदिवासी हैं
वे जानते हैं जंगली जड़ी बूटियों से
अपना इलाज करना।
वे जानते हैं जन्तुओं की हरकतों से
मौसम का मिज़ाज समझना
सारे पेड़-पौधे, पर्वत-पहाड़
नदी झरने जानते हैं
कि वे कौन हैं।"

प्रकृति एवं आदिवासी परस्पर पहचानते हैं। वे स्वयं सिद्ध हैं, आदिवासी हैं।वे बिल्कुल प्रकृतस्थ हैं। हमारी संस्कृति के अविच्छिन्न अंग बनकर उनके रहने की ज़रूरत है। आधुनिक प्राकृतिक गुणों से दूर ले जाकर उन्हें परिभाषित करते हैं।

राष्ट्र भाषा-संस्कृति-समाज की निरन्तरता में स्थित और उनकी एकता से निर्मिति अधिकार की संरचना है। इसलिए बहुसंस्कार की एकरूपता में कई प्रकार की समस्याएँ उठ खड़ी होती हैं। यह भारत के सन्दर्भ में भी है। कृष्णा सोबती की कहानी है 'सिक्का बदल गया'। उस कहानी में विभाजन के बाद शरणार्थी कैम्प में अपनी स्मृतियों की गठरी को खोलनेवाली नायिका साहनी है। विभाजन के पूर्व पंजाब में मुसलमानों के साथ मिलजुलकर जीवन बिताती थी। उसके खेत-खलिहान उसका घर सब वहाँ थे। यह नहीं है उसकी समस्या मानवों के बीच का रिश्ता कैसे बदल गया? हिन्दू-मुसलमान के रूप में है, या धर्माधारित है मानवीय रिश्ता। झेलम नदी के पानी के साथ उसका रिश्ता कितनी गहरी संवेदना को जगाता है। "राज पलट गया, सिक्का बदल गया।" इस कहानी में यह स्पष्ट होता है कि विविध प्रकार के सांस्कृतिक व्यवहारों का अन्त कैसे होता है और तब एक राष्ट्र दो राष्ट्रों में परिणत हो जाता है।

लेकिन साहित्य जगत में और अन्य कलाओं में विविध संस्कारी राष्ट्र के निर्माण में सहायक तत्त्वों का अन्वेषण एवं उसके कार्यान्वयन का मार्ग एवं कार्य विकसित होता दिखाई देता है। लेकिन आज इस विविधता के सामने विध्वंसात्मक शक्तियाँ सक्रिय दिखाई दे रही हैं। जब भारत का विभाजन हुआ, जब पाकिस्तान धर्माधिष्ठित राष्ट्र में रूपायित हुआ तो भारत धर्मनिरपेक्ष राष्ट्र बना रहा। भारत सहिष्णुता एवं वैविध्य में शान्ति का माहौल निर्मिति करने लगा। लेकिन आज व्यक्ति के सारे अधिकारों पर जैसे खाना, वेश, विश्वास, भाषा, विचार, अभिव्यक्ति आदि पर नियन्त्रण लाकर एक चेहरे का भारत बनाने की कोशिश सत्ता की ओर से बहुत तीव्रता से हो रही है। पाकिस्तान पहले ही तीव्र राष्ट्र बन गया और कभी भी वहाँ शान्ति नहीं है। लेकिन भारत की हिन्दू राष्ट्र में परिणित होने की आशंका आज के माहौल में उत्पन्न होना स्वाभाविक है। राजेश जोशी की कविता में यह प्रकट है—

> *"मैं हिन्दू हूँ और शर्मिन्दा हूँ*
> *मैं हिन्दू था शर्मिन्दा था*
> *चवालीस साल पहले मारे गये महात्मा गाँधी*
> *इसी शब्द के उन्माद से।*

बार-बार जलाई गयी हरिजन बस्तियाँ
इसी शब्द के उन्माद से।
आग के हवाले किया ज़िन्दा स्त्रियों को
इसी शब्द के उन्माद से।
मैं हर बार शर्मिन्दा हुआ
मेरे मर जाने के बाद
जब लिखा जाये कहीं। मैं हिन्दू था
तो लिखा जाये यह भी साफ़-साफ़
कि मैं शर्मिन्दा था।"

—अन्तिम इच्छा यह ऐसा समय है : सं. असद जैदी

राष्ट्रनिर्माण में धर्म का अपना सही कर्तव्य है, उसे वह निभा सकता है। लेकिन भारत को हिन्दू राष्ट्र के रूप में जानना और वरेण्य हिन्दुत्व के अधिकार के तहत धर्मों एवं जातियों का शोषण करना भारत को एक स्वस्थ राष्ट्र बनाने में सहायक नहीं बनेगा। वैसे ही कलाकारों की अभिव्यक्ति स्वातन्त्र्य एवं चिन्तन स्वातन्त्र्य पर अंकुश लगाना भी है। स्वतन्त्र भारत में नेहरू के समय से सत्ता और कलाकार के बीच में द्वन्द्व शुरू हो चुका था। मुक्तिबोध सत्ता के विरोध के पात्र बने, उनके द्वारा लिखित 'भारत : इतिहास एवं संस्कृति' की वजह से। यह भारत की स्थिति ही नहीं है, पूरी दुनिया में साहित्यकार एवं कलाकार पराधीन थे। तसलीमा नसरीन, सलमान रुश्दी, रूस में अनेक रचनाकार सत्ता के विरोधी बन गये हैं। भारत में चार-पाँच सालों के भीतर महाराष्ट्र में 2013 में नरेन्द्र दाभोलकर, 2015 में गोविन्द पानसारे, 2015 में एम.एम.कुलबुर्गी, 2017 में गौरी लंकेश (मीडिया), पेरुमाल मुरुगन सब सत्ता के कोपपात्र बने। यह राष्ट्र के लिए शरम की बात है। एक देश की पहचान वहाँ की कला एवं साहित्य के क्षेत्र की विख्यात शख़्सियतों से बढ़ जाती है। शेक्सपियर नाम ब्रिटेन का अहंकार है। चीन के बारे में कहा जाय तो वहाँ केवल एक दार्शनिक कनफ्यूशस का नाम याद आता है। इसका तात्पर्य यह है कि साहित्यकार एवं कलाकार की हत्या, राष्ट्र की हत्या के समतुल्य है। राष्ट्र की सांस्कृतिक विरासत में कलाकार, साहित्यकार, पत्रकार आदि की अहम भूमिका है।

विस्थापितों की अस्मिता

हिन्दी साहित्य की बहुस्वरता को दिखाने के लिए कई अन्य पक्षों पर भी प्रकाश डालना अनिवार्य है। अन्तरराष्ट्रीय स्तर पर भारत विभाजन, विकास योजनाएँ,

राजनीतिक एवं प्राकृतिक विनाश आदि से कई लोग विस्थापित हैं। उनके जीवन को कई रचनाओं में अनावृत्त किया गया है। भारत का विदेशों के साथ सम्बन्ध पुराना है। हज़ारों वर्षों से भारतीय धर्मप्रचारक व्यापारी, मज़दूर बनकर विभिन्न देशों में जाते रहे हैं। अंग्रेज़ों के आगमन से हज़ारों भारतीय मज़दूरों को छल-कपट से गिरमिटिया मज़दूर बनाकर अपने-अपने उपनिवेशी देशों में ले गये। भारतीय मज़दूर मॉरीशस, फिजी, सूरिनाम, गयाना, त्रिनिडाड, दक्षिण अफ्रीका आदि देशों में पहुँच गये। वहाँ गुलामों से ज़्यादा गया बीता जीवन बिताने वाले लोग हैं। कुछ लोग विदेशों में शिक्षा ग्रहण कर आजीविका चलाते हैं। नौकरी की तलाश में विदेश जानेवालों की संख्या आज बढ़ती जा रही है। इस प्रकार लोग सामाजिक, सांस्कृतिक, राजनीतिक, आर्थिक अथवा भौगोलिक कारणों से स्थान-परिवर्तन करते हैं और नया समाज तथा संस्कृति में दोहरी ज़िन्दगी जीने के लिए विवश हो जाते हैं। ऐसे लोगों की बेचैनीपूर्ण ज़िन्दगी पर केन्द्रित रचनाएँ हिन्दी में लिखी जा रही हैं। ऐसे सांस्कृतिक द्वन्द्व एवं दोहरे नागरिक की भूमिका में जीनेवालों पर लिखित उपन्यास हैं रवीन्द्र कालिया कृत 'ए.बी.सी.डी', उषा प्रियंवदा का 'शेष यात्रा', सुषमा बेदी का 'हवन', द्रोणवीर कोहली कृत 'नानी' आदि।

वैसे ही भारत विभाजन से विस्थापित लोगों पर उपन्यास एवं कहानियाँ बड़े पैमाने पर लिखे गये। उनमें यशपाल का 'झूठा सच', भीष्म साहनी का 'तमस', द्रोणवीर कोहली कृत 'वाह कैम्प', देवेन्द्र सत्यार्थी का 'कठपुतली', नासिरा शर्मा का 'ज़िन्दा मुहावरे', कृष्णा सोबती का 'ज़िन्दगीनामा', उनकी कहानी 'सिक्का बदल गया' आदि।

विभाजन से जो शरणार्थी पैदा हुए उनकी अस्मिता पर भी विचार हुआ। यह भी नहीं बंगलादेश के शरणार्थी इधर जो आ गये उनकी अस्मिता पर भी हमें विचार करना पड़ता है। आज म्याँमार से बहुत से मुहाजिरों का प्रवाह हुआ, तब भारत के सामने समस्या खड़ी हुई। कश्मीर के उग्रवाद और वहाँ के लोगों के जीवन यथार्थ के साथ जम्मू से विस्थापित हिन्दुओं की दर्दनाक ज़िन्दगी पर भी विचार किया जाना है। उन पर भी हिन्दी में कविताएँ, उपन्यास आदि लिखे गये हैं। चन्द्रकान्ता (कथा सतीसर), अग्निशेखर (जवाहर टनल), मनीषा कुलश्रेष्ठ (शिगाफ), क्षमा कौल (दर्दपुर) आदि इसी दृष्टि से महत्त्वपूर्ण हैं। ये प्राकृतिक आपदाओं से तथा राजनीतिक दृष्टि से विस्थापित हैं। वैसे ही विकास योजनाओं के तहत उत्पन्न विस्थापन के शिकार बननेवाले आदिवासी, साधारण गाँव वाले, ग़रीब लोग आदि साहित्य के केन्द्र में आ गये।

ट्रान्स जेण्डर लोगों की अस्मिता पर प्रकाश डालनेवाली रचनाएँ हिन्दी में अब केन्द्र में हैं। चित्रा मुद्गल द्वारा लिखित 'पोस्ट बॉक्स नं.203, नाला सोपारा' जैसे उपन्यास अत्यन्त विचारणीय हैं। वेश्याओं, समलैंगिकों, सैनिकों, सैनिक विधवाओं यहाँ तक उग्रवादियों की अस्मिता से निर्मिति एक समाज है भारत। तब नवराष्ट्र में उन सबकी सहभागिता की स्वीकृति प्राप्त हो रही है।

भाषा

राष्ट्रनिर्माण में भाषा की अहम भूमिका है। राष्ट्र को एक भाषा चिह्न में सीमित करना सर्वमान्य बात है। आधुनिक युग के आरम्भ में भाषागत राष्ट्र रूपायित हुआ। भारत के सन्दर्भ में उसको एक राष्ट्र भाषा में सीमित नहीं किया गया। यहाँ भारतीय संविधान की आठवीं अनुसूची में बाइस भाषाओं को स्वीकृत किया गया है। ये सब राष्ट्र भाषाएँ हैं। भारत की भाषा के रूप में हिन्दी को मान्यता देने की कोशिश में कितनी सफलता मिली है, यह सोचने की बात है। वह केवल केन्द्रीय कामकाज की भाषा के रूप में प्रतीकात्मक तौर पर है। राजभाषा के रूप में सक्रिय भाषा अब भी अंग्रेज़ी है। 1947 की आधी रात में नेहरू ने जो भाषण दिया 'ट्रायल विद डेस्टिनी' के साथ भारत में अंग्रेज़ी का भारतीयकरण शुरू हुआ। 'विंटेज बुक ऑफ़ इंडियन राइटिंग 1947-1997' की भूमिका में सलमान रुश्दी ने लिखा कि आज़ादी के पचास वर्षों के दौरान लिखा गया भारतीय अंग्रेज़ी का साहित्य विशेष रूप से उपन्यास साहित्य सारी भारतीय भाषाओं में लिखे गये साहित्य से श्रेष्ठ है। भारतीय वंशज नायपाल, रुश्दी जैसे रचनाकार सदा उपनिवेश मन के हैं, वे अंग्रेज़ी चश्मे से भारतीय जीवन को देखते आ रहे हैं। आज अंग्रेज़ी को भारतीय भाषा मानने की प्रवृत्ति सर्वत्र विद्यमान है।

लेकिन उपर्युक्त मानसिकता से प्रेरित होकर भारत में अंग्रेज़ी में लिखित रचनाओं को बुकर पुरस्कार आदि देकर प्रेरणा दी जा रही है। भारत की हिन्दी भाषा आज़ादी और लोकतान्त्रिक मानसिकता की देन है। यह हम सिद्धों-नाथों से लेकर अमीर खुसरो, विद्यापति और भक्त कवियों से होते हुए भारतेन्दु हरिश्चन्द्र, महावीर प्रसाद द्विवेदी, प्रेमचन्द, प्रसाद, निराला, अज्ञेय आदि में देख सकते हैं। उन्होंने हिन्दी को गढ़ा, विकसित किया और लोकप्रिय बनाया। अब भी कई प्रान्तों की हिन्दी भाषाएँ, बोलियाँ आदि में हिन्दी का लोक रूप और स्थानीय रूप विकास प्राप्त हो रहे हैं, साहित्य में विशेषकर उपन्यास एवं कहानियों में स्थानीय भाषाओं का बड़े पैमाने पर प्रयोग हो रहा है। भूमण्डलीकरण के फलस्वरूप भाषाओं के नष्ट होने की सम्भावना से बचाने के लिए यह सहायक है।

ग्राम केन्द्रित एवं जनजीवन पर केन्द्रित संजीव के उपन्यासों एवं कहानियों में लोकभाषा का ख़ूब इस्तेमाल हुआ। आदिवासियों के जीवन यथार्थों के पर्दाफ़ाश करनेवाले उपन्यास जातीय संस्कार की अभिव्यक्ति में सक्षम हैं। उपन्यास सदा विशेषकर विकासशील देशों के सन्दर्भ में राष्ट्रीय रूपक हैं। इस दृष्टि से देखें तो संजीव के उपन्यास 'धार', 'सावधान नीचे आग है', 'जंगल जहाँ शुरू होता है', वीरेन्द्र जैन का 'डूब', 'पार', श्रीप्रकाश मिश्र कृत 'जहाँ बाँस फूलते हैं', राकेश कुमार सिंह रचित 'पठार पर कोहरा' जैसे उपन्यासों में स्थानीय भाषा का प्रयोग हो रहा है। इसलिए हिन्दी भाषा के विविध रूप साहित्य जगत में प्रकट है। यह भी नहीं विविध संवेदनाओं से सज्जित हिन्दी भाषा साहित्य जगत में समृद्ध हो रही है, जैसे स्त्री-भाषा, दलित-भाषा, हरित-भाषा आदि। साहित्यिक जगत में हिन्दी भाषा का प्रयोग विविधता से समृद्ध है तो भी हिन्दी साहित्य के प्रति रुचि अन्तरराष्ट्रीय स्तर पर नहीं हो रही है। स्वतन्त्रता प्राप्ति के पूर्व पाश्चात्य लोग भारतीय साहित्य से ख़ूब प्रभावित थे। संस्कृत साहित्य की महान रचनाओं को बड़े चाव से उन्होंने आत्मसात किया था। लेकिन आज अर्थात् स्वतन्त्रता-प्राप्ति के बाद हिन्दी साहित्य अथवा भारतीय साहित्य को लैटिन अमेरिका साहित्य की जैसी स्वीकृति मिल रही है उतनी भी नहीं प्राप्त हो रही है। क्या भारतीय साहित्य को विदेशी साहित्य का जूठन मात्र समझा जा रहा है। अपनी जातीय अस्मिता को सुरक्षित करने में यह साहित्य समृद्ध नहीं बन रहा है।

यह सही है कि हिन्दी का भविष्य पहले भी भारत की अन्य भाषाओं के भविष्य से जुड़ा हुआ रहा है। इसलिए हमारी सबसे बड़ी ज़रूरत हिन्दी और अन्य भारतीय भाषाओं का सशक्तीकरण है। भारतीय भाषाओं का सशक्तीकरण का मतलब है भारतीय जनता का सशक्तीकरण, इससे भारतीय लोकतन्त्र मज़बूत हो जायेगा। इसका तात्पर्य यह है कि सामाजिक सशक्तीकरण जैसे स्त्री, दलित, किसान, आदिवासी की तरह भारतीय भाषाओं एवं हिन्दी का सशक्तीकरण अनिवार्य है। तब संस्कृति, भाषा एवं समाज के परस्पर पूरक सहयोग से राष्ट्र की पहचान हो जायेगी। यह भी समझने की ज़रूरत है कि लोकतन्त्र में जो भी शक्ति आती है, वह राष्ट्रीय भाषाओं की उन्नति से आती है, जिनमें हिन्दी प्रमुख है। वह भारत के अधिकांश आम जनता अथवा अन्दरूनी गाँवों में रहने वाले लोगों की भाषा है। इस समय लोकतन्त्र अंग्रेज़ी की मुट्ठी में है। लोकतन्त्र में आज जनता की हिस्सेदारी को बढ़ावा देना है। तब वह यथार्थ लोकतन्त्र है। उसके लिए हिन्दी का विकास तथा अन्य क्षेत्रीय भाषाओं का विकास कर जनता का शासन अथवा उनकी सत्ता को बनाना है।

लोकतन्त्र में अब हिन्दी के स्थान के सम्बन्ध में शम्भुनाथ कहते हैं—"लोकतन्त्र में हिन्दी, इस समय भीष्म साहनी की 'चीफ़ की दावत' है, कमरे में बन्द रखी गयी बूढ़ी माँ जैसी!" (रामविलास शर्मा, शम्भुनाथ, पृ. 196) हिन्दी में लोकतन्त्र, प्रेमचन्द से उदाहरण लेकर कहें तो, यह सत्ता का खेल है। इससे साधारण जनता का सामूहिक विकास नहीं हो जायेगा। यह अंग्रेज़ी वर्चस्व को बढ़ावा देने की प्रवृत्ति है। हिन्दी को हिन्दी बेल्ट में जीवन के सभी व्यावहारिक क्षेत्रों के प्रयोग की भाषा बनाना है। उनमें मुख्य है वैज्ञानिक एवं तकनीकी साहित्य को हिन्दी में तैयार करना और सामान्य जनता की समझ की भाषा बनाना। अदालत, कृषि विज्ञान तथा अन्य ज्ञान-विज्ञान साधारण जनभाषा में नहीं है तो कौन-सा फ़ायदा है। पहले सन् 1900 तक फ़ारसी हमारी अदालती भाषा रही थी, जो विदेशी थी, आज अंग्रेज़ी। तब भारत के सन्दर्भ में जन-व्यवहार की भाषा कभी भी भारतीय भाषा नहीं बनी।

आज हम कहते हैं कि हिन्दी फ़िल्मों और अन्य जनसंचार माध्यमों में बड़े पैमाने पर देश-विदेश में प्रयुक्त हो रही है। विभिन्न मीडिया में उसका प्रभावी हस्तक्षेप है। मीडिया का लोकतन्त्र में बड़ा हाथ है। मीडिया द्वारा प्रसारित भाषा भी बाज़ार के लिए योग्य है। आज हम दावा करते हैं कि हिन्दी डिजिटल भाषा बन गयी, 'सोशल मीडिया' के माध्यम से वह सामाजिक, राजनीतिक, सांस्कृतिक एवं आर्थिक परिवर्तन को साकार बना देती है। ई-पेपर और ई-पत्रिकाओं ने हिन्दी पाठकों का विश्वव्यापी वर्ग तैयार किया है। लेकिन इन सबमें हिन्दी का जातीय स्वरूप कितना बरकरार है?

बाज़ार हिन्दी का अन्तिम भरोसा नहीं है। जनजीवन को अभिव्यक्ति देनेवाली कलाओं एवं साहित्य के माध्यम के रूप में हिन्दी हमेशा यहाँ सशक्त रूप में विद्यमान रहेगी। आज मीडिया अपने दायित्वों को भूलकर बाज़ारू भाषा के रूप में हिन्दी का व्यापक प्रसार दे रहा है। फ़िल्मों में भी सही जनजीवन से अछूती भाषा काम कर रही है। मीडिया के विज्ञापनों की भाषा हिन्दी है। उससे हिन्दी का अलग रूप तैयार हो रहा है। लेकिन बाज़ार या आज कल की मीडिया भाषा से एक राष्ट्रीय भाषा हिन्दी नहीं बनेगी। उससे केवल व्यापार की भूमिका बढ़ेगी। सांस्कृतिक विरासत को अक्षुण्ण बनाने और राष्ट्रीय अस्मिता की रूपायिति में ऐसी भाषा कभी भी सहायक नहीं रहेगी।

आज भारत में प्रत्येक प्रान्तीय भाषा वहाँ की राजभाषा के रूप में परिणित हो रही है। केरल में मलयालम आज जन-व्यवहार के समस्त क्षेत्रों में लागू की जा रही है। वैसे ही अपनी अस्मिताओं के प्रति लोग सजग होने लगे और उसमें

भाषा का हिस्सा निर्विवाद रूप से स्वीकार किया जा रहा है। इसलिए यह पहचान, यह स्वीकृति लोकतन्त्रीय स्वरूप को सशक्त बना रही है। यह बहुलता को बनाने में समर्थ बनेगी।

लेकिन 'हिन्दू, हिन्दी, हिन्दुस्तान' के नारे के पीछे जाने की अनुमति हिन्दी को नहीं दी जाती है। यह हिन्दू राष्ट्रवाद के साथ मिलाने पर ख़तरनाक परिणति होगी। भाषा, धर्म आदि को संकुचित दायरे में प्रतिष्ठित कर आज जो पुनरुत्थानवादी सांस्कृतिक प्रचार हो रहा है, इससे सावधान रहना है। हिन्दी इसलिए एक विशेष राजनीति के लिए प्रयुक्त उपकरण मानी जाती है। यह भाषा के सही विकास के आगे रुकावट हुई कि हिन्दी की बहुलता को बनाये रखते हुए भारत की अन्य भाषाओं की भी स्वीकृति, विकास एवं व्यावहारिक क्षेत्र में प्रयोग को सक्षम बनाना चाहिए। भारतीय भाषाओं की बहुलता से बनी वैविध्यपूर्ण भारतीय संस्कृति को बनाये रखने से स्वदेशी राष्ट्रीयता बलवती हो जायेगी। बुद्धिजीवियों एवं राजनीतिज्ञों की इच्छाशक्ति को इस ओर मोड़ना अनिवार्य है।

इतिहास-लेखन

नवराष्ट्र के निर्माण में इतिहास-लेखन का नज़रिया भी अपने आप में महत्त्वपूर्ण है। आधुनिक अर्थों में इतिहास-लेखन सम्बन्धी पहला प्रमाण कश्मीरी रचनाकार कल्हण के द्वारा लिखित 'राजतरंगिणी' के रूप में मिलता है। इसकी रचना 12वीं शती में हुई और इसमें कश्मीर के राजाओं के चरित हैं। संस्कृत में लिखा गया कश्मीर का इतिहास राजतरंगिणी ऐतिहासिक विश्लेषण में स्पष्टता और परिपक्वता का प्रदर्शन करता है और भारत में इतिहास-लेखन की लम्बी परम्परा के ही विकास का संकेत देता है। औपनिवेशिक काल में कई विदेशी विद्वानों ने भारत का इतिहास लिखा। उनमें मुख्य हैं मैक्समुलर, सर विलियम जोन्स आदि। रॉयल एशियाटिक सोसायटी की स्थापना द्वारा इतिहास-लेखन को मज़बूत कर दिया गया। लेकिन सच यह भी है कि प्राच्यविदों-भारतविदों के इतिहास-लेखन का प्रभाव पश्चिम की ओर से खड़ी की जा रही एक सांस्कृतिक चुनौती का सामना करने तक ही सीमित नहीं रहा। इससे देश के भीतर अतीत के धार्मिक काल विभाजन, हिन्दुओं-मुसलमानों के बीच बढ़ती भौतिक-मनोवैज्ञानिक दूरी और साझे राष्ट्रवाद में जन्म लेती दरारों के रूप में भी नयी चुनौतियाँ पैदा हुईं। इन समस्याओं को इतिहास-लेखन ने कहीं सुलझाया तो कहीं उलझाने का काम किया। भारत के अतीत का गौरव सभी ने गाया। अधिकांश इतिहासग्रन्थ के केन्द्र में जो लोग थे उनका गुणगान करनेवाले थे। पर जिनको स्थान देना था वे सब किनारे कर दिये गये।

इतिहास-लेखन में लोक संस्कृति को महत्त्व देना चाहिए। तब राजा-महाराजाओं के जीवन से अलग होकर जनपक्ष अथवा जन केन्द्र में आ जायेगा। यह उस प्रदेश के असली इतिहास का दस्तावेज़ बनेगा। अठारहवीं शताब्दी के अन्त और उन्नीसवीं शताब्दी के आरम्भ में जब व्यापारी, मशीनी एवं पूँजीवादी सभ्यता में, 'जन' का लोप होने लगा तो योरोप के बौद्धिकों ने 'जन' को खोजने में रुचि दिखाई। इसके लिए उन्होंने पारम्परिक लोकप्रिय संस्कृति को खोजने का अभियान चलाया जो इस सभ्यता में लुप्त हो रही थी। योरोपीय इतिहासकारों की अभिरुचि लोक संस्कृति की ओर उनमें निहित राष्ट्रवादी भावनाओं के कारण भी हुई। राष्ट्रवाद को एक सांस्कृतिक अवधारणा के रूप में देखते हुए उन्होंने अपनी राष्ट्रीयता की लोक संस्कृति को इतिहास का विषय बनाया। लोक संस्कृति का राष्ट्रवाद के विकास से जुड़ना भी इतिहासकारों के मध्य से आकर्षण प्रायः अपनी भावना एवं प्रेरणा में राष्ट्रवादी भावों से भरे थे। लोक संस्कृति एक ऐतिहासिक संघटना है और लोक संस्कृति का विज्ञान एक ऐतिहासिक अनुशासन है। एक ओर यूरोप में इतिहास-लेखन में लोक संस्कृति का इतना व्यापक प्रयोग हुआ है, वहीं भारत में इस दिशा में पहल न के बराबर है। भारत में लोक पर केन्द्रित इतिहास-लेखन का कार्य कुछ मार्क्सवादी इतिहासकारों ने किया। उनमें मुख्य हैं—रजनी पामदत्त, ए.आर. देसाई, प्रो. विपिनचन्द्र, के.एन. पनिक्कर, आर.एल. शुक्ल, सुनील सेन आदि। उन्होंने राष्ट्रवाद, साम्प्रदायिकता, उपनिवेशवाद एवं भारत के स्वतन्त्रता संग्राम पर कई महत्त्वपूर्ण कार्य लिखे। डी.डी.कोसाम्बी ने 'मिथ एंड रियलिटी' में ऐतिहासिक सत्य की खोज के लिए मिथकों का प्रयोग कर नया पथ प्रशस्त किया।

लोक संस्कृति में लोक गीतों, लोक कहावतों, मुहावरों में घटना घटित होने को स्थान, उसमें भाग लेनेवाले लोगों का उत्साह, उस घटना की तीव्रता और उसके प्रभाव का स्थायित्व इत्यादि प्रश्नों के उत्तर प्रचुर रूप से विद्यमान हैं, इन बिखरे हुए चित्रों को जोड़ देना अनिवार्य है। समय की सूक्ष्म से सूक्ष्मतर परिवर्तनशीलता की गूँज लोक संस्कृति में होती है। आज के इतिहास-लेखन में निम्नवर्णीय प्रतिक्रियाओं को इस लोक संस्कृति के साथ जोड़ कर देख सकते हैं क्योंकि वे प्रकृति से मिले हुए हैं।

हिन्दी साहित्य के इतिहास-लेखन में आचार्य रामचन्द्र शुक्ल का 'हिन्दी साहित्य का इतिहास' सबसे ज़्यादा मौलिक एवं वैज्ञानिक माना जाता है। उन्होंने कई जगहों पर लोकायन का तत्त्व अपनाया है। उनमें मुख्य है स्वच्छन्दतावाद जो प्रकृति एवं लोकजीवन से जुड़ा है इसलिए वे स्वच्छन्दतावाद के पक्ष में थे। उन्होंने श्रीधर पाठक को इसलिए पहला स्वच्छन्दतावादी कवि माना कि उनके

द्वारा अनूदित रचनाएँ ऊजड़ गाँव, श्रान्तपथिक, एकान्तवासी योगी आदि में यह लोकबोध प्रकट है। उन्होंने रीतिकाल की लोकविमुखता के कारण उस काल को इतना महत्त्वपूर्ण स्थान नहीं दिया। वैसे ही छायावाद व्यक्ति केन्द्रीय और वियोग शृंगार प्रमुख कहकर स्वच्छन्दतावाद से अलग माना। कबीर का हठयोग साधारण जनता की समझ से दूर मानकर कबीर से ज़्यादा प्रिय कवि शुक्ल जी के लिए जायसी बने। जायसी ने लोकजीवन से अथवा लोकों के बीच में प्रचलित कथा को पद्मावत के लिए चुन लिया। वह भी नहीं साहित्य सम्बन्धी उनकी मान्यता भी लोकदृष्टि है। शुक्ल जी के बाद इतिहास में हज़ारीप्रसाद द्विवेदी का 'हिन्दी साहित्य का आदिकाल' इस नज़रिए से विशेषतः ध्यातव्य है। एक असली शोधकर्ता की खोज के फलस्वरूप ढूँढ़ निकाले आदिकालीन साहित्यिक एवं भाषा रूपों को सामने रखकर उन्होंने आदिकाल नामकरण किया। 'कबीर' उनकी सबसे ध्यान देने योग्य रचना इसलिए बनी कि उसमें निहित आलोचनात्मक दृष्टि लोक तत्त्व पर केन्द्रित है। परम्परा एवं इतिहास के आधार पर उन्होंने प्रणयन किया उसका आधार लोकायन है।

रामविलास शर्मा की इतिहास सम्बन्धी सारी किताबों जनाश्रित एवं स्वदेशी परम्परा तथा इतिहास को प्रमाण सहित स्वीकार करते हुए रचित हैं। सबसे पहले भक्तिकाल को लोकजागरण का काल कहा। हिन्दी भाषा को लोक भाषा कहा। अर्थात् हिन्दी प्रदेश की जातीय भाषा कहा। रामविलास शर्मा का सारा विचार इस दृष्टि के चिन्तन-मनन का परिणाम है। 'परम्परा का मूल्यांकन', 'महावीर प्रसाद द्विवेदी और हिन्दी नवजागरण', 'भारतेन्दु हरिश्चन्द्र और हिन्दी नवजागरण', 'गाँधी, अम्बेडकर, लोहिया और भारतीय इतिहास की समस्याएँ', 'भारतीय संस्कृति और हिन्दी प्रदेश' आदि रचनाओं में राष्ट्र के रूप में भारत के विकास में इसी लोकपरम्परा को उन्होंने आत्मसात किया। मार्क्स का द्वन्द्वात्मक भौतिकवाद उनकी विचारधारा है। फिर भी उसे लोकजीवन से उन्होंने मिला दिया। इसलिए रणजीत गुहा, गायत्री चक्रवर्ती स्पीवाक् जैसे लोगों द्वारा रचित एबेल्स लिटरेचर का विरोध उन्होंने किया। उनके अनुसार उन रचनाओं में स्वानुभूति नहीं है। योरोप अमेरिका में पढ़कर वहाँ जो नया साहित्य उग आया, उसके आधार पर लिखा गया साहित्य है। उसमें भारतीय मिट्टी की महक नहीं हैं, यहाँ की हवा नहीं है। वह बिलकुल पाश्चात्य चीज़ है। नामवर सिंह ने हिन्दी साहित्य के पुनर्लेखन की माँग की है। द्वन्द्वात्मक पद्धति से युक्त ऐतिहासिक-भौतिकवादी दृष्टिकोण को ही इतिहास का नया दृष्टिकोण कहा गया है। लेकिन लोकसंस्कृति और जन को केन्द्र में रखकर एक इतिहास की रचना नहीं हुई है।

समकालीन परिवेश में शुक्लजी के बाद हुए शोध एवं साहित्यिक गतिविधियों को समन्वित कर नयी दृष्टि से इतिहास का लेखन अनिवार्य है। उस लेखन में हिन्दी साहित्य की विविधता को दर्ज करना है। साहित्य का केन्द्रीय स्वभाव आज नष्ट हो गया। इसलिए सुमन राजे ने स्त्री रचनाकारों को स्थान देने के लिए अथवा अभी तक उनके प्रति जो उपेक्षा दिखाई उसकी पूर्ति के लिए 'हिन्दी साहित्य का आधा इतिहास' लिखा। इस प्रकार प्रत्येक हाशिएकृत अपना इतिहास अपनी रचनाओं एवं अपनी आत्मकथाओं के ज़रिये लिखने को तैयार हो रहा है। उन लोगों के इतिहास में अवश्य लोकजीवन की अभिव्यक्ति होगी। वे उस इतिहास में सच्चाई को लोक के परिप्रेक्ष्य में अंकित कर अपनी जातीय अस्मिता ज़ाहिर करेंगे। उदाहरण के लिए दलित कवि सूरजपाल चौहान की कविता अपना इतिहास रचने का आह्वान करती है–

"छीन लो, साहित्य अपना
दूसरों के हाथ से
इतिहास अपना रच दे तू
अब अपने ही हाथ से।"

मुख्यधारा के इतिहास द्वारा निर्मिति आदिवासियों का चित्र ग़लत है। वे अपने लोकसाहित्य की समृद्ध परम्परा और पाँच हज़ार वर्षों के अपने इतिहास को खुद नये इतिहास में दर्ज करना चाहते हैं। आदिवासी की लड़ाई का सही-सही अंकन होना ही चाहिए–

"इतिहास तुम्हारा/इतिहास के पन्नों पर
गढ़ा नहीं शब्दों ने/न ही हो सकता है दर्ज ग्रन्थों में
तुम्हारी विजय गाथाओं–/और संघर्षों के गवाह
पेड़ हैं नदियाँ हैं, चट्टानें हैं/पुरुषों की आत्माएँ हैं
ससबदिरी हैं/जाहोर-थाल हैं
तुम्हारे लोकगीत हैं/पर इन सबकी गवाही
उन्हें नहीं है स्वीकार/इसलिए तुम इतिहास के ग्रन्थों में
हाशिए पर डाल दिये गये हो/या कर दिये गये हो उससे बाहर।"

इससे यह सिद्ध होता है कि 'इतिहास' नया बन रहा है।

यहाँ उल्लेखनीय और एक बात है कि हिन्दी साहित्य के इतिहास में दक्षिण भारतीयों का योगदान दर्ज करने के साथ प्रवासी रचनाकारों को भी उचित स्थान देना है। हिन्दी की बोलियों में जिस लोकजीवन का अंकन हुआ उनकी भी उपेक्षा नहीं होनी चाहिए। नवराष्ट्रीयता पूरी दुनिया में साकार हो रही है। यह शीतयुद्ध के बाद हुई अर्थव्यवस्था का परिणाम है।

निष्कर्षतः नवराष्ट्रीयता बहुलता की समानता है, प्रत्येक की अस्मिता से युक्त राष्ट्र-संस्कार है। वह लोकतन्त्रीयता है। केन्द्रीयता के लिए कोई स्थान नहीं। धर्म, भाषा, जाति, वरेण्य वर्ग, सत्ता आदि द्वारा निर्मिति निगूढ़ताओं और ख़तरों को पहचानना उसका मुख्य लक्ष्य है। नवराष्ट्रीयता अस्मिताओं की परिभाषा देने में महत्त्वपूर्ण भूमिका निभाती है। इक्कीसवीं शताब्दी में विद्वान लोग कहते हैं कि राष्ट्र एवं राष्ट्रीयता का अन्त होनेवाला है। लेकिन स्वदेशी राष्ट्रीयता का विकसित रूप है नवराष्ट्रीयता। आज स्थानीयता का महत्त्व बढ़ता जा रहा है। यदि सीमाएँ टूटती हैं तो भी अपनी सीमाओं के प्रति सजगता रहेगी। एक चेहरेवाला राष्ट्र या दुनिया की जगह में वैविध्य का सौन्दर्य है नवराष्ट्रीयता। वह विविधमुखी है। एकमुखी बनाने की भूमण्डलीयकरण प्रवृत्तियों का प्रतिशोध है यह। सादगी से पूर्ण पृथ्वीबोध की राष्ट्र-संकल्पना है यह। आधुनिकता द्वारा निर्मिति राष्ट्रबोध की समाप्ति होनी चाहिए। यह गाँधीजी की राष्ट्रीयता है। इसमें विचारधाराओं का अन्त हो जाना है। लेकिन सभी विचारधाराओं की अन्तःसलिला प्रवहमान रहेगी। यह अहिंसा की है, स्वीकृति की है, शान्ति की है। वह सांस्कृतिक विकास की स्थिति है। उसमें राजनीति की अहम भूमिका है। यह लोक संस्कृति पर आधारित है। आज 'महान' कुछ नहीं है। यह सांस्कृतिक प्रतिरोध की ऊर्जा है।

सन्दर्भ ग्रन्थ

1. गाँधी, आम्बेडकर, लोहिया और भारतीय इतिहास की समस्याएँ—रामविलास शर्मा
2. भारतीय संस्कृति और हिन्दी प्रदेश—रामविलास शर्मा
3. महावीर प्रसाद द्विवेदी और हिन्दी नवजागरण—रामविलास शर्मा
4. भारतेन्दु हरिश्चन्द्र और हिन्दी नवजागरण की समस्याएँ—रामविलास शर्मा
5. हिन्दी की साहित्यिक संस्कृति और भारतीय आधुनिकता—डॉ. राजकुमार
6. राष्ट्रीय पुनर्जागरण और रामविलास शर्मा—शम्भुनाथ
7. आज़ादी और राष्ट्रवाद—सं. रविकान्त
8. भारतीय उपन्यास की अवधारणा और स्वरूप—सं. आलोक गुप्त
9. इतिहास और राष्ट्रवाद—वैभव सिंह
10. राष्ट्रीयताएँ और साहित्य—ई.वी.रामकृष्णन
11. लोकसंस्कृति और इतिहास—बद्री नारायण
12. कला का जोखिम—निर्मल वर्मा
13. हिन्दी साहित्य का दूसरा इतिहास—बच्चन सिंह
14. परम्परा इतिहासबोध एवं संस्कृति—श्यामाचरण दुबे
15. भारतीय नवजागरण और समकालीन सन्दर्भ—कर्मेन्दु शिशिर
16. हिन्दी का गद्य साहित्य—डॉ. रामचन्द्र तिवारी

17. हिन्दी आलोचना—विश्वनाथ त्रिपाठी
18. बाणभट्ट की आत्मकथा—हज़ारीप्रसाद द्विवेदी
19. मैला आँचल—फणीश्वरनाथ रेणु
20. दि हिन्द स्वराज—मोहनदास कर्मचन्द गाँधी
21. The making of Neoliberal IndiaμRupaloza
22. OrientalismμEdward w. said
23. The hocation of cultureμHomi k. Bhabha
24. In Other worldμGayatri Chakrawarty Spivake
25. Neo-nationalism in western EuropeμEd. Mauree A Eger and sarah Vidaz

नवजागरण और 1857 की बग़ावत

1857 की बग़ावत एक ऐसी घटना थी जो भारत के इतिहास के काल की सीमा से परे है। यह ब्रिटिश शासन काल में उपनिवेशवादियों और उपनिवेशितों दोनों के लिए कई कारणों से एक निर्णायक घटना थी। यह एक अभूतपूर्व शक्तिशाली घटना थी, जिसने पीढ़ियों तक जनमानस को प्रभावित किया। कालान्तर में यह शासकों के लिए सबसे अमिट और आक्रान्त करने वाली घटना बनी रही, जिससे उनकी सत्ता की पिछली डेढ़ शती में 1857 में बग़ावत के अर्थ की कई परतें सामने आयी हैं। उस महान घटना की कोई एकरस प्रस्तुति आज किसी भी तरह युक्तिसंगत नहीं कही जा सकती। इस विद्रोह के सम्बन्ध में समय एवं काल के परिवेश के अनुसार कई अर्थ अब भी निकल रहे हैं। इसका कारण समय के बदलने के अनुसार दृष्टिबोध में उत्पन्न बदलाव भी है। पहले वह जहाँ महान राजनीतिक अभिजन पर ही केन्द्रित होता था, वहीं अब अपेक्षाकृत छोटे लोगों पर भी केन्द्रित होने लगा। यह धारा बग़ावत के आर्थिक आधार की खोज के साथ शुरू हुई और वह आर्थिक आधार था, उत्तर भारतीय कृषक वर्ग के उस तबके की शिकायतें, जिसमें से बंगाल आर्मी से सबसे ज़्यादा सिपाही भर्ती हुए थे। अब यह अन्वेषण कृषक समुदाय की परिधि पर पड़े आदिवासियों की और स्त्रियों की भूमिका आदि तक पहुँचा है। हमारे पास पहले से उपलब्ध आख्यान के मुक़ाबले एक भिन्न आख्यान धीरे-धीरे आकार ले रहा है। जैसा कि युद्ध और शान्ति में नेपोलियन की लड़ाई को लिपिबद्ध करते हुए लियो तॉलस्तॉय ने कहा था कि सेनाध्यक्ष और दूसरे अधिकारियों की कहानी हमेशा मातहतों की कहानी से भिन्न होती है और इन दोनों की कहानियाँ आम सैनिक की कहानी से अलग होती हैं, हालाँकि वे सभी एक ही युद्ध में शामिल होते हैं।

अलग-अलग पीढ़ियों ने अलग-अलग तरीक़ों से 1857 के ऐतिहासिक अनुभव पर दृष्टिपात किया है, चूँकि हर पीढ़ी ने अपने समय के इतिहास द्वारा निर्मिति सरोकारों के सन्दर्भ में ही इतिहास की जाँच-पड़ताल की है।

कार्ल मार्क्स ने 'न्यूयॉर्क डेली ट्रिब्यून' के संवाददाता के रूप में भारत-विषयक लेखन कार्य 1853 में शुरू किया था। इस अख़बार में भारत के सन्दर्भ में दो अति महत्त्वपूर्ण लेख प्रकाशित हुए। उनमें पहला लेख था, 'ब्रिटिश रूल इन इंडिया'। उसमें उन्होंने लिखा था कि किस तरह अंग्रेज़ी राज ने भारत में पुरानी सामाजिक एवं आर्थिक व्यवस्था को तहस-नहस कर दिया था और भारतीय जनता पर अकथनीय तकलीफ़ें ढहा दी थीं। इसके साथ उन्होंने इस तथ्य को भी रेखांकित किया था कि ब्रिटिश उपनिवेशवाद का भारत में ऐसा इरादा न होते हुए भी उसके नवजीवन के लिए आवश्यक परिस्थितियाँ निर्मिति हुईं। दूसरे लेख 'फ्यूचर रिजल्ट्स ऑफ़ ब्रिटिश रूल इन इंडिया' में उन्होंने उस दिन की कल्पना की थी, जब हिन्दू (हिन्दुस्तानवाले) खुद इतने शक्तिशाली हो जायेंगे कि अंग्रेज़ी राज्य के जुए को पूरी तरह उबर फेंकेगे। आगे के घटनाक्रम में मार्क्स को यह यक़ीन हो गया कि भारत में हुआ सैनिक विद्रोह सिर्फ़ सिपाहियों तक ही सीमित नहीं था और यहाँ तक कि "मुसलमानों की ही तरह सिख भी, ब्राह्मणों के साथ हाथ मिला रहे थे और इस तरह ब्रिटिश शासन के ख़िलाफ़ सभी अलग-अलग तबके का एक साझा संगठन तेज़ी से आगे बढ़ रहा था।" बाद में मार्क्स ने विद्रोह के लिए किसानों के सकारात्मक समर्थन की मौजूदगी का उल्लेख किया था।

फ्रेडरिक एंगेल्स ने दिल्ली पर ब्रिटिश सेना के सफल हमले के विश्लेषण के साथ शुरुआत की। उनका मानना था कि विद्रोहियों द्वारा अपनायी गयी कार्य-नीति दिखाती थी कि "वैज्ञानिक युद्धकला के कुछ विचार सिपाहियों के बीच प्रवेश पा चुके थे, लेकिन या तो वे (ये विचार) उनके सामने पर्याप्त रूप से स्पष्ट नहीं थे, फिर इतने प्रबल नहीं थे कि उन्हें पूरी प्रभावी ढंग से लागू किया जा सके।" उन्होंने आगे लिखा कि अवध के विद्रोहियों ने...कैम्पबेल के आगमन के फ़ौरन बाद एक राष्ट्रीय विद्रोह की शक्ति का सबूत दिया है।

मार्क्स ने इस संग्राम के राजनीतिक पहलू पर विचार करते हुए और विद्रोहियों एवं इंग्लैंड के द्वारा की गयी वितृष्णाजनक जघन्यताओं पर प्रकाश डाला है। दूसरी ओर उन्होंने वैधता का सवाल उठाया कि ब्रिटिश द्वारा अवध का अपने शासन क्षेत्र में विलय पूरी तरह से अवैध था और अब हिन्दुस्तान के लोगों के साथ अंग्रेज़ों के बर्ताव के इन तमाम विश्वासघाती तथा नृशंस तरीक़ों ने ही अब अपना बदला लेना शुरू कर दिया था। मार्क्स ने मुक्त व्यापारियों के साम्राज्यवाद पर यों प्रकाश डाला कि भारतीय 'राष्ट्रीय विद्रोह' को भारी ख़ून-ख़राबा के माध्यम से कुचला गया था, ताकि ब्रिटिश राज के नाम पर ब्रिटिश औद्योगिक पूँजी भारत पर उतने सम्पूर्ण तरीक़े से शासन कर सके, जितना ताक़त व आतंक के बल पर सम्भव है।

डी.डी. कौशाम्बी द्वारा 1857 की बग़ावत पर लिखित निबन्ध है 'द रोड टु कानपुर' में उन्होंने 1857 में अपना ख़ून बहाने वाले 'सर्वहारा नायकों' की तारीफ़ की लेकिन वे अंग्रेज़ों के प्रति इन भारतीय सिपाहियों द्वारा प्रदर्शित 'भ्रातृहन्ता निष्ठा' का उल्लेख करना न भूले, जिनकी तलवार ने बर्मिंघम, मैनचेस्टर की कलंकित सभ्यताओं की दुनिया के कई कोनों में पहला सुरक्षित रास्ता खोल दिया। 1857 की बग़ावत का जैसा चरित्रांकन कौशाम्बी ने किया, वह उसके वर्गीय चरित्र के बारे में उनकी समझ का परिणाम था।

1944 में जवाहरलाल नेहरू ने 1857 का एक क्लासिक राष्ट्रवादी मूल्यांकन पेश किया कि यह एक सैनिक गदर से कहीं ज़्यादा था और वह बड़ी तेजी से फैला तथा इसने एक लोकप्रिय विद्रोह और आज़ादी की लड़ाई का स्वरूप ग्रहण कर लिया। वे यह भी जोड़ते हैं कि यह एक सामन्ती विस्फोट था, जिसका नेतृत्व सामन्ती प्रभुओं और उनके अनुचरों के हाथ में था और जिसे व्यापक स्तर पर फैली विदेशी विरोधी भावना का सम्बल मिला हुआ था। नेहरू और कौशाम्बी दोनों की विवेचन मुद्रा में एक तरह की ज्ञानदानी समानता है, इसके बावजूद की प्रगति का प्रत्यय एक जगह राष्ट्रवादी विचार परम्परा के साथ जुड़कर आया था और दूसरी जगह मार्क्सवादी प्रभाव के साथ। लेकिन 1957 में बग़ावत की सौवीं जयन्ती के मौक़े पर नेहरू ने इसे राष्ट्रीय धरोहर के एक हिस्से के रूप में पेश किया।

अगर बीसवीं शती में प्रगति और राष्ट्र-निर्माण के आख्यान प्रभावी थे आज के समय 1857 में हमारे द्वारा ढूँढ़े जाने वाले मायनों में क्या फ़र्क़ दिखलाई पड़ता है? जेण्डर इतिहास, दलितों और आदिवासी समुदायों की भूमिका तथा उत्पीड़ित कृषक वर्ग की प्रतिक्रिया के परिप्रेक्ष्य से कुछ नये सवाल उठाये गये हैं। लेकिन आज की बहस का सबसे प्रमुख मुद्दा सम्भवतः धार्मिकता की भूमिका को लेकर है। अंशतः यह सरोकार धार्मिक बुनियादपरस्ती को पुनः प्रकोप और राजनीतिक मक़सदों के लिए धार्मिक मुद्दों के इस्तेमाल की रंगत लेकर आया है। लेकिन 1857 को समझने की कुंजी के तौर पर दूसरी तमाम पहचानों के मुक़ाबले धार्मिक पहचान की वरीयता देना एक ग़लती होगी।

जॉन विलियम, सी.बी.मैलेसन और जेम्स ऑट्रम ने इस विचार का समर्थन किया है कि वह हिन्दू, मुसलमान, दोनों समुदायों का संयुक्त प्रयास था। जॉनब्रूस नौटीन ने अपनी किताब 'टॉपिक्स फॉर इंडियन स्टेट्समैन' में इसे निरे सैनिक विद्रोह की जगह एक सच्चा जनविद्रोह कहा है। डफ मै लोसन जैसे ज़्यादातर ब्रिटिश विद्वानों ने इरा विचार की पुष्टि करते हुए 1857 की क्रान्ति को अंग्रेज़ों को भारत से खदेड़ने का व्यवस्थित-संगठित अभियान माना है।

ब्रिटिश प्रधानमन्त्री बेंजामिन डिजरायली ने इस क्रान्ति के सही अर्थ को समझते हुए इसे एक सैनिक विद्रोह नहीं, एक राष्ट्रीय विद्रोह की संज्ञा दी है। अधिकांश भारतीय विद्वान इस विद्रोह का स्वरूप राष्ट्रीय मानते हैं। वीर सावरकर और पंडित सुन्दर लाल पहले भारतीय विद्वान थे, जिन्होंने 1857 की बग़ावत को आज़ादी की पहली लड़ाई कही। वी.डी.सावरकर ने मराठी में एक पुस्तक लिखी—'फर्स्ट इंडियन वार ऑफ़ इंडिपेंडेंस'। डॉ. ताराचन्द ने अपनी पुस्तक 'हिस्ट्री ऑफ़ फ्रीडम मूवमेंट' में इसे स्वतन्त्रता के लिए राष्ट्रीय युद्ध बताया। एस.एन. सेन ने 'एट्टीन फिफ्टी सेवन' में लिखा कि इसकी शुरुआत एक धर्म की लड़ाई से शुरू हुई और अन्त एक स्वाधीनता संग्राम से।

आधी शती पहले कौशाम्बी और उनके हमख़याल इतिहासकारों ने 1857 की बग़ावत के स्वरूप को 'सामन्ती' माना था और इसके बावजूद अहमियत के बारे में उनका अन्तिम निष्कर्ष सकारात्मक था तथा इसे एक गौरवशाली संघर्ष के रूप में देखा गया था। इस तथ्य के अलावा यह साम्राज्यवाद के ख़िलाफ़ एक लड़ाई के साथ पारम्परिक राजनीतिक अभिजन के द्वारा अपनी राजनीतिक पसन्द को सामने रखने वाले क़दम को ही प्रगट करती थी। आम जनता द्वारा अपने राजनीतिक चुनाव को सचेत रूप से प्रकट करने के ऐसे मौक़े हमारे इतिहास में बहुत दुर्लभ रहे हैं। 1857 एक ऐसा ही मौक़ा था और इसी वजह से वह हमारे लिए अविस्मरणीय है।

लेकिन सन् 1957 में आर.सी.मजूमदार ने 'द सिपॉय म्यूटिनी एंड द रिवोल्ट ऑफ़ 1857' में कहा कि 1857 में हुआ तथाकथित प्रथम राष्ट्रीय स्वतन्त्रता संग्राम न तो प्रथम था, न ही राष्ट्रीय और न ही स्वतन्त्रता संग्राम। उनके अनुसार एक स्वतन्त्रता संग्राम में एक व्यापक परिप्रेक्ष्य के तहत एक निश्चित योजना और संगठन ज़रूरी होते हैं, जबकि 1857 का उभार उत्तर प्रदेश के एक बड़े हिस्से और इसके पूर्व, पश्चिम और दक्षिण के कुछ छोटे इलाकों तक सीमित था।

कुछ अंग्रेज़ों की तरह बहुत से भारतीय इतिहासकारों ने भी इसे सैनिक विद्रोह की संज्ञा दी है। 'सैनिक विद्रोह' शब्द का इस्तेमाल इस क्रान्ति का अवमूल्यन करने के कारण और उपनिवेशवादियों द्वारा साम्राज्यवादी तथा पूर्वाग्रहग्रस्त खेमेसूचक होने के कारण बहुतों द्वारा अस्वीकार्य और तिरस्कारपूर्ण माना गया है।

अक्टूबर 2006 में उस समय के लोकसभा अध्यक्ष सोमनाथ चटर्जी ने कहा है कि 1857 का संग्राम निस्सन्देह भारतीय स्वाधीनता संग्राम की एक युगप्रवर्तक घटना है। अंग्रेज़ जिसे महज़ एक सैनिक विद्रोह मानते हैं, वह वास्तव में भारत की स्वतन्त्रता के लिए प्रथम युद्ध था, जिसे हर जाति, सम्प्रदाय, धर्म और भाषा से

ऊपर उठकर जनसाधारण ने अपना समर्थन दिया और अंग्रेज़ी शासन का विरोध किया। इन शहीदों ने न सिर्फ़ अपने देश की स्वतन्त्रता के लिए बलिदान दिया बल्कि भावी पीढ़ी के लिए सन्देश भी दिया—बलिदान का सन्देश, दृढ़ विश्वास का सन्देश, शोषण के विरुद्ध युद्ध में जनसाधारण की चरम विजय और इस विजय में पूर्ण विश्वास का सन्देश।

निष्कर्षतः यह कहा जा सकता है कि 1857 में धार्मिक, जातिगत और सामन्ती शक्तियों और निहितार्थों के प्रबल तनाव होते हुए भी इन्हें तोड़ने की शक्ति विद्यमान थी। साम्प्रदायिक और जातिगत तत्त्वों के होते हुए भी धार्मिक और जातिगत ढाँचों में पहचाना जाने वाला समाज एक भारतीय समाज में एकजुट हो सकता है। इस 'भारतीय समाज' की झलक केवल औपनिवेशिक और राजनीतिक परिप्रेक्ष्य में सम्भव था कि भारतेन्दु एक मौलिक और आधारभूत सवाल पूछ सके—होय मनुष्यहिं क्यों भये हम गुलाम थे भूप? यह सवाल इतिहास के भीतर से पूछा गया था। औपनिवेशिक ऐतिहासिक स्थिति से उद्विग्न भारतीय समाज जीवन और मनुष्य के अस्तित्व की गहरी पड़ताल के बिना इसका सामना करना सम्भव न था। यानी मनुष्य और जीवन सम्बन्धी तत्त्ववादी सवालों और उनके उत्तरों के मुक़ाबले मूलभूत सवालों और उनके उत्तरों की ऐतिहासिक प्रकृति ही औपनिवेशिक दासता का मुक़ाबला करने की वास्तविक योग्यता प्रदान कर सकती थी। इस तरह विषय और रूप के प्रकार ऐतिहासिक प्रकृति के अनुरूप 1857 के बाद धीरे-धीरे बदल गये।

रामविलास शर्मा ने 1857 की क्रान्ति को हिन्दी जाति की मूलभूत प्रथम क्रान्ति माना, चाहे वह अपने कुछ कारणों और सीमाओं एवं अन्तर्विरोधों के कारण असफल रही हो। लेकिन 1857 में जो चिनगारी उत्पन्न हुई थी, वह चिनगारी 1947 तक चलती आयी। उनके अनुसार यह क्रान्ति अंग्रेज़ों की साम्प्रदायिकता के बीज बोने की शासन रीति के विरुद्ध थी। अंग्रेज़ी राज के विरुद्ध 1857 की जो क्रान्ति हुई है उसके मूल में प्लासी के युद्ध से लेकर 1857 की क्रान्ति तक के 100 वर्षों की क्रान्ति को हिन्दी प्रदेश का जागरण माना। इसके पहले बंगाल और महाराष्ट्र में नवजागरण का आन्दोलन चल रहा था। लेकिन एक क्रान्ति के रूप में वे सब परिणित नहीं हुए थे। अवध प्रदेश के किसानों की ओर से जब क्रान्ति मच गयी तब पूरे भारत की वह बन गयी। इस हिन्दी जागरण में सबसे बड़ी बात यह हुई कि अंग्रेज़ों के संरक्षण की भूमिका को हिन्दी जातियों ने नकारा था। शर्मा जी के अनुसार इस चेतना को भारतेन्दु युगीन और बाद में द्विवेदी युगीन रचनाकारों ने आत्मसात किया।

उपर्युक्त विवचेन का मक़सद यह है कि 1857 की बग़ावत सम्बन्धी विभिन्न विचारों को इतने वर्षों के बीत जाने के बाद देखकर नये ढंग से या समय के साथ मिलकर देखना। तब स्वतन्त्रता-प्राप्ति के लिए इस बग़ावत की भूमिका को नये ढंग से देखने का अवसर मिल जायेगा और भारतीय नवजागरण से इसका सम्बन्ध भी प्रकट होगा।

भारतेन्दु की विरासत

अपने युग और समय के अनुरूप अतीत के प्रतिभाधनी रचनाकारों की प्रासंगिकता की तलाश हर चेतनासम्पन्न पीढ़ी करती है। इससे जहाँ एक ओर अतीत के प्रति नयी पीढ़ी की जागरूकता का पता चलता है तो दूसरी ओर अपने समय के प्रति उनके गहन एवं स्वाभाविक लगाव का बोध भी हमें प्राप्त होता है। अतीत का जो कुछ भी इस तलाश और पहचान के सिलसिले में जीवन्त और प्राणवान बनकर पाठकों की जिज्ञासा को जगाते हैं, वे ही उसकी विरासत के रूप में आगे के युगों द्वारा स्वीकार किये जाते हैं और उनकी अपनी उपलब्धियों के अंग बन जाते हैं। इसी रूप में परम्परा आगे बढ़कर विकास की नयी-नयी मंज़िलें पार करती है। हम उसके आईने में महज़ वर्तमान को ही नहीं, वरन अतीत और आगत को भी सिलसिलेवार प्रवाहमान शृंखलाबद्ध कड़ियों के रूप में रखकर उसकी जीवन्त वास्तविकता तथा ज्वलन्त सम्भावनाओं की जाँच-पड़ताल करते हैं।

हम भारतेन्दु और उनकी सर्जना को निरन्तर परखते और पहचानते रहना चाहते हैं कि हम भारतेन्दु को बराबर अपने साथ रखते हुए सार्थक बदलाव के लिए चल रहे आज के तमाम अभियानों में उनके अनुभवों को पाथेय के रूप में इस्तेमाल करना चाहते हैं। जिस संसार में भारतेन्दु जिए-मरे और जिस संसार को उन्होंने रचाया-बसाया वह संसार भी हमारे लिए कतई अनजान नहीं है। उनके विचारों के ताप का ही नहीं, उनके बीच उनके बने रहने के एक जीवन्त अहसास का बोध भी हमें है। भारतेन्दु की इस क्रान्तिकारी विरासत को उसके सही सन्दर्भों में विचार का विषय बनाया जाये और दृढ़ता के साथ सामने रखा जाये—यही आज के सन्दर्भ में हमारा परम कर्तव्य है। भारतेन्दु की विरासत को समूचे पैनेपन तथा समूची वस्तुनिष्ठता के साथ उजागर करने की ज़रूरत है। उनकी जीवन्त आधुनिक मानसिकता को कतई नज़रअन्दाज़ नहीं करना है। भारतेन्दु अपने समूचेपन के साथ हमारे समकालीन बने। वे अपने तीखे, गहरे सूक्ष्म तथा तेज़ भाषा-प्रयोग से हमें बहुत गहराई से चिन्तन-मनन करने के लिए मजबूर करते हैं।

यदि भारतेन्दु बहुमुखी प्रतिभा हैं तो भी एक नाटककार के रूप में उनकी ख्याति सबसे ज्वलन्त है। नाट्य-प्रयोग एवं विषय की दृष्टि से सबसे महत्त्वपूर्ण एवं प्रासंगिक दो नाटक हैं–'भारत-दुर्दशा' और 'अन्धेर नगरी'। 'भारत-दुर्दशा' हिन्दी का पहला राजनीतिक नाटक है तो 'अन्धेर नगरी' हिन्दी का पहला आधुनिक नाटक है। इन दो नाटकों की विरासत अथवा प्रासंगिकता पर मुख्यतः तीन स्तरों पर विचार किया जा सकता है–राजनीतिक, सामाजिक और आर्थिक।

भारतेन्दु का काल ब्रिटिश उपनिवेश का था। ब्रिटिश उपनिवेश में भारत सभी दृष्टियों से परास्त हो गया। भारत को पूर्णतः मटियामेट कर यहाँ की सारी सम्पत्ति को अपने देश की ओर ले जाना ब्रिटिशों का एकमात्र लक्ष्य था। भारतेन्दु 'भारत-दुर्दशा' के पहले अंक में ही यह सूचित करते हैं–

"अंगरेज राज सुख साज सजे सब भारी।
पै धन बिदेश चलि जात इहै अति ख्वारी।"

भारत अपने अधिकार से हट गया, फटे कपड़े पहने, सिर पर अर्ध किरीट, हाथ में टेकने की छड़ी और शिथिल अंग के भारत के रूप में उसकी दुर्दशा तो विदित होती है। यही नहीं, भारत दूसरे अंक में दुर्योधन का प्रसिद्ध वाक्य याद करता है– "सूच्याग्रं नैव दास्यामि बिना युद्धेन केशव।" अंग्रेज़ों ने युद्ध का मार्ग अपनाया नहीं, उन्होंने कूटनीतिक चाल से सारा देश हड़पकर इसे श्मशान बना दिया। भारत का सारा ऐश्वर्य, सोचने-समझने की शक्ति, मान-अभिमान, धन, साहित्य, संस्कार सब उन्होंने छीन लिया। भारत अनाथ है, आश्रयहीन है। उसके बचने का रास्ता भी नष्ट हो गया। ऐसी एक नाज़ुक स्थिति में पूर्णतः थके-माँदे, मृतप्राय भारत को प्रस्तुत किया गया है नाटक में।

उपर्युक्त नाज़ुक स्थिति की वजह मध्यकालीन भारतीय जीवन की निस्सारता थी। वे केवल ईश्वर और भाग्यवाद पर विश्वास रखते हुए भौतिकता की समृद्धि की अनदेखी कर रहे थे। इसलिए भौतिक क्षेत्र में जो आगे बढ़े, वे विज्ञान एवं प्रौद्योगिकी की मदद से भारतीय भाग्यवादियों पर आसानी से विजय प्राप्त कर सके। भारतीय मिट्टी बौद्धिक, आध्यात्मिक, साहित्यिक एवं सांस्कृतिक दृष्टि से उर्वर थी। लेकिन उस उर्वरता को नष्ट कर ब्रिटिश शासक भारत के लोगों की सारी क्षमताओं पर अंकुश लगाते हैं। यही नहीं, सामाजिक शिथिलता एवं जर्जरता के लिए जितना काम कर सके, वह सब उन्होंने किया। 'फूट डालो राज करो' की नीति उन्होंने सभी क्षेत्रों में फैलायी। भारत दुर्दैव ब्रिटिशों का प्रतीक है। हमारे यहाँ के लोगों को भी उनको फ़ौजी बनाकर यहाँ के सर्वनाश के लिए उन्होंने बीज बोये। नाटक में अन्धकार, मदिरा आलस्य, रोग, सत्यनाश आदि को

फ़ौजी बनाकर भारत को घेर लिया गया। भारतीय जनता में इन सबको बढ़ावा देने का षड्यन्त्र उन्होंने रचा।

धर्म को सबसे बड़ा हथियार बनाया गया। सत्यनाश वादा करता है कि "बहुत हमने फैलाये धर्म। बढ़ाया छुआछूत का कर्म।" उस उपनिवेश में बहुत से भारतीय ब्रिटिशों के साथ मिलकर भारत के ख़िलाफ़ काम कर रहे थे। उपनिवेशवादी व्यवस्था के लिए क्लर्कों (गुलामों) की ज़रूरत थी। इन क्लर्कों के ज़रिये और विदेशी शिक्षा के ज़रिये जनता की मानसिकता को उपनिवेशों के पक्ष में ढाल लेना ही ब्रिटिशों का लक्ष्य था। यह लक्ष्य अंग्रेज़ी शिक्षा से उन्होंने पूरा किया। धर्म सही रास्ते से विचलित हो गया। कई प्रकार से कूपमण्डूकता बढ़ी। सही पूजा-आराधना के बदले जादू-टोना का प्रचार हुआ। धर्म की दुर्व्याख्या से भारतीय जीवन को शिथिल बनाया गया। इसके साथ उस समय के राजा-महाराजा अपव्य के साथी थे। फूट, डाह, लोभ, भय, उपेक्षा, स्वार्थपरकता, पक्षपात, हठ आदि बढ़ते जा रहे थे। जिन-जिन मार्गों से भारतीय चेतना पर आघात पहुँचा सका, उन सबका इस्तेमाल इन ब्रिटिशों ने किया।

आख़िर भारत को चेतना शून्य बनाया गया। उस चेतना शून्य स्थिति से उसको बचाने के लिए सांस्कृतिक जागरण की ज़रूरत आ पड़ी। आर्थिक दृष्टि से पिछड़े हुए समाज में संस्कृति का सामाजिक तथा मूल्यगत महत्त्व है। वाल्टर बेंजामिन ने ठीक ही लिखा है कि किसी ख़तरे के समय संस्कृति की रचनात्मकता का स्मरण होता है। तीसरी दुनिया के पिछड़े देशों ने अपने सांस्कृतिक जागरण को राष्ट्रीय जागरण में बदल दिया। उपनिवेश में नवजागरण का दायित्व दो संस्कृतियों की टकराहट में अपनी अस्मिता की पहचान में है। उपनिवेशवादी भारत के अतीत का गौरव-गान करते रहे तो भी तत्कालीन भारत को मुर्दा देश माना गया। औपनिवेशिक अनुभव उपनिवेश-विरोध के रूप में सामने आया। इसके मूल में किसी-न-किसी प्रकार का संघर्ष था। संघर्ष एक ऐसी वस्तु है, जो इसमें संलग्न व्यक्तियों को रचनात्मक बनाती है। संघर्ष और रचना का बहुत गहरा सम्बन्ध है।

'भारत-दुर्दशा' में उपर्युक्त संघर्ष में प्रज्वलित सांस्कृतिक क्षेत्र के कुछ मनीषी एकजुट हो गये। वे भारत को बचाने के मार्गों पर विचारविमर्श करते रहे हैं। वे सब रचनात्मक क्रान्ति से भारतीय चैतन्य को वापस लाने के पक्ष में थे। वे सब इस बात पर सहमत रहे कि "सब लोग मिलकर एक चित्त हो विद्या की उन्नति करो, कला सीखो, जिससे वास्तविक उन्नति हो।" लेकिन 'कवि वचन सुधा' जैसी पत्रिका पर भी प्रतिबन्ध लगाने का सरकार की तरफ़ से जो उपक्रम हुआ,

उससे यह विदित हो उठा कि सभी प्रकार से भारतीयों को परतन्त्र बनाकर भारत की पूरी बरबादी ही ब्रिटिश सरकार ने चाही थी।

अचेत भारत को जगाने के लिए भारत-भाग्य ने उसके कानों पर अतीत के गौरव को फूँक दिया। लेकिन इन सबका कोई असर इसलिए उस पर नहीं पड़ा था कि यहाँ के सांस्कृतिक महत्त्व को ब्रिटिश शासक मानते नहीं थे। यहाँ के उस समय के महात्माओं ने असल में अपनी अस्मिता की प्रतिष्ठा तथा जनता की जागरूकता के लिए भारतीय संस्कृति का आधार ग्रहण किया था। भारत-भाग्य भारत में जिस विदेशी शिक्षा का उदय हुआ था, उसको उम्मीद एवं गर्व की दृष्टि से देखता है। उसे भी भारत का भाग्य वह समझता है। इससे यह संकेत भी मिलता है कि भारतीय नवजागरण पाश्चात्य शिक्षा का परिणाम है। लेकिन इसे अनेक कारणों में से एक मानना सही होगा। भारत भाग्य की उक्ति से यह सूचना मिलती है कि चेतना का लक्षण प्रकट हुआ, लेकिन पुराने सामाजिक भेदभावों, अत्याचारों एवं अन्यायों से मुक्ति की सम्भावना दिखाई नहीं देती। "छिन्न-भिन्न होकर सब नरक की यातना भोगते हैं।" भारतेन्दु हमेशा, भारत की उन्नति के लिए चिन्तित थे। उन्होंने एक निबन्ध में लिखा—"भाई हिन्दुओ, तुम भी मतमतान्तर का आग्रह छोड़ो। आपस में प्रेम बढ़ाओ। इस महामन्त्र का जप करो। जो हिन्दुस्तान में रहे, चाहे किसी रंग किसी जाति का क्यों न हो, वह हिन्दू है। हिन्दू की सहायता करो। बंगाली, मरट्ठा, पंजाबी, मदरासी, वैदिक, जैन, ब्राह्मण, मुसलमान एक-एक का हाथ एक पकड़ो। कारीगरी जिससे तुम्हारे यहाँ बढ़े, तुम्हारा रुपया तुम्हारे ही देश में रहे, वह करो। देखो जैसे हज़ार धारा होकर गंगा समुद्र में मिलती है, वैसे ही तुम्हारी लक्ष्मी हज़ार तरह से इंग्लैंड, फ्रांस, जर्मनी, अमेरिका को जाती है।" भारत-दुर्दशा का मूलमन्त्र भी यही है।

भारत-भाग्य भारत को जगाने के लिए कई ईश्वरों को बुलाता है, लेकिन कोई सुनता नहीं। अन्त में पराजित होकर भारत-भाग्य आत्महत्या कर लेता है। उसने कहा, "मुझसे वीरों का कर्म नहीं हो सकता।" इसका तात्पर्य है कि भारत को सचेत करने के लिए वीर-कर्मठ योद्धाओं की ज़रूरत है। भाग्यवाद, ईश्वरवाद आदि कर्मक्षेत्र से बच जाने के मार्ग हैं। जो इन मार्गों पर अडिग रहते हैं, वे असल में निष्क्रिय एवं डरपोक लोग हैं; इसलिए समय की ज़रूरत को मानकर भारत-भाग्य खुद अपनी भूमिका समाप्त करता है। भारत में आधुनिकता के आगमन की सूचना अर्थात् भौतिक विकास का संकेत भारत-भाग्य के अन्त के साथ नाटक में प्राप्त होता है।

'अन्धेर नगरी' को भारत-दुर्दशा की अगली कड़ी माना जाना चाहिए। 'भारत-दुर्दशा' में उन्होंने कहा था 'किया चौपट यह सारा देश', इसलिए उस चौपट देश के हालात पेश करने के लिए चौपट राजा की कहानी चुन ली गयी। जिस देश के सारे के सारे क्षेत्रों में मदिरा, धार्मिक उच्छृंखलता, अनावृष्टि, बुद्धिजीवियों की गुलामी जैसे तमोगुण फैल गये, वहाँ सिर्फ़ अँधेरा ही अँधेरा बना रहेगा। यह एक नगरी तक सिमटता नहीं, बल्कि पूरे देश भर में व्याप्त हो जाता है। एक देश का अन्धेरापन उस देश की तत्कालीन शासन-व्यवस्था पर आधारित है। इस नाटक में एक लोक-कथा के ज़रिये तत्कालीन शासन-व्यवस्था पर अत्यन्त तीखा व्यंग्य छोड़ा गया है, जो उसकी पूरी संरचना में घुल-मिल गया है। रामविलास शर्मा ने ठीक ही लिखा है—"भारतेन्दु ने यहाँ यह दिखाया है कि पुरानी लोक-संस्कृति के रूपों को राजनीतिक चेतना फैलाने के लिए किस तरह इस्तेमाल किया जाना चाहिए।"

(भारतेन्दु हरिश्चन्द्र और हिन्दी नवजागरण की समस्याएँ, पृ. 132)

'अन्धेर नगरी चौपट राजा' के मंगलाचरण का भाव ही पूरे नाटक में गूँजता रहता है। गुण-अवगुणों का भेद समझने में असमर्थ राजशासन में नीति एवं न्याय कैसे चलेंगे? अन्धेर नगरी का वातावरण यथार्थ जीवन का ही प्रतिबिम्ब है। अन्धेर नगरी के गुणी लोग चन्दन और कीकर वृक्ष का भेद, हंस और काक का भेद, हाथी और गधे का भेद और कपूर एवं कपास का भेद न जाननेवाले हैं। यहाँ सब वस्तुएँ हैं, चाहे मानव हो, धर्म हो, कबाब हो, सब्ज़ी हो, जानवर हो। किसी में कोई अन्तर नहीं है। यहाँ सब चीज़ें टके सेर बिकती हैं, "टका सेर भाजी टका सेर खाजा।" महन्त के ये विचार सबसे उल्लेखनीय हैं—

"सेत सेत सब एक से जहाँ कपूर कपास।
ऐसे देश कुदेश में, कबहूँ न कीजै बास।।
कोकिल बायास एक सम, पण्डित मूरख एक।
इन्द्रायन दाडिम विषय, जहाँ न नेकु विवेक।।
बिए ऐसे देस नहीं, कनक-वृष्टि जो होय।
रहिए तो दुख पाइए, प्राण दीजिए रोय।।"

अन्धेर नगरी की सत्ता, मूर्ख राजा एवं नौकरशाही मिलकर जनता का मनमाना शोषण करते नज़र आ रहे हैं। वहाँ का बाज़ार व्यंग्यात्मक ढंग से हिन्दुस्तान की बुरी हालत की पोल खोल देता है। यहाँ टके का महत्त्व सर्वोपरि है। टके के लिए जाति, धर्म आदि बेचे जाते हैं। अन्धेर नगरी अंग्रेज़ी राज्य का ही दूसरा नाम है। अंग्रेज़ी राज्य के हाकिम ही घासीराम के चने खाकर लोगों पर दूना टैक्स लगाते हैं।

यहाँ हिन्दुस्तान का मेवा-फ्रूट और वैर—टके सेर बिकते हैं। यहीं जैसे काजी, वैसे पाजी है। यहीं दालमण्डी है, जहाँ की देवियाँ चूरन की शौकीन हैं और जहाँ अमले चूरन खाकर दूनी रिश्वत पचाते हैं। यही वेद-धर्म, कुलमर्यादा, सच्चाई, बड़ाई सब टके सेर बिके जाते हैं। इससे समकालीन नवउपनिवेशी बाज़ार कैसे भिन्न हैं?

इस अन्धेर नगरी का राजा असल में चौपट ही होगा। न्याय चलाना उसके वश की बात नहीं है। क्या ग़लत है, क्या सही है, यह उसे आता नहीं है। उसके देश में सभी प्रकार का अन्याय चलता है। अपराध के लिए दण्ड अवश्य देगा, लेकिन भोगनेवाला और कोई होगा। बाज़ार का आकर्षण बड़ा है। नाटक में अपने गुरुजी की आज्ञा न मानकर गोवरधनदास टके सेर मिठाई खाता है और चौपट राज्य की व्यवस्था में फँस जाता है। लेकिन इस नाटक में जो महन्त है, वह चिन्तनशील सचेतन बुद्धिजीवी का प्रतीक है। 'भारत-दुर्दशा' में भारत-भाग्य ने कर्मवीरों की ज़रूरत की ओर इशारा किया था। यहाँ चिन्तनशील बुद्धिजीवी वर्ग ब्रिटिशों के सामने लाचार हो गया है। यद्यपि 'भारत-दुर्दशा' का सबसे सजीव हिस्सा किताबखाने वाला दृश्य है तो भी वहाँ जनता से विच्छिन्न बुद्धिजीवियों की असहाय दशा उकेरी गयीहै।

'अन्धेर नगरी' में सचेतन सूझबूझ वाले महन्त के ज़रिये चौपट राजा को फाँसी पर चढ़ाना बहुत ही प्रतीकात्मक है। बुद्धिप्रबल लोगों के सामने चौपट राजा सुधबुध खोकर परास्त हो गया। ऐसे विवेकियों से ही भारत को चेतना मिलती है। सन्दर्भ के अनुसार विवेक का इस्तेमाल कर आगे बढ़ने पर उपनिवेशी ताक़तें अवश्य डाँवाडोल हो जायेंगी। ऐसे विवेकी लोगों के एकजुट होकर काम करने से भारत दुर्दैव यहाँ से चला जायेगा। इसलिए ग्रामीण और अनपढ़ जनता की भी समझ में आनेवाली बातें लिखकर भारतेन्दु ने अंग्रेज़ी राज्य की अन्धेर नगरी की आलोचना ही नहीं, इस अन्धेरगर्दी को ख़त्म करने की प्रबल इच्छा भी प्रकट की। इस इच्छा को चरितार्थ करने के उपलक्ष्य में महन्त नामक पात्र की सृष्टि की गयी। 'भारत-दुर्दशा' में अतीत का गौरवगान तो है, पर वह जन-मानस में चेतना भर देने तथा आत्मगौरव से सजग करने के उद्देश्य से ही किया गया है।

भारतीय नवजागरण अतीत से जुड़ा हुआ है, उससे बहुत कुछ ग्रहण करके आगे बढ़ना है। सच तो यह है कि अपने यहाँ अतीत, वर्तमान, भविष्य का विभाजन नहीं है। काल का एक-सा तथ्य है। आधुनिक जो भी विचार हो; वे सब वेद, उपनिषद नववेदान्त में घुले-मिले हुए हैं। आत्मचेतस अन्धेर नगरी के महन्त में विद्यमान है। 'भारत-दुर्दशा' में प्रत्येक चिन्तनशील व्यक्ति में असमर्थ निकले हैं क्योंकि वे तितर-बितर पड़े हैं। भारतेन्दु के विचार में जब इन आत्मचेतसों

को समष्टि-चेतस में परिणत करें, तब चौपट राजाओं का अन्त सुनिश्चित होगा। इसलिए भारतेन्दु मण्डली रूपायित हुई।

उपनिवेशवाद एक सच्चाई है, जिसका एक लम्बा इतिहास है। इस दीर्घकालीन राजनीतिक एवं सांस्कृतिक व्यवस्था की जड़ों ने भारतीय समाज, संस्कृति, अर्थव्यवस्था तथा विकास योजना में व्यापक रूप से घुसपैठ की है, लेकिन आज भी उसके प्रतिरोध का क्रियात्मक प्रयास शुरू नहीं हुआ है। औद्योगिक क्रान्ति के पश्चात् साम्राज्यवादी शक्तियाँ मण्डी की खोज में निकलने लगी थीं। यह साम्राज्यों एवं उपनिवेशों की स्थापना हेतु निकली। साम्राज्यवाद की नृशंसता, कुरूपता तथा उसकी परिणतियों से देशी लोग परेशान होने लगे। परिणामस्वरूप नवजागरण, नये राष्ट्रबोध तथा सामन्ती मूल्यों की चुनौती देने का कार्य आदि शुरू हुए। यह भी सच है कि नयी राष्ट्रीयता नवजागरण और राष्ट्रीय स्वतन्त्रता आन्दोलन का सम्बन्ध उपनिवेशी शक्तियों से प्रत्यक्ष एवं परोक्ष रूप से है। असल में उन्हीं से प्राप्त ज्ञान-विज्ञान ने भारतीय जागरण के हेतुओं में मुख्य भूमिका निभाई है, चाहे पाश्चात्य शिक्षा प्राप्त कुछ व्यक्तियों के ज़रिये हो। निजी संस्कृति को पहचान कर हीनता भाव के बिना व्यवहार करने की शैली नवजागरण काल में अपनाई गयी। उक्त राष्ट्रीय संस्कृति के केन्द्र में बहुलतावादी भारतीय संस्कृति को पहचानने का आग्रह, धर्मनिरपेक्षता, समाजवादी लोकतन्त्र, स्वतन्त्रता का मोह आदि बातें अन्तर्निहित रही थीं। इसलिए धीरे ही सही, उसमें सभी वर्ग, वर्ण, जाति, धर्म आदि का योगदान रहा।

आज भूमण्डलीकरण की प्रक्रिया के द्वारा जो नवउपनिवेशी साम्राज्यवाद पुष्ट हो रहा है, उसके प्रतिरोध की ज़रूरत है। अमेरिका उस समय ब्रिटेन का प्रत्यक्ष उपनिवेश रहा है तो आज अमेरिका भूमण्डलीकरण के नाम पर अपनी स्वार्थता के तहत विश्व को अपने लिए अनुकूल मण्डी बना लेने का कुत्सित कार्य कर रहा है। भूमण्डलीकरण का असली लक्ष्य अविकसित तथा विकासशील राष्ट्रों को आवश्यक आर्थिक तथा तकनीकी सहायता देकर उन्हें विकासोन्मुख करना तथा विश्वराष्ट्रों का खुला मंच तैयार करना भी है। लेकिन आज विश्वबैंक, अन्तरराष्ट्रीय मुद्रा कोष तथा विश्वव्यापार संगठन अपने मूल लक्ष्य से विचलित होकर अमेरिकी साम्राज्यवाद को पनपने का अवसर दे रहे हैं। आज भारत में शहरों, गाँवों के भेद के बिना हर दरवाज़े पर बहुराष्ट्रीय कम्पनियों एवं बैंकों के बिचौलिए खड़े हुए हैं, अपने आकर्षक वादों की तरफ़ जन साधारण का ध्यान आकर्षित करने तथा उन्हें फँसा लेने के लिए। इसके लिए सुविधा प्रदान कर रहे हैं हमारे देश के सत्ताधारी चौपट राजा लोग। अन्धेर नगरी में बाज़ार सब चीज़ों

की बिक्री का केन्द्र है। यही नहीं, वहाँ का प्रत्येक व्यापारी विज्ञापन के ज़रिये अपनी ओर उपभोक्ताओं को आकर्षित कर रहा है। वे तब देश के सारे तन्त्रों से परिचित हैं। वे ही राजा से, नगरी की दण्डनीति से, मुसलमान-ईसाई भेद-भाव को बनाये रखते हुए धर्म की बिक्री की सम्भावनाओं से परिचित हैं। यानी कि वे देश के हर स्पन्दन को समझनेवाले हैं। आज एक चीज़ के बदले में दो या तीन मुफ़्त में देने का जो तन्त्र है, अन्धेर नगरी के तन्त्र से कहाँ भिन्न है? आज के विज्ञापनों का मुख्य नारा है 'मुफ़्त और किश्त नीति'।

आज भारत की बहुत से चीज़ों पर अधिकार बहुराष्ट्रीय कम्पनियों का है। खेती के क्षेत्र में, वनस्पति के क्षेत्र में, औषधियों के क्षेत्र में, विज्ञान और तकनीकी क्षेत्र में सब कहीं भारत का स्वत्व नष्ट हो रहा है। यही नहीं, विदेशी कम्पनियों ने भारत के बाज़ारों पर भी अपना अधिकार जमा लिया। भारतेन्दु ने सूझ-बूझ के साथ 'भारत-दुर्दशा' में "धन विदेस चलि जात यहै अति ख्वारी" का सूत्र पकड़कर अंग्रेज़ों की लूट का बुनियादी तौर से पर्दाफ़ाश कर दिया था। उस समय आम जनता जिस प्रकार असली लूट से अनभिज्ञ थी, वैसे ही आज के नवउपनिवेश में छिपे छल की गहराई से अबूझ होकर उसके जंजाल में फँस गयी है। साम्राज्यवादियों के खुले बाज़ार में शामिल होकर अपनी मातृभूमि को एक बाज़ार में परिवर्तित करके हमारे शासकों ने बड़ी भूल की है। हमारे देश के चौपट राजाओं की आँखें खोलने और उनकी नीति के ज़रिये जो भीषण अमानवीय और जनविरोधी स्थिति पैदा हुई, उससे अवगत कराने का कार्य समाज के बुद्धिजीवी वर्ग को अपना दायित्व समझना है, जैसे भारतेन्दु ने रास्ता दिखाया है। आज के उपनिवेश के ख़िलाफ़ संघर्ष करने के लिए हमें उपनिवेशित दृष्टि से मुक्त होना अनिवार्य हो गया है। हर भारतीय स्वदेशी बनता जाये, तो नव-उपनिवेश समाप्त हो जायेगा। ऐसे सांस्कृतिक विमर्श के लिए हमें भारतेन्दु की ओर, उनके विवेक और तर्कबुद्धि की ओर पुनः देखना पड़ता है। विदेशी उपनिवेश के ख़िलाफ़ देश की आत्मा की खोज अथवा आत्मचेतस को जगाने का प्रयास भारतेन्दु ने अपनी रचनाओं के ज़रिये किया। सचमुच वही कार्य नवउपनिवेश कालीन अधिकांश रचनाकार करते आ रहे हैं। हम मुड़-मुड़कर देखने को तैयार हैं भारतेन्दु की ओर, तब उनकी रचनाएँ हमारे लिए पाथेय बनती हैं, यह समय की अनिवार्यता है। जितने युग बीत जाने पर भी हमारे सामने समयानुकूल जिज्ञासाएँ जगाते हुए हमसे संवाद करते हुए पीढ़ी-दर-पीढ़ी का साथ देने की जो शक्ति भारतेन्दु की रचना में है, वही है भारतेन्दु की विरासत। प्रत्येक युग के प्रतिभावान रचनाकार हमें यही याद दिलाते हैं कि 'हम प्रलय न होने देंगे।'

आचार्य रामचन्द्र शुक्ल की लोकतन्त्रीयता बनाम राष्ट्रीयता

"सच्चे कवि राजाओं की सवारी, ऐश्वर्य की सामग्री में ही सौन्दर्य नहीं ढूँढ़ा करते। वे फूँस के झोंपड़े, धूल-मिट्टी में सने किसानों, बच्चों के मुँह में चारा डालते हुए पक्षियों, दौड़ते हुए कुत्तों और चोरी करती हुई बिल्लियों में कभी-कभी सौन्दर्य का दर्शन करते हैं जिसकी छाया भी महलों और दरबारों तक नहीं पहुँच सकती।" (कविता क्या है?) यह हिन्दी आलोचना में ही नहीं भारतीय आलोचना में एक नयी लोकतन्त्रीय संस्कृति का सूचक है। सामन्तीय पूँजीवादी व्यवस्था का प्रतिरोधात्मक स्वर ज़ाहिर होने के साथ इससे पृथ्वीबोध से संवलित भारतीय संस्कृति की सादगी को साहित्यिक प्रतिमान के रूप में प्रतिष्ठित किया गया है। लोकतन्त्रीय बहुलता की स्वीकृति साहित्य को उच्च स्तर तक पहुँचा सकती है। नवजागरण के सन्दर्भ में जो आधुनिकता रूपायित हुई वह भारतीय जनमानस का परिष्कार कर आगे की ओर विकास प्राप्त कर रही थी। उसका पुष्ट स्वरूप है शुक्ल जी की कविता सम्बन्धी मान्यता। यह सम्पूर्ण जीवजगत को परस्पराश्रित बनाकर आपसी मान्यता की प्रक्रिया को मज़बूत कर कर्मजगत को सक्रिय एवं धार्मिक बनाने की प्रेरणा और उन्मेष प्रदान करती है।

शुक्ल जी का समय औपनिवेशिक समय था। उस समय भारत के सांस्कृतिक कर्मियों एवं बुद्धिजीवियों पर पश्चिम के बौद्धिक उपनिवेशवाद का गहरा प्रभाव पड़ा था। आँखें बन्द कर उसका अनुकरण सामान्य स्वभाव बन गया। राजनीतिक गुलामी के साथ ज्ञान के विभिन्न क्षेत्रों को भी उपनिवेशवाद की मानसिक गुलामी ने जकड़ रखा था। परिणामतः हमारी अपनी मौलिक सोच-समझ क्षीण हो रही थी। उपनिवेशवाद की इस बौद्धिक चुनौती का सामना शुक्ल जी ने सशक्त ढंग से आलोचना के क्षेत्र में किया। उन्होंने भारतीय काव्यशास्त्रीय परम्परा के सबसे मज़बूत सिद्धान्त रस को आधार मानकर हिन्दी साहित्य का विवेचन विश्लेषण

लोकसामान्य की भूमिका में आँकने का प्रतिमान निर्मिति किया। यह है साहित्य जगत में उनकी स्वदेशी भावना। भरतमुनि ने अपने नाट्यशास्त्र की भूमिका में नाटक को 'सार्ववर्णिक पंचम वेद' कहा। नाट्य की सार्ववर्णिकता की यह घोषणा अपने आप में एक क्रान्ति थी। यह अभिजात्यवादी और आधिपत्यवादी संस्कृति के बरअक्स एक नयी संस्कृति रचने का उपक्रम था। वैसे ही बीसवीं शती में आचार्य रामचन्द्र शुक्ल ने ई.पू. इसी भरतमुनि के रस सिद्धान्त के लोकाधार रूप में जो साधारणीकरण है उसकी बुनियाद में कविता का प्रतिमान खड़ा कर दिया। यह उपनिवेश से आतंकित बौद्धिकता के सामने प्रतिरोध का समाधान पेश करने के साथ भारतीय साहित्य की बुनियाद को प्रशस्त करता है। भट्ट लोल्लट, शंकुक, भट्टनायक और अभिनवगुप्त तक आकर साधारणीकरण को जो व्यापकता मिली है उसे भारत की वर्तमान साहित्यिक स्थिति से जोड़कर भौतिक अथवा लोक स्वरूप प्रदान करने में शुक्लजी सफल हुए। अभिनवगुप्त ने परिभाषित किया, मुख्य बात यही है कि कला अपने सीमित व्यक्तित्व की संकरी कारा को उतनी देर के लिए तोड़कर बड़ी दुनिया से पाठक को या दर्शक को जोड़ देती है। अपने मोह संकट से उबरकर बड़ी दुनिया से जुड़ पाना रसानुभूति की स्थिति है। इसी दृष्टि से शुक्लजी हृदय की मुक्तावस्था को रसदशा कहते हैं। भरत ने जो सार्ववर्णिकता कहा वह यह है कि आदमी का अपनी निजता के प्रति मोह टूटना और सच्चाई के व्यापक परिप्रेक्ष्य को देख पाना कविता, कला की उस शक्ति की परिणति है। आचार्य शुक्ल भट्टनायक के अभिप्राय से सीधे यों समझाते हैं, "इस भूमि पर पहुँचे हुए मनुष्य को कुछ काल के लिए अपना पता नहीं रहता। वह अपनी सत्ता को लोकसत्ता में लीन किये रहता है।"

निश्चय ही नाट्यशास्त्र में सार्ववर्णिक शब्द का जिस प्रसंग में प्रयोग है, वहाँ सीधा अर्थ इतना भर ही है कि जो सब वर्णों—सब जाति के लोगों के लिए मनुष्य मात्र के लिए गम्य हो, जिसके दरवाज़े कुछ के लिए खुले और कुछ के लिए बन्द रहे, ऐसा न हो। सार्ववर्णिकता की इस स्थूल भौतिक व्याख्या के आगे नाट्य की वस्तु में अन्तर्गुंफित सार्ववर्णिकता की बात भी भरत के उन कथनों में है, जो उन्होंने असुरों को समझाते हुए कही। उसके आगे विषयवस्तु की सार्ववर्णिकता की बात ही नहीं, उसके प्रभाव की सार्ववर्णिकता की भी बात आती है। इस प्रकार भरतमुनि ने सार्ववर्णिकता के अभिप्राय के द्वारा कला के बहुत बड़े दायरे और उसकी गहनता को रेखांकित किया। आचार्य रामचन्द्र शुक्ल ने कविता के द्वारा समग्र मनुष्य जाति के जगत के साथ तादात्म्य की बात कहकर उसके प्रभाव की सार्ववर्णिकता स्वीकार की है। शुक्लजी की कविता की परिभाषा द्वारा

उसे प्रकट किया जा सकता है—"जिस प्रकार आत्मा की मुक्तावस्था ज्ञानदशा कहलाती है, उसी प्रकार हृदय की यह मुक्तावस्था रसदशा कहलाती है। हृदय की इसी मुक्ति की साधना के लिए मनुष्य की वाणी जो शब्दविधान करती आयी है, उसे कविता कहते हैं।" यहाँ उल्लेखनीय बात है कि हृदय की मुक्तावस्था जो है वह है साधारणीकरण। तब कविता में मनुष्य की वाणी होनी चाहिए अथवा मनुष्य की भाषा को शब्दबद्ध करने की बात उठती है। तब मनुष्य की भाषा किस प्रकार की होनी चाहिए, यह है शुक्लजी की काव्य-सम्बन्धी मान्यता यानी काव्य प्रतिमान। तब शुक्लजी अपने को भारत के साहित्य सिद्धान्तों की बृहत्तर कला से जोड़ते हैं।

कविता क्या करती है, और उस प्रकार की कविता के लिए कौन-सा विषय उचित है। 'कविता क्या है?' निबन्ध के आधार पर यह कहा जाता है कि कविता ही मनुष्य के हृदय को स्वार्थ-सम्बन्धों के संकुचित मण्डल से ऊपर उठाकर लोक-सामान्य भाव-भूमि पर ले जाती है, जहाँ जगत की नाना गतियों के मार्मिक स्वरूप का साक्षात्कार और शुद्ध अनुभूतियों का संचार होता है, इस भूमि पर पहुँचे हुए मनुष्य को कुछ काल के लिए अपना पता नहीं रहता। वह अपनी सत्ता को लोक-सत्ता में लीन किये रहता है। उसकी अनुभूति सबकी अनुभूति होती है या हो सकती है। इस अनुभूति-योग के अभ्यास से हमारे मनोविकार का परिष्कार तथा शेष सृष्टि के साथ हमारे ज्ञानात्मक सम्बन्ध की रक्षा और निर्वाह होता है।

यहाँ आकर शुक्लजी इस जगत की बहुस्वरता एवं अनेकरूपता की ओर हमारा ध्यान आकृष्ट करते हैं। जिस प्रकार जगत अनेकरूपात्मक है उसी प्रकार हमारा हृदय भी अनेकभावात्मक है। इन अनेक भावों का परिष्कार तभी सम्भव हो जाता है जब इनका प्रकृत सामंजस्य जगत् के भिन्न-भिन्न रूपों, व्यापारों या तथ्यों के साथ हो जाये। शुक्लजी के अनुसार जिन भावों एवं रूपों के साथ मनुष्य आदिम युगों से ही परिचित है, जिससे वे मोहित एवं आकृष्ट हो जाते हैं उनका सीधा सम्बन्ध है मनुष्य का। इसलिए काव्य में उन रूपों एवं व्यापारों का विषय या आलम्बन बनाना ज़रूरी है। तब वे लिखते हैं—"वन, पर्वत, नदी, नाले, निर्झर, कछार, पटपड़, चट्टान, वृक्ष, लता, झाड़, फूँस, शाखा, पशु, पक्षी, आकाश, मेघ, नक्षत्र, समुद्र इत्यादि ऐसे ही चिर-सहचर रूप हैं। खेत, दुर्री, हल, झोंपड़े, चौपाए इत्यादि भी कुछ कम पुराने नहीं हैं। इसी प्रकार पानी का बहना, सूखे पत्तों का झड़ना, बिजली का चमकना, घटा का घिरना, नदी का उमड़ना, मेघ का बरसना, कोहरे का छाना, डर से भागना, लोभ से लपकना, छीनना, झपटना, नदी या दल-दल से बाँह पकड़कर निकालना, हाथ से खिलाना, आग में झोंकना,

गला काटना ऐसे व्यापारों का भी मनुष्य-जाति के भावों के साथ अत्यन्त प्राचीन साहचर्य है। ऐसे आदि रूपों और व्यापारों में वंशानुगत वासना की दीर्घ-परम्परा के प्रभाव से, भावों के उद्‌बोधक की गहरी शक्ति संचित है, अतः इनके द्वारा जैसा रस-परिपाक सम्भव है वैसा कल-कारख़ाने, गोदाम, स्टेशन, इंजिन, हवाई जहाज़ ऐसी वस्तुओं तथा अनाथालय के लिए चेक काटना, सर्वस्वहरण के लिए जाली दस्तावेज़ बनाना, मोटर की चरखी घुमाना या इंजिन में कोयला झोंकना आदि व्यापारों द्वारा नहीं।"

इससे सिद्ध होता है कि शुक्लजी परम्परावादी हैं, प्रकृतिवादी हैं और स्वदेशीयता के बलबूते पर साहित्य सृजन की अनिवार्यता समझनेवाले हैं। सभ्यता की वृद्धि के अनुकूल जो कविताएँ रची जाती हैं उन कविताओं में मूल वासना या रूप को पकड़ने की गुंजाइश नहीं है तो वह जाली दस्तावेज़ या कोयला की इंजिन के समान नीरस बन जायेगी। शुक्लजी की सभ्यता समीक्षा के मूल में वही है।

शुक्लजी ने काव्य विषय को आगे विस्तार देते समय तीन प्रकार की काव्यदृष्टियों की चर्चा की है—एक तो नर-क्षेत्र के भीतर रहती है, दूसरी मनुष्येतर बाह्य सृष्टि में रहती है और तीसरी समस्त चराचरों पर आधारित है। शुक्ल जी तीसरी सृष्टि को महत्त्वपूर्ण मानते हैं। शुक्लजी इस समष्टि रूप में समस्त जीवन क्षेत्र को कविता में समन्वित करते हैं। सबसे ज़्यादा प्रासंगिक है उनका यह विचार—"कहने की आवश्यकता नहीं कि विच्छिन्न दृष्टि की अपेक्षा समष्टि-दृष्टि में अधिक व्यापकता और गम्भीरता रहती है।" प्रकृति के समस्त चराचरों एवं उनके भावों की समष्टिगत अभिव्यक्ति होनी चाहिए मनुष्य की वाणी में। वहाँ बहुलता का सामंजस्य है, विपरीतों का सामंजस्य है। वैश्विक भावनाओं को कविता में जब अंकित किया जाता है तब मनुष्य स्वार्थ-भूमि के परे पहुँचे हुए सच्चे अनुभूति-योगी बन जाते हैं। कवि इसके द्रष्टा मात्र रह जाते हैं।

आधुनिक आलोचकों में प्रकृतिबोध का इतना बहुआयामी वर्णन शुक्लजी के समान और किसी में नहीं है। 'काव्य में प्राकृतिक दृश्य' लिखकर प्रकृति और कविता के बीच का रिश्ता उन्होंने सतर्कता से अभिव्यक्त किया। शुक्लजी ने आधुनिकीकरण और पूँजीवाद से जो विनाशकारी प्रवृत्ति यहाँ दिखाई पड़ने लगी और मनुष्य स्वार्थी बनकर अन्य जीव-जन्तुओं एवं प्रकृति का नाश करने लगा उसका खुला चित्रण कविता क्या है? में सन्तुलित दृष्टि से प्रस्तुत किया। यह भी नहीं कविता का विषय क्या होना है अथवा उसे कैसे गोचर बनाना है ऐसी बातों पर भी विचार किया है। "मनुष्य सारी पृथ्वी छेंकता चला जा रहा है। जंगल कट-कटकर खेत, गाँव और नगर बनते चले जा रहे हैं। पशु-पक्षियों का भाग

छिनता चला जा रहा है। उनके सब ठिकानों पर हमारा निष्ठुर अधिकार होता चला जा रहा है। वे कहाँ जायें? कुछ तो हमारी गुलामी करते हैं। कुछ हमारी बस्ती के भीतर या आस-पास रहते हैं और छीन-झपटकर अपना हक ले जाते हैं। हम उनके साथ बराबर ऐसा ही व्यवहार करते हैं, मानो उन्हें जीने का अधिकार ही नहीं है।" यहाँ शुक्लजी उच्च भारतीय दृष्टि को जीव-जगत में सबको यहाँ समान रूप से जीने के अधिकार को तथा साकल्यताधिष्ठित भौम सदाचार को प्रतिबिम्बित करते हैं। कविता में मार्मिक तथ्यों का उद्घाटन आधुनिक उपकरणों एवं कार्यव्यापारों से सम्भव नहीं है। ये सब निर्मितियाँ हैं, जो सहज स्वाभाविक है, रूप-भाव है वह रस को जन्म देता है। उसके लिए उन्होंने मनुष्य की जो स्वार्थता कैसे दूसरों प्राणियों के जीने का अधिकार छीन लेती है, यह स्पष्ट किया है। आधुनिकता के उदय से या ज्ञानोदय जो कहा गया है, वहाँ मनुष्य केन्द्र में आ गया तथा अन्य सारे के सारे प्राणीजगत एवं रूपजगत मनुष्य के उपयोग के लिए मात्र सीमित हो गया। उसका घोर विरोध शुक्ल जी कई प्रकार से करते हैं। कविता में वह मार्मिक तथ्य विशेष परिस्थितियों में सामने आता है। जैसे—'कोसों तक फैले, कड़ी धूप में तपते' मैदान के बीच एक अकेला वट-वृक्ष दूर तक छाया फैलाये खड़ा है। हवा के झोंकों से उसकी टहनियाँ और पत्ते हिल-हिल कर मानो बुला रहे हैं। हम धूप से व्याकुल होकर उसकी ओर बढ़ते हैं। देखते हैं, उसकी जड़ पास एक गाय बैठी आँखें मूँदे जुगाली कर रही है। हम लोग भी उसी के पास आराम से जा बैठते हैं। इतने में एक कुत्ता जीभ बाहर निकाल हाँफता हुआ उस छाया के नीचे आता है और हममें से कोई उठकर उसे छड़ी लेकर भगाने लगता है—इस परिस्थिति को देख कोई भावुक व्यक्ति उस पेड़ का सम्बोधन यों करेगा—"काया की न छाया यह केवल तुम्हारी द्रुम/अन्तस के मर्म का प्रकाश यह छाया है।/ भरी है इसी में वह स्वर्ग-स्वप्न-धरा नयी/ जिसमें न पूरा-पूरा नर बह पाया है/ शान्तिसार शीतल प्रसार यह छाया धन्य!/ प्रीति-सार पसारे इसे कैसी हरी काया हो/ हे बर/ तू प्यार इस तरू का स्वरूप देख,/ देख फिर घोर रूप तूने जो कमाया है।" इन पंक्तियों से मानव की वाणी का सही रूप प्रतिफलित करने के साथ आज मानव भयानक ढंग से स्वार्थता का शिकार बनता जा रहा है। उसकी अभिव्यक्ति हुई है लेकिन पेड़ में जिन भावों को आरोपित किया गया उसके ज़रिये पेड़ के समष्टि रूप का अनावरण हुआ है।

अर्थ लाभ पर ध्यान देनेवाले व्यापारियों पर वे हमेशा व्यंग्य करते हैं। इसलिए शुक्लजी कविता का महत्त्व यों कहते हैं कि जो भावुक या सहृदय होते हैं अथवा काव्य के अनुशीलन से जिनके भाव-प्रसार का क्षेत्र विस्तृत हो जाता है,

उनकी वृत्तियाँ उतनी स्वार्थबद्ध नहीं रह सकतीं। पूँजीवादी व्यापारी मानसिकता वाले सदा अपने लाभ के ध्यान से या स्वार्थ-बुद्धि द्वारा ही परिचालित होते हैं। इसलिए अर्थियों के निकट उनकी बहुत-सी क्रियाओं का कोई अर्थ नहीं होता। शुक्लजी सामन्तवाद, उपनिवेशवाद और पूँजीवाद के ख़िलाफ़ थे। उनसे वे सतर्क रहे। रीतिकालीन सामन्तीय साहित्य का घोर विरोध प्रकट करने के साथ छायावादी काव्य पश्चिमी साहित्य की नक़ल कहकर उसके दोषों की ओर इशारा किया। काव्य में सहज भारतीय परम्परा एवं समयानुकूल उसमें आनेवाले परिवर्तन को वे मानते हैं। हमेशा लोकतन्त्रीयता के परिप्रेक्ष्य में वे कविता को देखते थे। इसलिए हिन्दी कविता में स्वच्छन्दतावादी कविता को ख़ूब चाव से उन्होंने प्रतिष्ठित किया और छायावाद को उन्होंने उससे अलगाया। अपने 'हिन्दी साहित्य का इतिहास' में स्वच्छन्दतावादी कविता सम्बन्धी उनके मन्तव्यों पर विचार करते समय रीतिकालीन काव्य एवं छायावादी काव्य के प्रति उनकी जो असहमति है वह स्पष्ट हो जाती है। देखिए—"पंडितों की बँधी प्रणाली पर चलानेवाली काव्यधारा के साथ-साथ सामान्य अनपढ़ जनता के बीच एक स्वच्छन्द और प्राकृतिक भावधारा के गीतों के रूप में चलती रहती है—ठीक उसी प्रकार जैसे बहुत काल से स्थिर चली आती हुई पंडितों की साहित्यभाषा के साथ-साथ लोकभाषा की स्वाभाविक धारा भी बराबर चलती रहती है। जब पंडितों की काव्यभाषा स्थिर होकर उत्तरोत्तर आगे बढ़ती हुई लोकभाषा से दूर पड़ जाती है और जनता के हृदय पर प्रभाव डालने की उसकी शक्ति क्षीण होने लगती है तब शिष्ट समुदाय लोकभाषा का सहारा लेकर अपनी काव्यपरम्परा में नया जीवन डालता है। प्रकृति के पुराने रूपों में लदी अपभ्रंश जब लद्धड़ होने लगी तब शिष्ट काव्य प्रचलित देशी भाषाओं से शक्ति प्राप्त करके ही आगे बढ़ सका। यही प्राकृतिक नियम काव्य के स्वरूप के सम्बन्ध में भी अटल समझना चाहिए। जब-जब शिष्टों का काव्य पंडितों द्वारा बाँधकर निश्चेष्ट और संकुचित होगा तब-तब उसे सजीव और चेतन प्रसार देश की सामान्य जनता के बीच स्वच्छन्द बहती हुई प्राकृतिक भावधारा से जीवन तत्त्व ग्रहण करने से ही प्राप्त होगा।" वे आगे लिखते हैं—"यह भावधारा अपने साथ हमारे चिरपरिचित पशुपक्षियों, पेड़-पौधों, जंगल-मैदानों आदि को भी समेटे चलती है। देश के स्वरूप के साथ यह सम्बद्ध चलती है। एक गीत में कोई ग्रामवधू अपने वियोगकाल की दीर्घता की व्यंजना अपने चिरपरिचित प्रकृति व्यापार द्वारा इस भोले ढंग से करती है—"जो नीम का प्यारा पौधा प्रिय अपने हाथ से द्वार पर लगा गया वह बड़ा होकर फूला और उसके फूल झड़ भी गये, पर प्रिय न आया।" शुक्लजी की मान्यता है कि स्वाभाविक भावधारा के ढलाव की नाना

अन्तर्भूमियों को परखकर शिष्ट काव्य के स्वरूप का पुनर्विधान करना। इस प्रकार के परिवर्तन की ही अनुभूति की सच्ची नैसर्गिक स्वच्छन्दता (ट्रू रोमांटिसिज़म) कहना चाहिए, क्योंकि वह मूल प्राकृतिक आधार पर होता है।

शुक्लजी के अनुसार रीतिकाल की रूढ़ियाँ किसी दूसरे देश की नहीं हैं। वह संस्कृत साहित्य में विकसित है। उसके अनुकरण पर लिखित प्राकृत-अपभ्रंश काव्य में भी यह धारा बहती आयी है। लेकिन पंडितों और विद्वानों द्वारा रूप ग्रहण करते रहने और कुछ बँध जाने के कारण जनसाधारण की भावमयी धारा से कुछ हट गया। शुक्लजी के मुताबिक़ स्वच्छन्दतावादी काव्यधारा वह है जो अनुभूति की स्वच्छन्दता की धारा प्रकृत पद्धति पर अर्थात् परम्परा से चले आते हुए मौखिक गीतों के मर्मस्थल से शक्ति लेकर चलने पाती तो वह अपनी ही काव्य परम्परा होती—अधिक सजीव और स्वच्छन्दता की हुई। वे मानते हैं कि रीतिकाल के भीतर रसों और अलंकारों के उदाहरण के रूप में रचना होने से और कुछ छन्दों की परिपाटी बँध जाने से हिन्दी कविता जकड़-सी उठी थी। शुक्लजी यह स्वीकार करते हैं कि हरिश्चन्द्र के सहयोगियों में काव्यधारा को नये-नये विषयों की ओर मोड़ने की प्रवृत्ति दिखाई पड़ी, पर भाषा व्रज ही रहने दी गयी और पद्य के ढाँचों, अभिव्यंजना के ढंग तथा प्रकृति के स्वरूप निरीक्षण आदि में स्वच्छन्दता के दर्शन नहीं हुए। शुक्लजी इस पर बल देते हैं कि इस प्रकार की स्वच्छन्दता का आभास पहले-पहले पं. श्रीधर पाठक ने ही दिया। उन्होंने प्रकृति के रूढ़िबद्ध रूपों तक ही न रहकर अपनी आँखों से भी उसके रूपों को देखा। 'गुनवन्त हेमन्त' में वे गाँव में उपजनेवाली मूली, मटर ऐसी वस्तुओं को भी प्रेम से सामने लाये जो परम्परागत ऋतुवर्णनों के भीतर नहीं दिखाई पड़ती थीं।

लेकिन शुक्लजी खेद के साथ कहते हैं कि जो सच्ची और स्वाभाविक स्वच्छन्दता श्रीधर पाठक से प्रवृत्त हुई थी वह महावीर प्रसाद द्विवेदी के आगमन से नष्ट हो गयी। उनके द्वारा इतिवृत्तात्मक पद्यों का खड़ीबोली में ढेर लगने लगा। लेकिन उसके बाद आधुनिक कविता में तृतीय उत्थान के रूप में वे छायावादी कविता को मानते हैं। वह स्वाभाविक स्वच्छन्दता की ओर बढ़ नहीं पाया। यहाँ उनका विचार ध्यान देने योग्य है—"बीच में रवीन्द्र बाबू की 'गीतांजली' की धूम उठ जाने के कारण नवीनता प्रदर्शन के इच्छुक नये कवियों में से कुछ लोग पाश्चात्य काव्य पद्धति को 'विश्वसाहित्य' का लक्षण समझ उसके अनुसरण में तत्पर हुए। परिणाम यह हुआ कि अपने यहाँ के रीतिकाल की रूढ़ियों और द्वितीय उत्थान की इतिवृत्तात्मकता से छूटकर बहुत-सी हिन्दी कविता विदेश की

अनुकूल रूढ़ियों और वादों में जा फँसी। इनेगिने कवि भी स्वच्छन्दता के मार्मिक और स्वाभाविक पथ पर चले।"

उपर्युक्त बातों से कई बातें स्पष्ट हो जाती हैं। एक तो यह है कि शुक्लजी परम्परा से चली आ रही काव्य रूढ़ियों को पहचानते हैं, पर पंडितों से ग्रहण की गयी बँधी पद्धतियाँ वे सही समझते नहीं। उनके बीच में जनसाधारण की लोक शैलियाँ एवं भावमयी वाग्धारा उनके अनुसार आज की कविता होनी चाहिए। वह प्रकृति एवं लोक जीवन है। वह वादों एवं पाश्चात्य काव्य पद्धतियों के अन्धे प्रयोगों से नहीं बनता पर सहज स्वच्छन्द रूढ़िमुक्त काव्य सरणि है वह। वह शुक्लजी की नोस्टेलजिया है, उनकी स्मृतियाँ हैं। वह इन स्मृतियों को लोकजीवन को जगानेवाली कविता जनसाधारण की है, वह उदात्त है। वह मानवीयता के उच्च धरातल को छू लेती है। यह मान्यता उनके काव्य-प्रतिमान है, यह है उनके 'लोक' शब्द का मतलब भी।

शुक्लजी हिन्दी के पहले आलोचक हैं, जिन्होंने साहित्य चिन्तन के क्षेत्र में व्याप्त मध्ययुगीन मिथकीय वातावरण को वैज्ञानिक एवं सामाजिक परिप्रेक्ष्य प्रदान किया। उन्होंने 'रस-मीमांसा' में स्पष्ट कहा है, 'अध्यात्म' शब्द की मेरी समझ में काव्य या कला के क्षेत्र में कहीं कोई ज़रूरत नहीं है। उन्होंने सिद्धों एवं नाथों को साम्प्रदायिक कहकर छोड़ दिया। कबीर के सम्प्रदाय एवं हठयोग के मार्ग से वे आकृष्ट नहीं हैं। इसलिए वे कबीर के जनसाधारण के लिए लिखे गये को मानते हैं, पर योग साधना साधारण लोक से दूर है। जीवन की रागात्मक विशालता एवं समग्रता का अभाव उन्होंने कबीर में देखा, पर कभी भी कबीर का बहिष्कार नहीं किया। उन्होंने 'मनुष्यत्व की सामान्य भावना' को आगे करनेवाले के रूप में कबीर को देखा। यह भी ठीक है कि कबीर ने 'परोक्ष सत्ता की एकता' को ध्यान में रखकर यह सब काम किया, मगर उनके प्रयासों का असर 'निम्न श्रेणी की जनता' पर व्यापक रूप से पड़ा। शुक्लजी का लोकधर्म असल में भागवत सम्प्रदाय के आधार पर विकसित सगुण भक्ति-धारा के ही अनुकूल निर्मिति है। कबीर के काव्य भाषा सम्बन्धी उनके सैद्धान्तिक विवेचन को बहुत सतर्कता से देखना है। उन्होंने 'पंचमेल खिचड़ी' भाषा कहा कबीर की भाषा को। लेकिन उसमें कबीर की प्रतिभा प्रकट होती है, अप्रस्तुत विधान में पारंगत (रूपक, अन्योक्ति आदि) शब्दशक्तियों के अद्भुत प्रयोक्ता (चुटीली, व्यंग्य चमत्कारपूर्ण बातें, आदि), मनुष्यता की अन्तःप्रकृति की भाषा (हृदय को शुद्ध और प्रेममय करने का उपदेश, मनुष्य-मनुष्य के भेदभाव को दूर करनेवाली वाणी आदि) आदि विशेषताएँ मौजूद हैं।

1924 में शुक्लजी ने 'जाति-व्यवस्था' शीर्षक एक लेख लिखा। उसमें उन्होंने जो लिखा वह उन्हें वर्णव्यवस्था में सीमित करने वालों के लिए जवाब था—"जाति व्यवस्था संसार में कहीं नहीं, यह सभ्य समाज की चीज़ नहीं, यह भारतीय संस्कृति के प्रतिकूल है, इसे हटाना ज़रूरी है, नहीं तो देशभक्ति की मृत्यु निश्चित है।" उनके उन विचारों को और भी हम सुनेंगे—" 'जाति संस्था' ने प्रजाति की शुद्धता को सुरक्षित रखने का असफल प्रयत्न किया है। इतिहास का हर छात्र जानता है कि भारतीय रक्त शक, यवन, यहूदी, हूण, मंगोल, आर्य तथा द्रविड़ रक्तों का मिश्रण है। जाति-व्यवस्था के विरुद्ध सबसे बड़ी आपत्ति यह है कि इसने मनुष्य का स्तरों और श्रेणियों में रूढ़ विभाजन कर दिया है—कुलीन और ऊपर से दैवी कहे जानेवाले ब्राह्मण अन्य सबको इसी दृष्टि से देखते हैं। क्रमशः प्रत्येक जाति अपने से नीची जाति को तुच्छ समझती है। इस तरह हम हतभाग्य अस्पृश्यों और वर्गहीन जाति बहिष्कृतों के विशाल जन समूह तक नीचे उतरते हैं। इस प्रकार जाति व्यवस्था हार्दिक सहयोग या प्रतिक्रिया, प्रेम, विश्वास, पारस्परिक प्रभाव या आचरण की स्वतन्त्रता के अवरोध का कारण बनती है।"

शुक्लजी 'सभ्य संसार के भावी धर्म' लिखकर विज्ञान सम्मत नये धर्म की वकालत करते हैं। अभी तक के धर्मों के स्थान पर विज्ञान सम्मत धर्म कैसे होगा—"माना स्वभाव में मानवीय दुर्बलताओं के साथ-साथ मानवोचित उन्नतिशीलता भी मौजूद है और तमाम कठिनाइयों के होते हुए भी कभी-न-कभी मनुष्य उन पर विजय प्राप्त करेगा ही, ऐसे लोगों में इस समूची बात की ख़ास तलाश है कि इस वर्तमान अस्त-व्यस्त अवस्था का अन्त कैसे होगा। इन्हीं लोगों का एक दल यह समझता है कि इस व्यापक विप्लव का प्रभाव संसार के धार्मिक जीवन पर भी पड़ेगा और उसमें एक गहरा परिवर्तन होगा। उनका ख़याल है कि जहाँ संसार में, लोगों में विरोधी दलों के प्रति अविश्वास बढ़ता जाता है, वहाँ साथ ही संसार की वर्तमान अवस्था का एक लक्षण यह भी है कि संसार भर के सभी देशों की दलित जातियों में एक प्रकार की पारस्परिक सहानुभूति भी है। मज़दूर, अराजकतावादी स्त्रियाँ, स्काउट्स, काली जातियाँ—सभी अपने संगठनों को अन्तर्जातीय रूप देना चाहते हैं।"

संसार के वर्तमान संगठित धर्म के अधिकारी, ईसाई पादरी, हिन्दू पंडित, मुसलमान मुल्ला, बुद्ध भिक्षु आदि कूपमण्डूकता की गिरफ़्त में हैं। वे नये रूप में परिवर्तित होना नहीं चाहते हैं। इससे धार्मिक कट्टरता एवं लोगों की स्वतन्त्रता का हनन होता है। इसलिए दूसरे का आरम्भ अनिवार्य है। 'रिडल्स ऑफ़ यूनिवर्स' का अनुवाद 'विश्व प्रपंच' इसी नज़रिये से विचारणीय है। इस पुस्तक ने योरोप

में तहलका मचा दिया। सबसे ज़्यादा पादरियों के बीच में खलबली मची गयी। यह पुस्तक ईश्वरीय सत्ता, धर्म और धार्मिक पाखण्ड पर चोट करती है और जीव और जगत सम्बन्धी तार्किक आधार प्रस्तुत करती है। शुक्लजी ने इस पुस्तक की एक लम्बी भूमिका तैयार की वह धार्मिक पाखण्डता एवं सम्प्रदायिकता के बहिष्कार का द्योतक है और समकालीन सन्दर्भ में विचारणीय है–"ईश्वर साकार है कि निराकार, लम्बी दाढ़ीवाला है कि चार हाथ वाला, अरबी बोलता है कि संस्कृत, मूर्ति पूजनेवालों से दोस्ती रखता है कि आसमान की ओर हाथ उठानेवालों से, इन बातों पर विवाद करनेवाले अब केवल उपहास के पात्र होंगे। इसी प्रकार सृष्टि के जिन रहस्यों को विज्ञान खोल चुका है, उनके सम्बन्ध में जो प्राचीन पौराणिक कथाएँ और कल्पनाएँ (6 दिन में सृष्टि की उत्पत्ति, आदम हौवा का जोड़ा, चौरासी लाख योनि इत्यादि) हैं, वे अब ढाल तलवार का काम नहीं दे सकतीं। अब जिन्हें मैदान में जाना हो, वे नाना विज्ञानों से तथ्य संग्रह करके सीधे उस सीमा पर जायें, जहाँ दो पक्ष अड़े हुए हैं–एक ओर आत्मवादी, दूसरी ओर अनात्मवादी, एक ओर जड़वादी, दूसरी ओर नित्य चैतन्यवादी। यदि चैतन्य की नित्य सत्ता सर्वमान हो गयी तो फिर सब मतों की भावनाओं का समर्थन हुआ समझिए, क्योंकि चैतन्य सर्वस्वरूप है। नाना भेदों में अभेद दृष्टि ही सच्ची दृष्टि है। इसी के द्वारा सत्य का अनुभव और मतमतान्तर रागद्वेष का परिहार हो सकता है।" इस भूमिका का उद्देश्य हिन्दी जगत में धर्मों एवं ईश्वर सम्बन्धी विभिन्न विचारवालों के बीच में झगड़ा चल रहा था उसे वैज्ञानिक ढंग से निपटाना था। लेकिन आज पूरे भारत के सामने विभिन्न धर्मों के बीच में तथा विभिन्न मतवालों के बीच का संघर्ष बहुत ख़तरनाक रूप धारण कर चुका है। यहाँ शुक्ल जी की वैज्ञानिक दृष्टि और उस दृष्टि का विकास भारतीय जनता में ज़रूरतमन्द बखूबी प्रकट हैं। समकालीन जीवन में अन्धविश्वास से बचाने के लिए जाति, धर्म आदि की तंग गलियों का रास्ता छोड़कर व्यापक एवं वैज्ञानिक दृष्टिकोण को अपनाने का यह आह्वान शुक्लजी सम्बन्धी मिथ्या धारणाओं को छोड़ने में सहायक बनेगा। शुक्लजी कभी भी साहित्य को अध्यात्म से जोड़ने को तैयार नहीं हुए। चाहे वह सिद्धों तथा नाथों के सन्दर्भ में हो, सन्तों के हठयोग के सन्दर्भ में हो, छायावाद या रहस्यवाद के सन्दर्भ में हो।

शुक्लजी अपनी लोकदृष्टि के ज़रिये बहुलता को संस्कार के साहित्य में प्रतिष्ठित करते हैं। वैसे वे एक राष्ट्र-संस्कृति को अपनी आलोचना में सुरक्षित रखते हैं। अनन्त रूपात्मक जगत के प्रत्येक को वे मानते हैं। भरतमुनि के रससिद्धान्त का आधार सार्ववर्णिक है तो शुक्लजी के विचारों का आधार भी वह वैविध्यमय

जगत ही है। कब हमें आनन्द मिलता है? इन अनन्त रूपात्मक जगत के सामने जब कभी मनुष्य अपनी पृथक् सत्ता की धारणा से छूटकर, अपने आपको बिल्कुल भूलकर विशुद्ध अनुभूति का पात्र बन जाता है तब वह मुक्त हृदय का हो जाता है। वह शान्ति, अहिंसा, स्नेह, करुणा, सत्य का साक्षात्कार करता है। जीवन के संघर्ष से बिल्कुल दूर। यह सबकी स्वीकृति है। उनकी मान्यताएँ भारतीय परम्परा, प्रकृति आदि पर केन्द्रित हैं, बिल्कुल वैज्ञानिक है। यह है राष्ट्र की संस्कृति एवं भाषा। निस्सन्देह शुक्लजी बिल्कुल स्वदेशी विचारों के निचोड़ हैं और उनकी राष्ट्र-संकल्पना बहुलता की स्वीकृति पर अवस्थित है।

सन्दर्भ ग्रन्थ

1. आचार्य रामचन्द्र शुक्ल ग्रन्थावली
2. सामयिक सरस्वती—जनवरी-मार्च, 2018

प्रेमचन्द और राष्ट्र

प्रेमचन्द भारत की मिट्टी की नब्ज़ को आत्मसात किये महान लेखक हैं। वे उपनिवेश भारत में पैदा होकर वहीं गुज़र गये। अपने समय का देश सामन्तवादी, पूँजीवादी और उपनिवेशवादी घिनौनी प्रवृत्तियों से आतंकित था। सामन्तीय व्यवस्था में किसान चरमरा रहा था, स्त्रियाँ हाशिए पर थीं, भेदभाव, उच्च-नीचत्व आदि ने साम्प्रदायिक दंगे को जन्म दिया था। औपनिवेशिक ताक़तों के सामने भारत की राजनीतिक, सामाजिक एवं आर्थिक स्थितियाँ और भी तहस-नहस हो रही थीं। सामन्तीय व्यवस्था से पूँजीवादी व्यवस्था का आरम्भ आधुनिकता के पदार्पण से हुआ। लेकिन वहाँ भी पहले से ज़्यादा भयानक ध्वंस मानवीयता का हुआ। उनके सामने पश्चिम एक चुनौती था। उनके अनुसार पराजित होकर भी भारतीय सभ्यता पश्चिमी सभ्यता से श्रेष्ठ है। उन्होंने लिखा—"वाह रे पश्चिम की सभ्यता, तूने मानवता के लिए तो कहीं जगह ही नहीं रखी। चारों तरफ़ निकृष्ट व्यावसायिकता का राज है। लोभ को जब पर लग जाते हैं, तब वह जुआ हो जाता है। ...वाह रे योरोप! तेरी गुलामी हमें न जाने पतन की किस गहराई तक ले जायेगी।" (जुए का युग, विविध प्रसंग-1, पृ. 455-56, दिसम्बर 1933)। मानवीयता का निषेध प्रेमचन्द को कचोट रहा था। राष्ट्र सम्बन्धी प्रेमचन्दीय जो विचार है उसमें मुख्य गाँव एवं गाँव में रहनेवाले किसान थे। भारत की पीड़ित जनता अथवा लघुता के प्रति है उनका मोह।

प्रेमचन्द के समय अवध और भारत के विभिन्न प्रान्तों में जो किसानी आन्दोलन एवं संघर्ष चल रहे थे उनकी सही अभिव्यक्ति प्रेमचन्द ने अपने उपन्यासों में की। प्रेमचन्द की सबसे बड़ी चिन्ता किसानों पर थी। हंस में उन्होंने किसानों पर एक टिप्पणी यों लिखी—"अंग्रेज़ी राज्य में ग़रीबों, मज़दूरों और किसानों की दशा कितनी खराब है और होती जाती है उतनी समाज के और किसी अंग की नहीं। लेकिन यह सब होते हुए भी सरकार के हाथों किसी सम्प्रदाय की इतनी बरबादी नहीं हुई है जितनी किसानों और मज़दूरों की ख़ासकर किसानों की।

किसानों की हालत रोज़-ब-रोज़ खराब होती जा रही है। उनपर लगान बढ़ता जाता है—सख्तियाँ बढ़ती जाती हैं। कौंसिलों में उनके हितों का कोई रक्षक नहीं। अगर उन्हें संगठित करने की कोशिश की जाती है तो सरकार, ज़मींदार, सरकारी मुलाजिम और महाजन सभी भन्ना उठते हैं। चारों ओर से हाय-हाय मच जाती है। बोलशेनिज़म का हौवा बताकर उस आन्दोलन को जड़ से खोदकर फेंक दिया जाता है।

प्रेमचन्द मानते हैं कि 'वर्तमान सभ्यता का सबसे अच्छा पहलू राष्ट्रीयता की भावना का जन्म लेना है।' लेकिन सच्ची राष्ट्रीयता उनकी नज़र में तब तक नहीं आ सकती जब तक कि सामाजिक आर्थिक और शैक्षणिक ग़ैर-बराबरी जनता में बनी रहेगी। वे जनतान्त्रिकता के पक्ष में हैं और आधुनिक सभ्यता का सबसे प्रधान गुण उसे वे समझते हैं। इससे पता चलता है कि प्रेमचन्द के लिए भविष्य का जो भारत है उसका ताना-बाना 'राष्ट्रीयता', 'जनतान्त्रिकता' और 'आधुनिकता' के रेशे से निर्मिति है जिसमें किसान-मज़दूर अपनी क़िस्मत के मालिक हैं। प्रेमचन्द के प्रमुख उपन्यासों का मुख्य विषय ही किसान और उनसे जुड़ी हुई समस्याएँ हैं। अपने आरम्भ के उपन्यास 'वरदान' जिसका लेखन-काल 1905-06 है तथा अन्तिम उपन्यास 'गोदान' तक यह चिन्ता उत्तरोत्तर गहरी और यथार्थवादी होती गयी है। प्रेमचन्द के किसान निरीह और बेज़बान नहीं हैं। वे अपने अधिकारों के प्रति सजग हैं और उन्हें प्राप्त करने के लिए निरन्तर संघर्ष भी करते हैं। 'वरदान' उपन्यास में प्रेमचन्द किसान की ग़रीबी से हमारा परिचय कराते हैं। उसमें रात-दिन पसीना बहाने पर भी भूखे पेट और नंगे बदन रहनेवाले किसान, टूटे-फूटे फूँस के झोंपड़े, मिट्टी की दीवारों, ओले-पानी से मारी हुई फ़सलें, गाली-गलौज और मार-पीट से उधार जानेवाला लगान, सूदखोर महाजन, झूठे मुक़दमे बनाने में पारंगत अधिकारी, दुर्गन्धपूर्ण गलियाँ और वहाँ रहनेवाले निम्न जाति के लोग, प्रगतिशील समाज-सुधार आन्दोलन के विरुद्ध नगर के सेठ-साहूकारों, पण्डे-पुजारियों का गठबन्धन आदि मूर्ख मिलते हैं। सेवासदन का व्यापक फलक स्त्री केन्द्रित है तो भी चेतु, अहीर, बलराज और मनोहर अन्याय और शोषण का प्रतिकार करनेवाले नये किसान के प्रतिनिधि हैं।

प्रेमचन्द 1918-1923 के किसान आन्दोलन की माँगों का समर्थन करते हैं। "भूमि उसकी है जो उसको जोते—किसी तीसरे वर्ग का समाज में कोई स्थान नहीं है।" ज़मींदारी को प्रेमचन्द ने निरा दलाली कहा है। किसी तीसरे उपजीवी वर्ग को किसानों के परिश्रम पर पेश करने का कोई अधिकार नहीं है। वह आरम्भ से ही पूर्ण ज़मींदारी व्यवस्था के उन्मूलन के पक्ष में हैं। उन्होंने यह राय व्यक्त

की है कि ज़मींदारी-प्रथा का अन्त होना चाहिए। उसके बिना न तो भारत का सामाजिक जीवन उन्नत हो सकता है न किसान सुखी और सम्पन्न हो सकता है। वे किसान की गरदन पर किसी प्रकार का जुआ रखने के विरुद्ध थे। अवध में किसानी जो आन्दोलन हुआ उसकी अभिव्यक्ति प्रेमाश्रम और कर्मभूमि उपन्यासों में हुई। ब्रिटिश सरकार ने फ़ौज और पुलिस की मदद से जिस निर्ममता से इस आन्दोलन का दमन किया ऐसे उदाहरण इतिहास में कम मिलते हैं। 'प्रेमाश्रम' और 'कर्मभूमि' में प्रेमचन्द ने ब्रिटिश सरकार और सामन्तों के द्वारा किसानों के विरुद्ध संयुक्त दमन का विस्तार से चित्रण किया है। किसानी आन्दोलनों पर आधारित दोनों उपन्यास ऐतिहासिक दस्तावेज़ हैं। प्रेमचन्द ने 'रंगभूमि' में सामन्तवाद के द्वारा और पूँजीवाद के उदय को एक महान यथार्थवादी कलाकार के रूप में पेश किया। वे शुद्ध व्यवसाय और मुनाफ़ा केन्द्रित व्यवस्था के घोर विरोधी रहे। वे पूँजीवाद को भी सामन्तवाद की भाँति भारत के किसान-मज़दूरों के लिए अहितकर समझते थे। इसलिए 'कायाकल्प' में जगदीशपुर की जनता 'बेगार' के विरुद्ध सामन्तवाद और साम्राज्यवाद की सम्मिलित शक्तियों से सशस्त्र मोर्चा लेती है। 'कायाकल्प' में प्रेमचन्द पहली बार मज़दूरों और किसानों को मिलाकर संघर्ष करता चित्रित करते हैं। कर्मभूमि के लगानबन्दी आन्दोलन के मूल में 1929-33 का वह विश्वव्यापी आर्थिक संकट है जिसका सर्वाधिक दुष्प्रभाव किसानों पर पड़ा।

1934 के बाद मूल्य वृद्धि में मामूली-सा सुधार हुआ लेकिन इससे आर्थिक मन्दी की स्थिति में कोई विशेष परिवर्तन नहीं आया। विध्वंस के प्रभावों पर भी क़ाबू नहीं पाया जा सका। 1934 के बाद से जनता के कष्ट और भी गम्भीर हो गये। आय कम और क़र्ज़ दूने हो गये। 'गोदान' किसान के इस गहरे होते संकट और पूँजीवादी व्यवस्था के वर्चस्व का दस्तावेज़ है। ज़मींदार अब पूँजीपति का स्वयं क़र्ज़दार है। राय अमरपाल सिंह बैंकर और मिल-मालिक खन्ना से क़र्ज़ लेते हैं और वह उनका अपमान भी करता है, लेकिन अब इस नयी शक्ति का राय साहब प्रतिरोध नहीं कर पाते। 'गोदान' कर्मभूमि से आगे की कहानी है। साहूकारों द्वारा कराये गये 'कर्मभूमि' के समझौते से किसानों का कोई लाभ नहीं हुआ। उनकी स्थिति निरन्तर बिगड़ती गयी। 'गोदान' का शोषण-तन्त्र सूक्ष्म और जटिल है। प्रेमचन्द ने बहुत विस्तार से भारतीय कृषक पर पड़ने वाले प्रभावों का व्यापकता से परिचय दिया है। गाँव के किसानों का शोषण करने में अब पूँजीपति खन्ना भी प्रत्यक्ष रूप से आगे है। खन्ना की स्वीकारोक्ति कि—"मैंने कितनी रिश्वतें दी हैं। कितनी ली हैं। किसानों का ऊख तौलने के लिए कैसे आदमी रखे, कैसे नकली बाट रखे।"

प्रेमचन्द अपनी रचनाओं के ज़रिये हमेशा यह दिखाना चाहते हैं कि पूँजीपति का शोषण-तन्त्र सामन्त की अपेक्षा अधिक विस्तृत और निर्मम है। उसके सामने मुनाफ़े के अतिरिक्त और कोई मूल्य नहीं। धन के सम्बन्ध में प्रेमचन्द का विचार है—"सारी आत्मिक, बौद्धिक और शारीरिक शक्तियों के सामंजस्य का नाम धन है। इसके लिए व्यापार के क्षेत्र में न कोई दोस्त है, न भाई।" इस प्रवृत्ति का प्रभाव धीरे-धीरे गाँव पर भी पड़ने लगता है और उसका सामूहिक जीवन तेज़ी से नष्ट होने लगता है। गोदान में किसानों के शोषणकर्ताओं की एक लम्बी सूची है जिसमें आधा दर्जन महाजन, ज़मींदार, उनके कारकुन पटवारी, तहसीलदार, थानेदार व पुलिस के दूसरे कर्मचारी तथा पुलिस के दूसरे सरकारी और अर्धसरकारी अफ़सर हैं। इस निर्मम शोषण ने किसान को मनुष्यता की हालात में भी रहने नहीं दिया है। महाजनों का जो एक बार क़र्ज़ लेता है, कई पीढ़ियों तक वह किसान गुलामी करने के लिए विवश हो जाता है। 'सवा सेर गेहूँ' में भी पण्डित दातादीन की परम्परा के एक विप्रवर ने जो धर्म के साथ महाजनी भी करते हैं, बीस साल गुलामी करने पर भी शंकर के परिवार को मुक्ति नहीं दी और 120 रुपये देनदारी सवा सेर गेहूँ के बदले हुई फिर भी बाक़ी रखी।

अब स्वतन्त्रता के इतने सालों के बाद भी किसानी जीवन में कोई फ़र्क़ आया नहीं। हाल ही में बम्बई में हुए किसानों का जुलूस इसका साक्षी है कि किसान पहले से ज़्यादा चरमरा रहा था। किसानों की आत्महत्याएँ बड़े पैमाने पर हो रही हैं। पहले आत्महत्याएँ नहीं थीं, अभाव में तथा क़र्ज़ में जन्म लेकर क़र्ज़ में मर जाते थे। लेकिन आजकल पूरी ज़िन्दगी जीने का भी मौक़ा इस पूँजीवादी व्यवस्था में नहीं मिलता है। दस दिनों की हड़ताल किसानों ने की। किसानों की ज़रूरतों को पूरा करना और भारत राष्ट्र को जीवन्त बनानेवाले उस ओर ध्यान देने में बदल-बदलकर आनेवाली सत्ताएँ तैयार नहीं होतीं।

धर्म का बाज़ारीकरण करके गाँववालों एवं किसानों का जो शोषण किया जाता था उसके कई उदाहरण प्रेमचन्द की रचनाओं में प्राप्त हैं। 'सेवासदन' में धन, धर्म और राजनीति के अपवित्र गठबन्धन अत्यन्त क्रूर एवं अमानवीय होते हैं। यज्ञ के नाम पर ज़मींदार महन्तजी प्रत्येक किसान से 5 रुपये प्रति हल चन्दा देने की आज्ञा देते हैं। किसी ने राजी से दिया, किसी ने उधार लेकर और जिसके पास न था उसको रुक्का ही लिखना पड़ा। श्री बाँके बिहारी जी की आज्ञा को जो उनकी ज़मीन के ही नहीं उनकी ज़मीन के भी मालिक थे, कौन टाल सकता था। चेतन अहीर दुस्साहस करता है और इस दुस्साहस और अवज्ञा के बदले उस बूढ़े दरिद्र किसान को ठाकुरजी की साक्षी में मार ही नहीं पड़ती

बल्कि अपने प्राणों से भी हाथ धोना पड़ता है। रंगभूमि में धर्म के शोषण-तन्त्र का प्रतीक जान सेवक अपनी स्वार्थपूर्ति के लिए धर्म का सहारा लेता है। कर्मभूमि में उसका सबसे ज़्यादा निकृष्टतम रूप बनकर महन्त आशाराम गिरि सामने आता है। प्रेमाश्रम में धर्म के बाज़ारीकरण का सही रूप निखर आता है। पैसा वसूल करने का ज्ञानशंकर का धर्मानुराग उसमें दिखाई देता है। वहाँ निर्दिष्ट लगान के अतिरिक्त प्रत्येक आसानी से ठांकुरद्वारे और धर्मशाला का चन्दा भी लिया जाता है। 'सेवासदन' में महन्त रामदास साधुओं की गद्दी का एक महन्त है। धर्म और अधिकार के ढकोसले को पहचानने और उनकी छानबीन करने में जितनी उनकी दृष्टि पैनी है, उतनी ही उनकी लेखनी व्यंग्य में बुझी हुई तीव्र और कटु है। गोदान का यह सन्दर्भ देखिए—"धनिया भीतर गयी और सुमली के बेचने से जो पैसे बचे थे उन्हें पति के ठण्डे हाथ में रखकर सामने खड़े दातादीन से बोली—महाराज, घर में न गाय है, न बछिया, न पैसा। यही पैसे हैं, यही इनका गोदान है। और पछाड़ खाकर गिर पड़ी।" यही गोदान का अन्त है। किसान मुर्दा है और उसकी स्त्री मूर्च्छित और सूदखोर दातादीन पुरोहित के रूप में अब भी हाथ पसारे सामने खड़े हैं। ज़मींदार का लगान, कन्या का ब्याह, धर्म का तकाजा, न जाने भागना चाहता है, लेकिन फन्दा और तंग हो जाता है। अन्त में एक दिन उसके प्राणों का अन्त होकर ही रहता है। महाजनी सभ्यता में उसके पसीने की कमाई सूद बनकर महाजन के पेट में भरती जाती है और उस यन्त्रणा से बचने के लिए क़ानून कचहरी कुछ भी उपयोगी सिद्ध नहीं होती।

प्रेमचन्द के लिए राष्ट्र का अर्थ सिर्फ़ एक निश्चित भू-भाग नहीं है, उसके आगे भी बहुत कुछ है। उनके लिए राष्ट्र का अर्थ सबसे पहले उस भूमी की पीड़ित जनता है। 'नवयुग' नामक उनके निबन्ध में वे लिखते हैं, "राष्ट्र केवल एक मानसिक प्रवृत्ति है। जब यह प्रवृत्ति प्रबल हो जाती है तो किसी प्रान्त या देश के निवासियों में भ्रातृभाव जाग्रत हो जाता है। तब उनमें रूढ़ियों से पैदा होनेवाले भेद, पुराने संस्कारों से उत्पन्न होनेवाली विभिन्नताएँ और ऐतिहासिक तथा धार्मिक विषमताएँ एक प्रकार से मिट जाती हैं।" उन्होंने स्पष्ट उल्लेख किया कि राष्ट्रीयता की पहली शर्त वर्ण-व्यवस्था, ऊँच-नीच के भेदभाव और धार्मिक पाखण्ड की जड़ खोदना है। प्रेमचन्द सदा जातिभेद के ख़िलाफ़ हैं। उनके सामने खड़े होते हैं धर्म से पीड़ित, समाज द्वारा उपेक्षित, गाँव के सीमान्त पर फेंका गया तथाकथित अछूत समाज, रोटी, कपड़ा, मकान के लिए जद्दोजहद करता हुआ मज़दूर वर्ग तथा जीवन की तमाम सुविधाओं से वंचित और युगों से पददलित अमानवीय स्थितियों में जीने के लिए अभिशप्त मनुष्यता अपने

समूचे पाप-पुण्य के साथ। 'कर्मभूमि' उपन्यास मन्दिरों में अछूतों के प्रवेश को लेकर होनेवाले संघर्ष की अमिट गाथा है। यहाँ सविस्तार धोबी, कहार, नाई और मेहतर वर्ग के सदियों से चले आ रहे सामाजिक सन्ताप का चित्रण है। लेखक देश की आत्मा में झाँककर भारतीय जनता के संघर्षशील बल की थाह लेते हुए यह घोषित करता है कि उसे सही नेतृत्व और सम्यक् संगठन द्वारा अपराजेय बनाया जा सकता है। प्रेमचन्द 'कर्मभूमि' में सामाजिक परिवर्तन की हिमायत करते हुए समाज-व्यवस्था की निर्ममतापूर्वक शल्य चिकित्सा करते हैं। वे स्पष्ट तौर पर दिखलाते हैं कि अछूत जातियों को सार्वजनिक स्थानों पर आने-जाने तथा सवर्णों के कुओं से पानी भरने की अलिखित विधान द्वारा मनाही थी। अछूत वर्ग दिन भर मेहनत-मज़दूरी करता था, पसीना बहाता था और सफ़ाई का ऐसा समाजोपयोगी कार्य करता था कि उसे देखकर सवर्णों को जुगुप्सा होती थी। उनके इस कार्य को सहानुभूति और सम्मान देने के बजाय समाज के श्रीमन्त लोग अत्यन्त हेय और निकृष्ट समझते थे। वे सुबह से शाम तक श्रम करने के बाद भी भरपेट भोजन से वंचित थे, इसलिए वे समाज में सबसे अधिक ग़रीब थे, फटे-पुराने चीथड़े पहनने के लिए अभिशप्त थे और शहर से दूर ऐसे गन्दे झोंपड़ों में ज़िन्दगी बसर करते थे, जिनमें न हवा पहुँचती थी न रोशनी तिस कोढ़ में खाज की तरह गन्दे नालों की दुर्गन्ध और दमघोंटू सड़ाँध। इसी भयावह दरिद्रता को समझने के बजाय व्यंग्य करते थे कि अछूत इतने नीच और भ्रष्ट हैं कि वे मरे पशु का मांस खाते हैं। जबकि उनकी वस्तुस्थिति इतनी विकट थी कि मरी हुई गाय का माँस खाना धर्म-विरुद्ध है। आख़िर, भूख का मारा कौन-सा पाप नहीं करता—'बभूक्षिव किं न करोति पापम् ।'

दलित समुदाय की आर्थिक दरिद्रता के चित्रण के साथ ही सदियों से समाज द्वारा बहिष्कृत होने के कारण उनमें व्याप्त बहुत-सी बुराइयाँ जैसे अस्वच्छता, झूठ बोलना, चोरी करना, शराब पीना, गाली-गलौज करना तथा उनमें व्याप्त अशिक्षा, संस्कारहीनता आदि का 'कर्मभूमि' में वर्णन इसलिए हुआ कि उनको इन सबसे बचाना है। केरल में श्रीनारायण गुरु ने नवजागरण के सन्दर्भ में यही आदेश दलितों को दिया कि अपने को स्वच्छ एवं परिष्कृत बनाना है। यह वर्ण व्यवस्था को उखाड़ फेंकने का मार्ग है। प्रेमचन्द 'कर्मभूमि' में मन्दिर-प्रवेश आन्दोलन का जो सपना देखते हैं उसे आगे चलकर डॉ. भीमराव अम्बेडकर सच साबित करते हैं। प्रेमचन्द के निम्नवर्गीय पात्रों के अन्तर्गत 'रंगभूमि' उपन्यास का सूरदास भी आता है। वह पाण्डेपुर ग्राम का भिखारी है जो 'ज्ञानसेवक' द्वारा पाण्डेपुर की ज़मीन को ख़रीदने के विरोध में जन नेता और सत्याग्रही बन जाता है।

वह बिखरे हुए लोगों को संगठित करने का उपक्रम करते हुए अन्याय का विरोध करता है। उसे अपने चारित्रिक संयम और दृढ़ता के बल पर लोगों का विश्वास नहीं होता, स्वयं को खिलाड़ी समझता है तथा अधिकार की लड़ाई को अन्तिम दम तक लड़ते रहने के लिए संकल्प करता है। उनके चरित्र द्वारा प्रेमचन्द ने निम्नवर्ग में खोया हुआ सम्मान लौटाने का भरसक प्रयास किया है।

प्रेमचन्द 'गोदान' में दलित समुदाय की सामाजिक ताक़त की सही परख करते हैं। उनके हरिजन यहाँ विद्रोही तेवर लेकर आर्थिक और सामाजिक शोषण का विरोध करते हैं। हरखू उनका प्रतिनिधि है। लेखक यहाँ जाति-संघर्ष का मंगलाचरण प्रस्तुत करते हुए यह दिखलाता है कि गाँव के चमार ब्राह्मण महाजन दातादीन के पुत्र मातादीन को पकड़कर उसके मुँह में गाय की हड्डी का टुकड़ा डालते हैं। उसे जबरन चमार बनाने का कार्य करते हैं क्योंकि उसने सिलिया चमारिन से अवैध सम्बन्ध स्थापित करके उसे छोड़ दिया है। सिलिया की माँ मातादीन को फटकारते हुए कहती है कि "हम चमार हैं इसलिए हमारी कोई इज़्ज़त नहीं। –तुम बड़े नेमी धर्मी हो, उसके साथ सोओगे, लेकिन उसके हाथ का पानी न पिओगे।' यहाँ तुम हमें ब्राह्मण नहीं बना पाओगे तो हम तुम्हें चमार बना पायेंगे, यह ध्वनित होता है। वर्ण व्यवस्था एवं जाति व्यवस्था का विरोध प्रेमचन्द ने सर्वत्र किया था। 'मंगल सूत्र' में सामाजिक व्यवस्था को बदल देने की बात बड़े ही स्पष्ट शब्दों में कही गयी है, "बस हो तो सारे संसार की व्यवस्था बदल डाले, जिस व्यवस्था से सारे समाज का उद्धार हो सकता है, वह थोड़े से आदमियों के कारण दबी पड़ी हुई है, उद्धार का रास्ता संघर्ष का रास्ता है, देवता बनना कायरता है और जड़ता भी।" दलित उद्धार या जाति-व्यवस्था का इतना प्रखर रूप उसमें प्रकट है।

प्रेमचन्द सदा राष्ट्रीयता को साम्य के दृढ़ होने में मानते हैं। इसलिए उन्होंने हाशियेकृत नारी को उसकी स्थिति पहचान कर उपन्यास के केन्द्र में लाने का प्रयास किया। भारतीय जीवन के यथार्थ का एक महत्त्वपूर्ण पक्ष, समाज और परिवेश में नारी की स्थिति से सम्बन्धित है। भारतीय नवजागरण नारी की परम्परागत स्थिति में सुधार से अभिन्न रूप में जुड़ा हुआ था। प्रेमचन्द के समय में दलित स्त्रियों के समान मध्य और उच्च वर्ग की नारी, दोहरी दासता की शिकार थी। उस समय की नारी के लिए न तो पारिवारिक सम्पत्ति में हक था और न वह स्वतन्त्र रूप से अपनी जीविका अर्जित करने में समर्थ थी। 'सेवासदन' और 'निर्मला' में इस तथ्य की अभिव्यक्ति अत्यन्त मार्मिक रूप से हुई है। 'ग़बन' में पति की मृत्यु के बाद रतन की दुर्दशा, तत्कालीन समाज में विधवा की असहाय स्थिति का उदाहरण है।

'रंगभूमि' में अभिजात वर्गीय इन्दु की विवश स्थिति यह सिद्ध करती है कि स्त्री चाहे किसी भी वर्ग की क्यों न हो, दासता की ज़ंज़ीर में जकड़ी हुई है। प्रेमचन्द समाज में नारी की सम्मानपूर्ण स्थिति के पक्षधर थे। वे विधवा-विवाह के प्रबल समर्थक ही नहीं, स्वयं उन्होंने शिवरानी देवी नामक एक विधवा के साथ विवाह भी किया। 'गोदान' में गोबर और झुनिया तथा सिलिया और मातादीन के विवाह को चित्रित करते हुए, उन्होंने विधवा विवाह की ही नहीं अन्तर्जातीय विवाह का भी समर्थन किया है। मातादीन एवं सिलिया के विवाह का समर्थन करते हुए प्रेमचन्द एक सामाजिक क्रान्ति की ओर बढ़ते हुए दिखाई देते हैं। सन् 1930 ई. में गाँधीजी ने स्त्रियों को विदेशी वस्तुओं की दुकानों, शराबघरों और सरकारी संस्थानों पर धरना देने के लिए प्रेरित किया। उसकी प्रेरणा में भारतीय स्त्रियाँ घर की देहली छोड़ बाहर आयीं। इसी में प्रेमचन्द की पत्नी शिवरानी देवी ने भी सक्रिय भाग लिया और वह जेल भी गयी। इसका प्रभाव प्रेमचन्द के कई सक्रिय स्त्री पात्रों में प्रकट है। 'ग़बन' की जालपा के चरित्र का उत्तरार्ध इस नारी जागरण को ही संकेतित करता है। 'कर्मभूमि' में सुखदा हरिजनों के 'मन्दिर प्रवेश आन्दोलन' का नेतृत्व करती है और जेल जाती है। इसके अलावा सकीना, बुढ़िया पठानिन, रेणुका देवी, मुन्नी आदि ब्रिटिशों का विरोध करते हुए जेल जाती हैं, नैना तो जुलूस का नेतृत्व करती हुई शहीद हो जाती है।

मानवाधिकार से अनजान पर समाज में अपने स्वत्व के प्रति सचेत धनिया प्रेमचन्द की पात्र परिकल्पना में सबसे विशिष्ट है। आर्थिक तंगी, पारिवारिक उलझन और समाज के शोषण के शिकार होने के बावजूद धनिया मुँह चुरानेवाली स्त्री नहीं है। वह अपने आस पास के प्रति पूरी तरह से सजग है। इसलिए वह क़ानून व्यवस्था से भयभीत नहीं है। वह ब्राह्मणवादी समाज से आतंकित नहीं है। उसके उस पारदर्शी स्वभाव के पीछे उसका अपना संघर्ष है। अपनी मेहनत की कमाई खाते हुए उसे गर्व का अनुभव होता है। उसने अपने ढंग से एक व्यक्तित्व को रूपायित किया। उसमें संघर्ष की भावना कूट-कूट कर भरी है। समाज के निम्नतम तबके में जीने के बावजूद उसे हीनता का अनुभव नहीं होता। प्रेमचन्द के स्त्री-पात्रों में सबसे उच्च स्तर की है धनिया। इस प्रकार स्त्री की विभिन्न भूमिकाओं में स्त्री संघर्ष को हमारे सामने प्रस्तुत करते हुए स्त्री जीवन का यथार्थ पेश किया गया है। मानवाधिकारों से वंचित वे संघर्ष के ज़रिये अपनी अस्मिता को स्थापित कर भविष्य के इतिहास को रचने में समर्थ बनने की कोशिश करती हैं। मई 1934 में उन्होंने यहाँ तक लिख दिया कि औरत सभी क्षेत्रों में पुरुष के बराबर ही नहीं, बल्कि उनसे बढ़कर है। (विविध प्रसंग-3, पृ. 270)

सामाजिक समता के साथ स्वराज के लिए आर्थिक बराबरी की बात भी प्रेमचन्द ने उठायी। वे आर्थिक स्वराज और राजनीतिक स्वराज्य को परस्पर पूरक मानते हैं। वे स्वदेशी आन्दोलन को स्वतन्त्रता संग्राम का एक बड़ा एजेण्डा मानते थे। प्रेमचन्द 1905 में 'देशी चीज़ों का प्रचार कैसे बढ़ सकता है' शीर्षक निबन्ध लिखकर घरेलू उद्योग-धन्धों के विकास और उनकी मार्केटिंग के मार्ग में आनेवाली बाधाओं की चिन्ता करते हैं। 'रंगभूमि' उपन्यास में योरोपीय औद्योगिक सभ्यता की हानियाँ क्या-क्या हैं, उस पर प्रकाश डालते हुए सादगीपूर्ण भारतीय विकास के पक्ष का पेशकार किया जाता है। पश्चिम जगत में औद्योगिक क्रान्ति के बाद 'ज़्यादा उत्पादन' की प्रवृत्ति बढ़ गयी है। पश्चिमी देशों, ख़ासकर इंग्लैंड, स्पेन, पुर्तगाल के शासकों ने दूसरे देशों को अन्यायपूर्ण व क्रूर तरीक़े से जीतकर वहाँ मनुष्य के जीवन व प्राकृतिक व्यवस्था को लूट-पाट और नरसंहार के ज़रिये अस्त-व्यस्त किया। भारतवर्ष, चीन, बर्मा समेत समस्त एशिया व अफ्रीका महाद्वीप और ऑस्ट्रेलिया की पश्चिमी साम्राज्यवादियों के हथियार, क्रूरता और लोभ के उपनिवेश बन गये। उपनिवेशों में लूटपाट तेज़ करने के लिए मशीनों का आविष्कार किया गया। मशीनों की मदद से उत्पादन की नयी प्रणाली को पूँजीपतियों ने बेहतरीन नाम दिया औद्योगिक क्रान्ति। गुलाम उपनिवेशों के इतिहास में यह नाम घुसेड़ दिया गया। इस तरह मनुष्य की आवश्यकताओं की पूर्ति के लिए नहीं, स्वार्थ प्रेरित लोगों के मुनाफ़े के लिए अनेकानेक मनुष्यों की यन्त्रणा और प्रकृति के सहज नियमों की तोड़फोड़ की गयी।

रंगभूमि में जॉन सेवक सूरदास की ज़मीन पर कारख़ाना बनवाना चाहते हैं। सूरदास उन्हें ज़मीन नहीं देना चाहता। सूरदास के पास व्यक्तिगत कारणों के साथ सामाजिक कारण भी है। जॉनसेवक सच्चे अर्थ में नया व्यापारी है, पूँजीपति वर्ग का प्रतीक है। कारख़ाने की सामाजिक उपयोगिता सिद्ध करने के लिए उनके पास तर्क है—"हमारी जाति का उद्धार कला-कौशल और उद्योग की उन्नति में है। इस सिगरेट के कारख़ाने से कम-से-कम हज़ार आदमियों के जीवन की समस्याएँ हल हो जायेंगी और खेती के सिर से उनका बोझ टल जायेगा। जितनी ज़मीन को एक आदमी अच्छी तरह जोत-बो सकता है, उसमें घर भर का लगा रहना व्यर्थ है। मेरा कारख़ाना ऐसे बेकारों को अपनी रोटी कमाने का अवसर देगा। कुँअर भगत सिंह को सन्देह होता है कि तम्बाकू की खेती से अनाज महँगा हो जायेगा और लोगों के स्वास्थ्य पर भी उसका बुरा असर पड़ेगा। लेकिन जॉन सेवक उसको यह विश्वास दिलाता है कि इस देश में विदेश से करोड़ों रुपये के सिगरेट आते हैं। इस धनप्रवाह को रोकने के लिए यहाँ कारख़ाना खोलना अच्छा होगा।

उनके अनुसार भारतीय जनता को सुधारने के लिए और भारत की आर्थिक स्थिति को बढ़ावा देने के लिए यह सहायक होगा। इस सन्दर्भ में गाँधीजी का यह विचार उल्लेखनीय है कि "मैनचेस्टर का माल मँगवा लेना इतना हानिकारक नहीं है जितना कि भारत को मैनचेस्टर बना देना।" गाँधीजी जानते थे कि यदि मैनचेस्टर का कपड़ा आयेगा तो उसे रोका भी जा सकेगा, किन्तु मिलों के देश में खुल जाने पर तो सारी अर्थ-नीति विदेशी कम्पनियों के हाथ में चली जायेगी। प्रेमचन्द ने समझ लिया कि बड़े-बड़े मिल और फैक्टरियाँ हमारी सभ्यता और मानवीयता का नाश करती हैं और औद्योगिक संस्कृति का विकास करती हैं। गाँव के स्वच्छन्द एवं स्वास्थ्यकारी वातावरण को त्यागकर किसान मज़दूर बन जाता है और बदबूदार वातावरण में रहता है, नित्य नये-नये व्यसनों में फँसता है, मानवता की जगह हैवानियत बढ़ती है।

इस उपन्यास में प्रेमचन्द ने दिखाया है कि मिट्टी की निजता एवं सहजता को कैसे साम्राज्यवादी शक्तियाँ चूस रही हैं, मिट्टी और प्रकृति से मनुष्य को ये शक्तियाँ दूर करती हैं। उपन्यास में कृषि भूमि और पशुपालन क्षेत्र का नाश होता है। रंगभूमि के सूरदास के माध्यम से यह साबित होता है कि सूरदास पूर्णतः मनुष्य और प्रकृति के चिर सहचर हैं। एक गाँव का नाश कैसे हो रहा है, और वहाँ के पर्यावरण संकट के लिए यह कारख़ाना कारण बन गया, आदि का ज़िक्र इस उपन्यास में हुआ। यहाँ स्वदेशी चेतना एवं पृथ्वीबोध को लक्ष्य करके अपने विचारों एवं भावनाओं को समन्वित किया। प्रेमचन्द सभी दृष्टियों से ठेठ भारतीय हैं। यहाँ के गाँव, किसान, विशाल भू-भाग, शस्य श्यामला धरती और यहाँ की पुरानी अच्छी बातें उनको भाती हैं।

प्रेमचन्द साम्प्रदायिकता को राष्ट्रीयता का शत्रु मानते हैं और सभी सम्प्रदायों के बीच मेल मुहब्बत का माहौल बनाने में अपनी सारी ऊर्जा झोंक देते हैं। वे धर्म के आधार पर आधुनिक राष्ट्र-राज्य की कल्पना के विरुद्ध हैं। अपनी एक टिप्पणी, 'पाकिस्तान की नयी उपज' में वे न सिर्फ़ मुहम्मद इक़बाल के धर्म के आधार पर पाकिस्तान के निर्माण सम्बन्धी प्रस्ताव का विरोध करते हैं, बल्कि यह भी कहना नहीं भूलते कि 'धर्म राष्ट्रनिर्माण का आधार नहीं हो सकता।' वे धर्म के ऊँचे भावों का सम्मान करते हैं, उसे जीवन में उतारने की बात करते हैं, लेकिन उसके संकीर्ण अर्थ का हमेशा विरोध करते हैं। 'साम्प्रदायिकता और संस्कृति' शीर्षक अपने प्रसिद्ध निबन्ध में उन्होंने कहा—"साम्प्रदायिकता सदैव संस्कृति की दुहाई दिया करती है। उसे अपने असली रूप में निकलते शायद लज्जा आती है, इसलिए वह गधे की भाँति जो सिंह की खाल ओढ़कर जंगल के जानवरों

पर रौब जमाता फिरता था, संस्कृति का खाल ओढ़कर आती है। जब संसार में केवल एक संस्कृति है वह है आर्थिक संस्कृति मगर हम आज भी हिन्दू-मुस्लिम संस्कृति का रोना रोये चले जाते हैं।

प्रेमचन्द भारत में राष्ट्र के अभाव को लेकर चल रही बहस से परिचित थे। राष्ट्रवाद की अवधारणा में निश्चित संकीर्णता की भावना की रवीन्द्रनाथ टैगोर द्वारा की गयी आलोचना से भी वाक़िफ़ थे। उपनिवेशवाद विरोधी संघर्ष में राष्ट्रवाद की सकारात्मक भूमिका के हिमायती होने के बावजूद वे राष्ट्रवाद, ख़ास तौर से पश्चिमी राष्ट्रवाद की प्रकृति और अन्तर्विरोधों को अच्छी तरह समझते थे। गाँधी की तरह उनके चिन्तन को भी राष्ट्रवाद की सीमा में नहीं बाँधा जा सकता। राष्ट्र सम्बन्धी उनका यह विचार चिन्तनीय है—"राष्ट्र एक मानसिक प्रवृत्ति है। जब यह प्रवृत्ति प्रबल हो जाती है तो किसी प्रान्त या देश के निवासियों में भ्रातृभाव पैदा हो जाता है। प्राचीन काल का भारत केवल इसी अर्थ में एक था कि उसकी संस्कृति एक थी परन्तु राजे सैकड़ों-हज़ारों थे, उनमें बराबर लड़ाइयाँ होती रहती थीं। उनके स्वार्थ अलग थे। वर्तमान राष्ट्र का विकास न हुआ था। ...वर्तमान राष्ट्र योरोप की ईजाद है और राष्ट्रवाद वर्तमान युग का शाप। ...इसी राष्ट्रवाद ने साम्राज्यवाद, व्यवस्था आदि को जन्म देकर संसार में तहलका मचा रखा है। व्यापारिक प्रभुत्व की तृष्णा ने राष्ट्रों को चक्षुहीन सा कर दिया है। प्राणिमात्र को भाई समझनेवाला ऊँचा और पवित्र आदर्श इस राष्ट्रवाद के हाथों ऐसा कुचला गया कि अब उसका कहीं चिह्न भी नहीं रहा। (विविध प्रसंग-2, पृ. 11, अक्टूबर-नवम्बर, 1932) यह भी देखिए— "जैसे डाकू बाहर लूट-पाटकर अपना घर भरता है वैसे ही 'राष्ट्रीयता' भी अपने परिमित क्षेत्र के अन्दर रामराज्य का आयोजन करती है। उस क्षेत्र के बाहर का संसार उसका शत्रु है।" (विविधि प्रसंग-2, पृ. 334) और उन्होंने पश्चिमी राष्ट्रवाद और नागरिक समाज पर सख्त और सटीक टिप्पणी यों दी कि "राष्ट्रवाद पैसेवालों का एक जत्था है जो नैतिक, भावनात्मक, आत्मिक वस्तुओं को व्यावसायिक लाभ और हानि की दृष्टि से देखता है जिसके निकट वही नेकी आचरण करने योग्य है जो दौलत के ढेर में कुछ वृद्धि कर सके। उसे जनतन्त्र कहना ग़लत है। बराबरी और भाईचारे को उसने पैरों तले इस तरह रौंदा है कि अब उसकी शक्ल भी नहीं पहचानी जा सकती। इन्सान की क़ीमत उसके नज़दीक इतनी ही है कि वह रुपया कमाने का साधन है। वह कसाई की तरह इन्सान के गोश्त और खाल का अन्दाज़ा करके उसकी क़ीमत लगाता है।" (विविध प्रसंग पृ. 26) राष्ट्रवाद के विकास को प्रेमचन्द ने कोई बड़ी उपलब्धि नहीं मानी वैसे ही राष्ट्रीयता के प्रश्न को सनातन

प्रश्न नहीं माना। राष्ट्र में संगठित हुए बिना स्वयं को कैसे बचाएँ? प्रेमचन्द का ख़याल था कि राष्ट्र को संगठित होना होगा अन्यथा असंगठित प्राणी समूहों का इस राष्ट्रीयता के युग में कहीं पता भी नहीं लगेगा। (विविध प्रसंग-2, पृ. 102) इसलिए उनके अनुसार हमें वह स्वराज चाहिए, जिसमें स्वार्थ और लूट प्रधान न हो, नीति और धर्म प्रधान हो।

प्रेमचन्द के अनुसार अन्तरराष्ट्रीयता या एकात्मवाद या समता तीनों मूलतः एक ही हैं। जब तक सम्पत्ति मानव-समाज-संगठन का आधार है, संसार में अन्तरराष्ट्रीयता का प्रादुर्भाव नहीं हो सकता...। सम्पत्ति ने मनुष्य को अपना क्रीतदास बना लिया है। उसकी सारी मानसिक, आत्मिक और दैहिक शक्ति केवल सम्पत्ति के संचयन में बीत जाती है। (विविध प्रसंग-2, पृ. 334-35) इन सभी से एक बात ज़ाहिर होती है कि राष्ट्र पूँजीवाद पर संस्थापित एवं गठित है, वह निर्मम और आततायियों से भरा पड़ा है। अर्थ जहाँ केन्द्र स्थान में है वहाँ मालिक एवं गुलाम दोनों होंगे। शब्द बनना विकल्पहीन बात है इसलिए वे कहते हैं, भारत एक राष्ट्र है, राष्ट्रों की भाँति अनेक भेदों के होते हुए भी एक राष्ट्र है। धर्म और संस्कृति को अलग होने पर भी एक राष्ट्र है। (विविध प्रसंग-2, पृ. 387) वे सम्प्रदायवाद, प्रान्तवाद, क्रान्तिकारी आतंकवाद, आदि के आलोचक रहे थे।

प्रेमचन्द ने स्वराज का मुख्य साधन स्वावलम्बन कहा है। अपने देश की सब ज़रूरतों को आप पूरा कर लेना है। जो प्राणी अपनी खेत का अनाज खाता है, अपने करते हुए सूत का कपड़ा पहनता है, और अपने झगड़े-बखेड़े अपनी पंचायत में निपटा लेता है, उसे हम स्वाधीन कह सकते हैं। (विविध प्रसंग-2, पृ. 273)

बनारस हिन्दू विश्वविद्यालय में आयोजित हिन्दी वाद-विवाद पर टिप्पणी करते हुए 26 दिसम्बर 1932 के 'जागरण' में उन्होंने लिखा—'राष्ट्रीयता के' उपादानों में जाति, धर्म और राजनीतिक तथा भौगोलिक परिस्थिति, संस्कृति और भाषा, इन पाँचों ही अंगों का होना आवश्यक है, लेकिन हमारे विचार में एक भाषा का होना मुख्य है। राष्ट्रभाषा के बिना राष्ट्र का बोध हो ही नहीं सकता। जहाँ राष्ट्र है, वहाँ राष्ट्रभाषा का होना लाजिमी है—भाषा ही राष्ट्र, साहित्य और संस्कृति का निर्माण करती है, आदर्शों की सृष्टि करती है। नदियों और पहाड़ों से राष्ट्रीयता के विकास में जो बाधा पड़ती थी, उसे रेल और हवाई जहाज़ ने मिटाना शुरू कर दिया है। अगर एक संस्कृति रहते हुए भी एक भाषा का आधार न रहे तो ऐसा राष्ट्र, स्थायी नहीं हो सकता।" बाद में 9 अप्रैल 1934 के 'जागरण' में 'राष्ट्रभाषा का राष्ट्र' शीर्षक टिप्पणी में उन्होंने लिखा था—"कोई समय था,

जब धर्म की एकता ही मनुष्य के एकीकरण का मुख्य साधन थी और एक धर्म के माननेवाले बहुधा सामाजिक और सांस्कृतिक बातों में भी एक हो जाते थे। समाज और संस्कृति, जीवन और दृष्टिकोण सभी का उद्गम धर्म था, लेकिन, नयी जागृति ने धर्म को उस ऊँचे स्थान से हटा दिया और उसकी जगह पर जिन व्यवस्थाओं को बिठाया, उनमें भाषा अगर मुख्य नहीं है, तो किसी से गौण भी नहीं है।" इसी टिप्पणी में वे आगे लिखते हैं–"राष्ट्रों के निर्माण में भौगोलिक परिस्थितियाँ ही मुख्य हो गयी हैं, मगर भाषा भी उन्हीं भौगोलिक परिस्थितियों से बनती है। एक ख़ास इलाके के रहनेवाले एक ख़ास ज़बान बना लेती हैं या यों कहो कि कुछ प्राकृतिक शक्तियाँ आप ही आप उनकी एक ख़ास ज़बान बना देती हैं।" प्रेमचन्द इसी टिप्पणी में पुनः लिखते हैं–"आज एक बलवान केन्द्रीय शासन के सिवा हमें एकता में बाँधनेवाली क्या चीज़ है? धर्म में शक्ति नहीं, वह चीज़ राष्ट्रभाषा ही हो सकती है।" 'जागरण' के ही 23 अप्रैल, 1934 के अंक में 'हिन्दी का दावा' शीर्षक टिप्पणी में प्रेमचन्द लिखते है–"किसी राष्ट्र को बनने के लिए संस्कृति की समानता ज़रूरी होती है। भाषा और साहित्य संस्कृति का मुख्य अंक है। जब एक भाषा और एक साहित्य न हो, एक राष्ट्र की कल्पना नहीं हो सकती। जब तक कौम में अपने विचारों के फैलाने की कोई एक भाषा न हो वह कौम नहीं कहला सकती।" इसी प्रकार अपने 'उर्दू, हिन्दी और हिन्दुस्तानी' शीर्षक लेख में वे लिखते हैं–"यह बात सभी लोग मानते हैं कि राष्ट्र को दृढ़ और बलवान बनाने के लिए देश में सांस्कृतिक एकता का होना बहुत आवश्यक है। और किसी राष्ट्र की भाषा तथा लिपि इस सांस्कृतिक एकता का विशेष अंग है।" बम्बई में 27-10-1934 को आयोजित राष्ट्रभाषा सम्मेलन में उन्होंने कहा था–"मनुष्य में मेल-मिलाप के जितने साधन हैं, उनमें सबसे मज़बूत, असर डालनेवाला रिश्ता भाषा का है। राजनीतिक, व्यापारिक या धार्मिक नाते जल्द या देर में कमज़ोर पड़ सकते हैं और अक्सर टूट जाते हैं; लेकिन भाषा का रिश्ता समय की ओर दूसरी बिखरनेवाली शक्तियों की परवा नहीं करता और एक तरह से अमर हो जाता है।" इन कथनों से स्पष्ट है कि प्रेमचन्द, राष्ट्रीयता के संघटक तत्त्वों में भाषा को सर्वोच्च स्थान देते थे और अन्य तत्त्वों को भी इसी के अन्तर्गत मानते थे।

उपर्युक्त सभी मन्तव्यों को मिलाजुलाकर प्रेमचन्द के मत से राष्ट्रीयता के निम्नांकित तत्त्व सिद्ध कर सकते हैं–भाषा, साहित्य, लिपि, संस्कृति, धर्म, जाति, भौगोलिक परिस्थिति, राजनीतिक परिस्थिति अथवा शासनतन्त्र और उद्देश्य की एकता।

एक देश के लिए किसी एक भाषा को राष्ट्रभाषा, अथवा राजभाषा अथवा सम्पर्क भाषा नाम देना है। किसी भाषा को विदेश में राजकीय मान्यता की भी अपेक्षा होती है और ऐसी मान्यता एक राष्ट्र की एक ही भाषा को प्राप्त हो सकती है। जिस प्रकार किसी एक व्यक्ति के राष्ट्रपति अथवा प्रधानमन्त्री बन जाने से उस देश के अन्य महान व्यक्तियों का महत्त्व समाप्त नहीं हो जाता उसी प्रकार किसी एक भाषा के राष्ट्रभाषा बन जाने से अन्य भाषाओं का भी महत्त्व समाप्त नहीं होता। राष्ट्र को जोड़ने वाले तत्त्वों में शिक्षा का माध्यम भी एक बड़ी सार्थकता प्रदान करता है। प्रान्त अथवा राज्य के निर्माण का एकमात्र आधार होना चाहिए प्रशासनिक सुविधा और इसलिए प्रान्त-निर्माण पर सोचना सरकार का काम होना चाहिए, न कि जनता का। जिस देश की जनता पृथक्-पृथक् राज्यों के निर्माण की माँग करती रहती हो उस देश में राष्ट्रीय-भावना की न्यूनता समझनी चाहिए। 1932 के 'हंस' में 'नये-नये सूबों की सनक' शीर्षक टिप्पणी में उन्होंने लिखा था—"प्रान्तीयता की मनोवृत्ति राष्ट्रीय मनोवृत्ति की विरोधिनी है। वह हमारे मन में संकीर्णता का भाव उत्पन्न करती है और हमें किसी प्रश्न पर सामूहिक दृष्टि डालने के अयोग्य बना देती है और इतिहास कह रहा है कि इसी संकीर्ण मनोवृत्ति ने भारत को पराधीन बनाया। दो सदियों की पराधीनता हममें ऐक्य का जो भाव जगाया है, वह इस बढ़ती हुई प्रान्तीयता के सामने के दिन ठहर सकेगा।" इस प्रकार राष्ट्रीयता के लिए घातक क्षेत्रीयता पर उन्होंने कई टिप्पणियाँ लिखी हैं।

संक्षेप में कुछ बिन्दुओं की ओर इशारा करते हुए प्रेमचन्द की राष्ट्र सम्बन्धी मान्यताओं को समाप्त किया जा सकता है। प्रेमचन्द का समय नवजागरण का था। भावावेग, आदर्शप्रियता, राष्ट्रीय भावना, स्वच्छन्दता आदि प्रवृत्तियाँ नवजागरण की ही सूचना देनेवाली हैं। गाँधीजी आदर्श जीवन-प्रणाली तथा सत्य और अहिंसा के प्रबल समर्थक थे। पाश्चात्य प्रभाव को स्वीकार करते हुए भी वे भारतीय संस्कृति के मूलभूत आधारों—आदर्श, संयम, त्याग, उदारता, सेवा परोपकार आदि को जीवन-दर्शन का प्रेरक-तत्त्व मानते थे। व्यावहारिक जीवन में प्रेमचन्द ने गाँधीजी के रचनात्मक कार्यों को पूर्णतः स्वीकार किया था। उनमें आर्यसमाज की तार्किकता, गाँधीजी की विनयशीलता और तिलक की तेजस्विता का अद्भुत समन्वय था। गाँधीजी के समान प्रेमचन्द ने भी साम्प्रदायिक एकता, अस्पृश्यता-निवारण, ग्राम-सुधार, स्त्रियों की उन्नति, प्रौढ़ और बुनियादी शिक्षा, स्वास्थ्य और सफ़ाई की भावना का प्रचार, राष्ट्र-भक्ति, राष्ट्र भाषा और निज भाषा प्रेम, किसानों-मज़दूरों के प्रति सहानुभूति आदि कार्यों पर बल दिया।

प्रेमचन्द ने 'जीवन में साहित्य का स्थान' (कुछ विचार, पृ. 145) में लिखा है—"आदिकाल से मनुष्य के लिए सबसे समीप मनुष्य है। हम जिसके सुख-दुख, हँसने-रोने का मर्म समझ सकते हैं, उसीसे हमारी आत्मा का अधिक मेल होता है। हमारी मानवता जैसे विशाल और विराट होकर समस्त मानव-जाति पर अधिकार पा जाती है। मानव जाति ही नहीं, चर और अचर, जड़ और चेतन सभी उसके अधिकार में आ जाते हैं।" यही बहुलता, सबको स्वीकारने की समताबोधक दृष्टि है प्रेमचन्द की राष्ट्रीयता। वह राष्ट्रीयता राष्ट्रनिर्माण के हेतु बनती है।

सन्दर्भ ग्रन्थ

1. प्रेमचन्द—रामविलास शर्मा
2. प्रेमचन्द : विरासत का सवाल—शिवकुमार मिश्र
3. हिन्दी की साहित्यिक संस्कृति और भारतीय आधुनिकता—डॉ. राजकुमार
4. हिन्दी का गद्य-साहित्य—डॉ. रामचन्द्र तिवारी
5. विविध प्रसंग—प्रेमचन्द
6. कुछ विचार—प्रेमचन्द
7. प्रेमचन्द : साहित्य और संवेदना—सं. डॉ. पी.वी. विजयन
8. 'हंस' के कई अंक
9. वागर्थ—अंक 264, जुलाई 2017
10. भारतीय उपन्यास की अवधारणा—सं. आलोक गुप्त

कामायनी की राष्ट्रजागृति

जयशंकर प्रसाद द्वारा लिखित 'कामायनी' नवजागरण के सन्दर्भ में सबसे विचारणीय काव्य है। एक समाप्त प्राय जर्जरित संस्कृति से नयी संस्कृति अर्थात मानवीय संस्कृति का निर्माण करना कामायनी का मूल उद्देश्य है। भारतीय नवजागरण का आरम्भ 1857 के आन्दोलन से माना जाता है। वह आन्दोलन और बाद में जागरण की ओर अग्रसर होने का जो रास्ता तय हुआ उसमें सबसे ज़्यादा स्थान सांस्कृतिक जागरण को दिया गया है। वाल्टर बेंजामिन ने ठीक ही कहा था कि विकासशील देश अपने पतन के सन्दर्भ में सांस्कृतिक जागरण पर विचार करते हैं। भारत के सन्दर्भ में इस जागरण के लिए ब्रिटिशों के साथ सामन्तीय व्यवस्था से भी लड़ना पड़ा। ब्रिटिश शिक्षा तथा भारत के उपनिषद, वेद, भगवद्गीता जैसे महान ग्रन्थों से उपजीव्य ग्रहण कर स्वातन्त्र्यबोध अथवा 'स्वराज' की लहरें जन-जन में नयी चेतना जगाने लगीं। अपनी मिट्टी, जनता, संस्कृति, भाषा आदि पर नये ढंग से सोचने की वजह से नयी 'राष्ट्र' संकल्पना रूपायित हुई। तब अन्धकार युग के समाप्त होने की सूचना मिली। अपनी भाषा की उन्नति कर जीवन के सारे क्षेत्रों में उन्नति लाने का प्रयत्न शुरू हुआ। साधारण जनभाषा खड़ीबोली पद्य-गद्य की भाषा बन गयी। उस भाषा को उद्बोधन के लिए योग्य माना गया। राजनीतिक स्वतन्त्रता अथवा स्वशासन और सारे क्षेत्रों में स्वातन्त्र्य आदि एक देश के सम्बन्ध में जागरण की सूचना ही नहीं राष्ट्र में परिवर्तित होने का आरम्भ ही है। यह भी नहीं सामाजिक विकास में स्त्री जागरण को मुख्य स्थान दिया गया है। भारत की अपनी अस्मिता को बनाने में उस समय के सारे कार्यकलाप अर्थात कलाकार, साहित्यकार, राष्ट्रनेता सब एकोन्मुख होकर कार्यनिरत थे। सर्वत्र एक जीवन्त स्फूर्ति तरंगायित थी।

उपर्युक्त सन्दर्भ में छायावादी काव्य का प्रतिनिधि स्वर बनकर हमारे सम्मुख हमेशा समय के साथ मिलकर विद्यमान है जयशंकर प्रसाद की कामायनी। कामायनी में भारत और विदेशी मिथकों में अंकित प्रलय की कथा को आधार रूप में ग्रहण

पीयुष स्रोत सी बहा करो
जीवन के सुन्दर समतल में"

मनु में पुरुषवर्चस्ववादी पूँजीवादी संस्कार कायम है वह स्त्री और प्रकृति की स्त्रैणता पर आधिपत्य स्थापित करता है। उस संस्कार की पहचान अवश्य प्रसाद में है। प्रसाद आधुनिक युग के संस्कार को मनुवादी संस्कार मानते हैं। लेकिन उस संस्कार की कमज़ोरियों को कामायनी में कवि अंकित करते हैं। उस संस्कार को परिष्कृत करने एवं जगत के प्रत्येक की अस्मिता को मानने के अवबोध देने के लिए समरसता की संकल्पना को कामायनी के मूलाधार के रूप में प्रतिष्ठित किया जाता है। आकुली और किलात दो असुर पुरोहितों के सहारे मनु जो यज्ञकार्य शुरू करता है, वह यह सूचित करता है कि मनुष्य केन्द्र में आकर अपने सुखभोगों के लिए किसी की भी हत्या या हिंसा का मार्ग अपनायेगा। इसका विरोध खुलकर प्रसादजी श्रद्धा के ज़रिये करते दिखाई देते हैं। एक राष्ट्र में प्रत्येक की अवस्थिति और वह भी प्रकृति के प्रांगण में विकसित सामूहिक बोध एवं सादगी से पूर्ण नये संस्कार को विकसित करने का श्रद्धा द्वारा जो प्रारम्भिक प्रयास किया जाता है वह एक राष्ट्र के निर्माण की नींव डालती ही है–

"अपने में सबकुछ भर कैसे व्यक्ति विकास करेगा?
यह एकान्त स्वार्थ भीषण है अपना नाश करेगा।
सुख को सीमित कर अपने में केवल दुख छोड़ेंगे;
इतर प्राणियों की पीड़ा लख अपना मुँह मोड़ेगे।"

प्रसादजी कर्म सर्ग में मानवीयता से सम्पन्न व्यक्तियों से नये राष्ट्रबोध की अवधारणा करते हैं। वहाँ जो मुक्ति है वह सबकी मुक्ति है। लेकिन श्रद्धा परिवार को महत्त्व देकर जिस नवमानवता का निर्माण करना चाहती है, उससे अतृप्त मनु 'मैं' तत्त्व से प्रेरित होकर श्रद्धा तत्त्व से दूर चला जाता है। जिस सारस्वत नगरी में मनु पहुँचता है वह इन्द्र अर्थात औपनिवेशिक साम्राज्यवादी ताक़त द्वारा चूर-चूर हुई संस्कृति थी। उस संस्कृति के स्थान पर जब इड़ा का नया राष्ट्र रूपायित हुआ वह विज्ञान एवं वैज्ञानिक चिन्तनों की मदद से है। इड़ा ने विज्ञान द्वारा प्रकृति का अनुसन्धान किया और उसके शक्तिस्रोतों का उपयोग किया। मनु को प्रेरणा तो वह देती ही रही। साथ ही इस प्रकार के कार्य के लिए जिस प्रकार की मानव-व्यवस्था की आवश्यकता है, जिस नियमन और शासन की आवश्यकता है उससे भी वह भलीभाँति अवगत थी। लेकिन इड़ा के सहयोग से मनु आधुनिक पूँजीवादी व्यवस्था का स्वामी बन गया। इड़ा विकास की यात्रा में है। उस विकास यात्रा में जो नष्ट हो गया या नष्ट हो रहा है इससे

प्रसादजी बिल्कुल चिन्तित हैं। चिन्ता की वजह से कई स्थानों पर श्रद्धा ने इस नियमन एवं शासन की निन्दा प्रकट की है। प्रकृति पर विजय हेतु, विज्ञान के व्यापक प्रयोग के फलस्वरूप अर्थात देश के औद्योगीकरण के परिणाम के रूप में ग्राम समाज की आत्म-निर्भरता लुप्त हो जायेगी, लोक-जीवन की सहजता नष्ट हो जायेगी, प्रकृति के साथ मनुष्य की अवस्थिति सदा के लिए नष्ट होकर पुनः एक महा प्रलय के कगार पर मानवराशि पहुँच जायेगी।

विज्ञान और भौतिक विकास के आधिक्य से जो संकट हुआ वह पूँजीवादी यथार्थ का ह्रासग्रस्त स्वरूप है। इसलिए मनु का आना परदेशियों का आना है। वह शासक बनकर नियमन का आधार बना। लेकिन भारत जैसे देश में जहाँ आध्यात्मिक एवं सादगीपूर्ण जीवन का बोलबाला है वहाँ इस पूँजीवादी सभ्यता का अतिरेक सम्भव नहीं है। इसलिए उसका अन्त अवश्य होगा। उसका दृष्टान्त है, अनाथ एवं पराजित पड़ा मनु। एक राष्ट्र में राज्य धर्म क्या है, उसका सही जवाब संघर्ष सर्ग में अच्छी तरह उभारा गया है–"नियामक नियम न माने, तो फिर सबकुछ नष्ट हुआ-सा निश्चय जाने।" सारस्वत प्रदेश का राजा बनकर मनु ने धर्मानुसार शासन नहीं किया। दर्शन सर्ग में श्रद्धा ने मानव एवं इड़ा से राष्ट्र नीति की ओर इशारा किया– "तुम दोनों देखो राष्ट्र-नीति। शासक बन फैलाओ न भीति।" और वे यह भी कहती हैं–"सबकी समरसता का प्रचार। मेरे सुत सुन माँ की पुकार।"

नवजागरण की मुख्य विशेषताओं में एक है सामन्ती दृष्टि एवं संस्कृति का विरोध। यह कामायनी का मूल विषय है। देवसंस्कृति का बाह्याडम्बर एवं सुखभोग की स्थिति उस सामन्तीय संस्कृति की सूचना है, और उसके पूर्ण विरोध के रूप में जलप्लावन हुआ है। उसके उपरान्त नयी संस्कृति आरम्भ होती है। आनन्द सर्ग में पूरे सारस्वतवासी एक साथ श्रद्धायुत समेत बैठनेवाले मनु के पास जा रहे हैं। सब उल्लास में हैं। वह बहुस्वरता है राष्ट्रनिर्मिति में सबसे प्रथम। वह भी नहीं सब मुक्त हैं, सोल्लास में हैं। वहाँ भेदाभेद ख़त्म हो जाता है। जिस प्रकार नवजागरण में धर्म, जाति, अर्थ, लिंग आदि से जो अलगाव भारत में विद्यमान था उसको ख़त्म करना मुख्य ध्येय रहा था। रहस्य सर्ग में प्रसादजी की ये पंक्तियाँ ध्यातव्य हैं–

"ज्ञान दूर कुछ क्रिया भिन्न है
इच्छा क्यों पूरी हो मन की
एक-दूसरे से न मिल सके
यह विडॅबना है जीवन की।"

यहाँ आधुनिक युग में ज्ञान व्यवसाय ही चल रहा है। सब अपने को बुद्धिजीवी समझकर जीवन से भी उदासीन रहते हैं। लेकिन सही ज्ञान का अभाव है। बहुत-सी विचारधाराएँ यहाँ मौजूद थीं, उनमें से अधिकांश विदेशी हैं वे सब सही ढंग से समझे बिना लोग रटते आ रहे हैं और कर्म जगत में प्रयुक्त करते आ रहे हैं। इड़ा और मनु द्वारा संस्थापित सारस्वत नगर के लिए मार्क्सवादी विचारधारा का इस्तेमाल हुआ। लेकिन वह एक सफल विचारधारा नहीं दिखाई देती है। श्रद्धा की करुणा, दया, ममता, सादगीपूर्ण अहिंसात्मक जीवन में गाँधीजी एवं बुद्ध हैं। उससे मनु अतृप्त हुए। लेकिन श्रद्धा और इड़ा के समन्वय अथवा भारतीय दर्शन एवं अध्यात्म के साथ आधुनिक भौतिक विचारों को समन्वित कर नये राष्ट्र बनाने के पक्ष में हैं प्रसादजी। भारत के नवनिर्माण में पाश्चात्य एवं भारतीय विचारधाराओं का उचित मेल सहायक निकलेगा और वह एक सशक्त राष्ट्र की बुनियाद का निर्माण करेगा। सही जीवन रहस्य रहस्य सर्ग में उद्घाटित होता है कि इच्छा पूर्ति के लिए सही ज्ञान से कर्म करना अनिवार्य है।

राष्ट्र एवं राष्ट्र का विकास तब उज्ज्वल रहेगा जब समस्त चराचरों की अस्मिता की स्वीकृति होगी। पुरुष से ज़्यादा स्त्री का सहयोग इसके लिए अनिवार्य है। इसलिए प्रसादजी कहते हैं—

"कुछ उन्नत थे वे शैल शिखर,
फिर भी ऊँचा श्रद्धा का सिर।"

नवजागरण काल में स्त्रीमुक्ति एवं स्त्री के विविध प्रकार के योगदानों पर ज़्यादा महत्त्व दिया गया है। आनन्द सर्ग में स्त्री समेत विराजमान मनु सब में आनन्द अनुभव कर रहा है। मनु की भेदबुद्धि समाप्त हो गयी। ऐसे व्यक्तियों से राष्ट्र का निर्माण होना है। तब एक राष्ट्र की अखण्डता सम्भव हो जाती है। आज सबसे ज़्यादा चिन्तनीय विषय है प्रकृति से मनुष्य का अलगाव। वह पूरी दुनिया के लिए भयानक स्थिति पैदा करता है। प्रसाद इस पर सबसे ज़्यादा बल देकर कहते हैं—

"चिर मिलित प्रकृति से पुलकित
वह चेतन पुरुष पुरातन;
निजशक्ति तरंगायित था
आनन्द-अंबु-निधि शोभन।"

(आनन्द)

इस प्रकार व्यक्ति का पुष्टिकरण एवं उसकी मुक्ति समाज एवं देश के लिए अनिवार्य है, यह प्रसादजी सिद्ध करते हैं। इसके साथ संघर्षपूर्ण दुनिया

की अभिव्यक्ति से जीवन की सच्चाई प्रकट होने के साथ, यह संघर्ष अथवा द्वन्द्वात्मक स्थिति प्रत्येक रचना को गम्भीर एवं महान बना देती है।

उपर्युक्त विवेचन से हम इस निष्कर्ष पर पहुँच सकते हैं कि प्रसाद की कामयानी नवजागरण के समय जिन-जिन क्षेत्रों में एवं विचारों में जागरण अनिवार्य थे एवं जागरण के ख़िलाफ़ उपस्थित जो भी मुद्दे थे उनका बाल का खाल निकालकर एक सशक्त राष्ट्र की रूपायिति के लिए आवश्यक विचारधारा हमारे सामने प्रस्तुत करती है। वह विचारधारा सामरस्य की है, सादगी की है, अहिंसा की है, शान्ति की है, प्रकृति की है जिसमें अध्यात्म एवं भौतिकता मिलजुल गये हैं। वहाँ आनन्द की अखण्डता है, वह आनन्द अध्यात्म तक सीमित नहीं है चेतना सम्पन्न मानवीयता के जीवन दर्शन का है, उसमें गाँधी हैं, बुद्ध हैं और भारतीय मूल्यों का निचोड़ है।

कृष्णा सोबती की राष्ट्र-संकल्पना

फ़िलहाल विश्व की सबसे बड़ी घटनाओं में एक है शरणार्थियों की समस्या और राष्ट्र का अमानवीय रूप। अमेरिका में ट्रम्प ने शरणार्थियों के ख़िलाफ़ क़ानून बनाने की कोशिश की। बाहर से आनेवाले शरणार्थियों के प्रति ऐसा अमानवीय कार्य करने को वे तुले हुए हैं कि बच्चों से माता-पिता को अलग करके कारागृह में बन्दी बना कर रखना। म्यानमार से शरणार्थियों का प्रवाह भारत, बंगलादेश जैसे कई देशों की ओर हुआ। तब तक राष्ट्र के रूप में सीमा बनाकर अपनी सुरक्षा और साथ ही उन्हें बचाकर रखने के दायित्व आदि पर प्रत्येक देश ने विचार किया। सीमा में बाँधना, दीवार बनाना, इस प्रकार जनता को अलग-अलग कर राष्ट्र बनाने की प्रक्रिया में निहित अमानवीयता कृष्णा सोबती को हमेशा कचोटती रही है। यह शरणार्थी प्रवाह आज की प्रक्रिया नहीं है। यह हज़ारों सालों पूर्व से होता आ रहा है। भारत में सबसे पहले शरणार्थी बनकर आर्य लोग इधर आये। वे लोग सिन्धु नदी तट पर रहने लगे। उन्होंने अपनी संस्कृति बनायी। उसके बाद दूसरी बार भी वे आये। भारत के सम्बन्ध में अपनी सांस्कृति के रूपायन में इन शरणार्थियों की भागीदारी स्तुत्य है। भारत-पाक विभाजन, बंगलादेश के रूपायन जैसे सन्दर्भों में भारत की ओर बहुत से लोग शरणार्थी बनकर आये। तब इन शरणार्थियों की समस्या सबसे बड़ी थी जब प्रत्येक राष्ट्र अपनी सीमा बाँधकर अपनी केन्द्रीय सत्ता और आर्थिक स्थिति के दायरे में सीमित होते।

कृष्णा सोबती की रचनाओं में यह शरणार्थी-समस्या बड़े पैमाने पर अंकित है। उनकी कई रचनाओं में यह अभिव्यंजित है। जैसे 'ज़िन्दगीनामा', 'सिक्का बदल गया', 'गुजरात पाकिस्तान से गुजरात हिन्दुस्तान' आदि इसके लिए सही दस्तावेज़ हैं। कृष्णा जी का साहित्य कल्पनाओं का प्रतिफलन नहीं बल्कि ठोस ज़मीनी ऊँचाइयों का रूपान्तरण है। काल के साथ समाज को यथार्थ तीव्र इतिहास बोध के तहत दिखाई देता है। मूल्यों के क्षरण का एक दौर था जो आज़ादी के साथ ही भयावह होता है और कृष्णा सोबती जी अपने पात्रों के चरित्रों में

मूल्यहीनता के साथ सजग मूल्यवत्ता को भी रेखांकित करती हैं। इसलिए उन्होंने कहा—"रचनात्मक लेखन अपने स्व के साथ किया गया संवाद है जो भाषा के ज़रिये आधार लेता है। यह संवाद आत्मा की ध्वनियों को पकड़ता है और साथ ही बाहर की आवाज़ों को भी सुनता है।" यही कृष्णा जी की रचनात्मक ख़ूबी है। वे स्व को इतिहास के कैनवास में रेखांकित करती हैं। इसलिए उनकी रचनाएँ कल्पना से ज़्यादा ठोस यथार्थ हैं।

कृष्णाजी ने विभाजन के त्रास को भोगा। एक स्त्री होने के साथ उन्होंने स्त्री की सच्चाई को महसूस किया। भारत के राजनीतिक, सामाजिक, सांस्कृतिक परिवेशों को उन्होंने सूक्ष्मता से आत्मसात् किया। उससे उन्होंने संवाद किया, उसमें निहित सच्चाई को पेश करने के लिए अपनी मूल्यांकन पद्धति को उन्होंने गठित किया। अपने रचे चरित्रों और कथानाकों में औरों के मुक़ाबले बिल्कुल अलग रूप नज़र आता है। वे दार्शनिक की भूमिका में हमेशा विद्यमान दिखाई देती हैं। इसलिए उन्होंने एक साक्षात्कार के वक़्त स्त्री लेखन के सम्बन्ध में यह कहा कि लेखकीय अनुशासन मात्र भाषाई कौशल नहीं। किसी भी लेखक का विचार विशेष कथ्य, शैली, अनुभव और एकाग्रता से असाधारण बन जाता है। स्त्री की अन्तर्दृष्टि छोटी-छोटी बातों को भी पकड़ने की आदी है। उसे अपने में बड़े पक्ष को ग्रहण कर सकने की समझ जगानी होगी। यह उनकी रचनाएँ प्रमाणित करती हैं। उदाहरण के तौर पर वे स्त्री के माध्यम से और ख़ास तौर से उसकी सेक्सुएलिटी के माध्यम से सदियों से बेआवाज़ रहे इन्सान को एक अलग अन्दाज़ में बोलने का मौक़ा देती हैं। वे मित्रों जैसे पात्र को प्रस्तुत करती हैं जो स्वच्छन्द इच्छाओं के बवण्डर की तरह है। इस एक स्त्री चरित्र ने कृष्णा सोबती के विजन और दार्शनिक निष्कर्षों को पहले से चले आ रहे पुरुषोचित स्त्रीवाद के कठघरे से बिल्कुल अलग खड़ा कर दिया।

कृष्णाजी की दार्शनिक दृष्टि का सर्वोच्च रूप सभी प्रकार की भंगिमाओं एवं गहराई से अंकित हुआ है 'समय सरगम' में। यह शीर्षक भी कालबोध को एवं मानव जीवन की विभिन्न अवस्थाओं को भारतीय दर्शन एवं संगीत शास्त्र को मिलाकर अभिव्यक्त करते हुए पाठकों को जीवन यथार्थ की ओर ले आता है।—"समय एकराग नहीं। समय में निबद्ध हैं अनेक राग। अनेक बन्दिशें। हर बन्दिश में अपनी स्वर-लहरी। देह को झंकृत करती हुई। आत्मा में रस-बस जाती। दोनों की निकटतम और दूरी एक-दूसरे में घुली-मिली। अन्त में उदित होता है एक आलोक-पुंज। लय-ताल का सुर-सिंगार।...आदिम षडज और निषाद। पहला स्वर आदिम। जन्म-स्वर। षडज, तरुणाई-स्वर। निषाद, इस मानवीय आख्यान

का अन्तिम स्वर। बचपन, यौवन और यह पकते हुए मौसम का सुर निषाद। जब तक हो, इन्हें गुँथे रहने दो। तभी है यह सरगम। समय सरगम।" जीवन को इतने संगीतात्मक ढंग से अभिव्यक्ति देने का कृष्णाजी का दार्शनिक बोध राष्ट्र सम्बन्धी विचारों में भी प्रकट है। कृष्णाजी के अनुसार पिछले कुछ दशकों में राष्ट्र, राष्ट्रवाद और राष्ट्रीयता जैसी अवधारणाओं पर चिन्तन करते हुए जो नये विमर्श उभर आये हैं, वर्तमान समाज में ये विभाजक रेखाएँ ख़त्म होने के बजाय और अधिक मज़बूत और स्पष्ट हुई हैं। इसलिए वे हमेशा विभाजन के ख़िलाफ़ हैं। यह सिर्फ़ सीमाओं के बनने से नहीं हुआ, इसका अन्य बड़ा सच था लोगों की बड़ी संख्या में विस्थापन। बहुत बड़ी संख्या में लोग बेघर हो गये थे, उनका वजूद, उनकी पहचान रातोंरात बदल गयी। अब वे शरणार्थी बन गये। इसलिए विभाजन की इस रेखा को मिटाने के पक्ष में हैं कृष्णाजी। यह रेखा कई प्रकार के विस्थापन के कारण बनती है। एक ओर मानसिक है तो दूसरी ओर सामाजिक एवं सांस्कृतिक।

समय सरगम में ऐमनेस्टी इंटरनेशनल की दक्षिण-पूर्वी डेस्क से जुड़ी ज़मीनी की फेंग्लिका की एक भारतीय से शादी हुई। जब वह कश्मीर से दिल्ली आयी तो ईशान एवं आरण्या के साथ हुई बातचीत के दौरान वह भारत को अपना देश समझता है और इस सन्दर्भ में लेखिका की आवाज़ सुनिये—"अलग-अलग नस्लों का फ़र्क़ कैसे मापा जायेगा! रहेगी दूरियाँ और नजदीकियाँ एक साथ। स्थानीयता में से झाँकती देसी-परदेसी-विदेशी प्रतिक्रियाएँ। भले एक-दूसरे के समानान्तर हों या विपरीत।" (समय सरगम, पृ. 157) तब लेखिका इस दूरी को मापना नहीं चाहती, यह हमारी सृष्टि है। स्थानीयता बोध से सबको आँकते समय दूरियाँ बढ़ती जाती हैं और सीमाएँ बनती जाती हैं। सम्पन्न राष्ट्रों की यान्त्रिक पीढ़ियाँ अगली शती में अन्तरिक्ष में बसाई जायेंगी। निर्धन एवं पिछड़े देश इसी धरती पर रह जायेंगे। इस प्रकार विकसित देश अपनी सीमा का जो विस्तार कर रहे हैं वहाँ निर्धन देशों का आना मना है। "अब विकसित गोरी जातियाँ ऊपर रहेंगी और काली-चपटी इस धरती पर। ख़बर यह भी है कि विकसित देशों की बिरादरी ऊपर दो काम सम्पन्न करेगी। यू.एन.ओ.भवन का निर्माण और उसके साथ ही 'ईश्वर' का निवास-गृह निर्मिति होगा। यू.एन.ओ. को जब भी ज़रूरत होगी, वे ईश्वर से सलाह सम्मति कर सकेंगे। निर्धन नस्लों को धरती की देख-रेख करनी होगी। नहीं तो भूचाल-तूफ़ान और लगातार सशस्त्र आतंकवाद। क़िस्सा कोताह यह कि यह सब समस्याएँ निर्धन जातियों के हवाले हो जायेंगी।" ये दूरियाँ राष्ट्र-राष्ट्र की अर्थ-सम्पन्ना पर आधृत हैं। इस प्रकार बढ़ती आ रही दूरियाँ एवं

विकसित देशों की निर्ममता जो धरती को दबा रही है, उसका भोक्ता निम्न स्तर के यानी कि धरतीपुत्र है।

'सिक्का बदल गया' कहानी में अपने सारे सम्बन्धों, अपनी मिट्टी और अपनी सारी स्मृतियों एवं सपनों को विवश होकर छोड़ना पड़ा वृद्ध शाहनी को। शरणार्थी कैम्प में सीमा रेखा के कारण पूर्णतः आहत होकर शाहनी सोचती है कि "राज पलट जाने पर क्या सिक्का बदलेगा, जो वह छोड़ आयी।" हरे-हरे खेतों से घिरे गाँवों में ख़ून बरस रहा है। प्रत्येक राष्ट्र की रचना में हत्या, लूट, निर्मम अमानवीय करतूतें, आदि हुई हैं। इससे निर्मिति राष्ट्र का मतलब क्या है? विस्थापित होते मानव का दर्द इस कहानी के केन्द्र में आकर हमसे कई सवाल करता है। देखिए—"रात को शाहनी जब कैम्प में पहुँचकर ज़मीन पर तो लेटे-लेटे आहत मन से सोचा—"राज पलट गया है...सिक्का क्या बदलेगा? वह तो मैं वहीं छोड़ आयी। और शाहजी की शाहनी की आँखें और भी गीली हो गयीं। आसपास के हरे-भरे खेतों से घिरे गाँवों में रात ख़ून बरसा रही थी। शायद राज पलटा खा रहा था और सिक्का बदल रहा था..." (सिक्का बदल गया) जब पाकिस्तान धर्म के नाम से भारत से अलग हो गया अथवा भारत का जो विभाजन हुआ तब दो राष्ट्र रूपायित हुए। उन राष्ट्रों की रूपायिति में हुए दारुण विस्थापन और उसके बाद अनाथ एवं निर्धन होकर कैम्पों में पहुँचनेवाले लोगों का जो मानसिक दुःख है, उसको गहराई से उतारने की कोशिश है इस कहानी में। कृष्णाजी ख़ुद भोक्ता है।

उपर्युक्त भोक्ता रूप 'गुजरात पाकिस्तान से गुजरात हिन्दुस्तान' में स्पष्टतः परिलक्षित है। भारत का विभाजन राजनीतिक कारणों से हुआ। कांग्रेस की अदूरदर्शिता, जिन्ना की महत्त्वाकांक्षा और अंग्रेज़ों की अनैतिकता तथा हिन्दुस्तान के प्रति उनके खुले रवैये ने बँटवारे में अपनी-अपनी अलग भूमिकाएँ अदा कीं। देश विभाजन ने एकता की नींव को हिला दिया। अहिंसा हमारा मूल मन्त्र थी। किन्तु विभाजन के फलस्वरूप देश में हर कहीं हिंसा का ताण्डव नृत्य बेरहम चल रहा था। वह एक भयानक त्रासदी थी। एक ऐसी त्रासदी जो राष्ट्र की स्वाधीनता और उसे आधुनिक बनाने के स्वप्न के साथ जुड़ी हुई है। भारत के सन्दर्भ में राष्ट्र बनने की प्रक्रिया विभाजन, साम्प्रदायिक हिंसा और धार्मिक जातीय, वर्गीय और सबसे ज़्यादा लैंगिक अलगाव या भेदभाव पर आधारित रही थी। दो राष्ट्रों के उस विभाजन को राष्ट्रों की आत्मनिर्भरता के रूप में देखा जा सकता है, लेकिन वह हिंसा और बर्बरता का सच बनकर उससे जुड़ी स्मृतियों तथा अतीत के भयावह रूप को इतिहास में दर्ज करता है।

कृष्णाजी अपने ही सगे-सम्बन्धियों और उनके घरों की बदलती तस्वीर को देख रही थीं। ये वे हारे हुए लोग थे जो अपने बचे सामान, गठरियों के साथ अपनों से बिछुड़े हुए और अपने सपनों से काटकर अलग कर दिये गये थे। उन शरणार्थियों के वजूद उनसे छीन लिए गये थे और उस समय की रियासत ने घरों को पागलखाना बना दिया था। "इधर इन्सानी वजूद चिथड़े-हो गया था जो स्टेशन गलियों और चौक-बाज़ार में तितर-बितर फैला पड़ा था।" (गुजरात पाकिस्तान से गुजरात हिन्दुस्तान, पृ. 12) साम्प्रदायिक उन्माद में शामिल होनेवाले हिन्दू और मुसलमान यह न देख सके कि वर्ग और जाति के आधार पर बँटे हुए हैं, जिसे लेखिका ने नाटकीय अन्दाज़ में लिखा है—"हिन्दुत्व के बेटे चार सियो, तियो, छियो, चौथे का नाम क्यों ले—वह दलित तो कचरा उठाने को रहे। इस्लामुद्दीन के भी बेटे चार—अरब, पठान, तुर्क, मुगल।" (वही, पृ. 4)

समूचे इतिहास में शायद सबसे बड़ी भयानक घटना रहा था भारत विभाजन। उसकी भयानकता से बाहर आना आदमी की बुद्धि और क्षमता के परे था। इतना पागलपन हुआ कि बूढ़ों, बच्चों और स्त्रियों पर बलात्कार हुआ। नग्न स्त्रियों को सड़कों के बीच वस्तुओं की तरह नीलाम कर दिया गया। उनकी इज़्ज़त और आत्मसम्मान को कलंकित किया गया। डेढ़ करोड़ लोग अपने घरों से उखाड़ दिये गये और उन्हें जीविका के लिए ऐसे क्षेत्रों में जाना पड़ा कि जहाँ अपनत्व का बोध नहीं था। दरअसल धर्म के साथ भाषा को भी विभाजन के एक अस्त्र के रूप में प्रयुक्त किया गया था। 'गुजरात पाकिस्तान से गुजरात हिन्दुस्तान' में भाषा का वह प्रभाव देखने को मिलता है। लेखिका ने इसके लेखन के लिए चुन लिया उर्दू मिश्रित हिन्दी को। इन दोनों के साथ हमारे आचार, अपनावे, खान-पान आदि भी भेदभाव को द्योतित करनेवाले चिह्नों में सम्मिलित हैं। भारत विभाजन से भारतीय मानसिकता विभाजित हो गयी। इसलिए देश विभाजन का मतलब दिलों का विभाजन रहा था। उत्तर भारत की एक पीढ़ी अभी तक विभाजन की उस त्रासदी को नहीं भूली जिसकी क़ीमत पर स्वतन्त्रता मिली थी। इसलिए विभाजन केवल दो राष्ट्रों, हिन्दुस्तान-पाकिस्तान का बँटवारा नहीं था बल्कि वह क्रूर हिंसक सच्चाई था, जिसके जख्मों को उनके बाद की पीढ़ियों ने भी झेला। वे सिर्फ़ अपनी ज़मीन-जायदाद ही छोड़कर नहीं आये थे, वे उन स्मृतियों के गुलाम बन गये थे जिसने बड़े पैमाने पर हिंसा, ख़ून व रक्तपात झेला था।

कृष्णा सोबती अपनी जीवन-कथा के ज़रिये इस उपन्यास को विस्थापित शरणार्थियों की जीवन-दास्तान बना देती हैं। बँटवारे के दौरान अपने जन्म स्थान

गुजरात और लाहौर से यह कहकर निकलीं कि "याद रखना हम यहाँ पर रह चुके हैं।" (पृ. 10) अपनी स्मृतियों को सहेजते-सँभालते वे अपनी पहली नौकरी करने सिरोही पहुँच गयी जहाँ वे एक शिशुशाला में पढ़ाने जाती हैं। लेकिन राजनीतिक कारणों से शाला नहीं खुलती तो वे सिरोही रियासत के महाराज की गवर्नेस के पद पर काम करने लगती हैं। वे शरणार्थी बनकर हिन्दुस्तान के गुजरात में पहुँचीं और वह पिछड़ी रियासत का एक हिस्सा है। वहाँ स्वतन्त्र देश के नागरिक होने का अहसास हुआ और परखने के लिए वहाँ सिरोही रियासत की अन्तिम कड़ी दत्तक पुत्र महाराज तेजसिंह से मिलने का अवसर मिला। उस बच्चे ने अपनी शिक्षिका के सामने एक सवाल उठाया—"मैम बेदखल का मतलब क्या होता है?" (पृ. 252) वह सवाल कृष्णा जी को असमंजस में डाल देता है कि वह क्या जवाब देंगी, क्योंकि उस रियासत के सन्दर्भ में वह एक द्वन्द्व की स्थिति से गुज़र रहा था। एक तो पुराने रुबाब और रियासत को वे छोड़ना नहीं चाहते तो दूसरी ओर बेदखल होने का ज़ख़्म। इसलिए बेदखल होने का अर्थ सबके लिए अलग होता है। लेकिन लेखिका इस यथार्थ को उपन्यास में यों प्रस्तुत करती हैं—"विभाजन एक शब्द। शरणार्थी एक विशेषण! लुटा-फूटा ग़रीब। कैम्पों में रहनेवाला। विस्थापितों को राशन मुफ़्त मिल सकता है। फार्म भरा होना चाहिए तो कम्बल के भी हकदार हो सकते हैं। वह क्यों इस पर सोच रही है? इसका न बुरा माना जा सकता है, न सराहा जा सकता है। यह तो एक स्थिति है। अपनी जड़ों से उखड़ने की नयी जगहों पर जमने की।" (पृ. 42)

उपन्यास में कृष्णा सोबती जिस समय का ज़िक्र करती हैं वह भारत में रियासतों के ख़त्म होने का दौर भी था। इसलिए रियासत के पहरेदारों में खलबली, तनाव और अफरातफरी का माहौल था। उपन्यास लेखिका के निजी प्रतीत होते अनुभव और स्वाधीनता के बाद भी बची रही गयी अभिजात्यता, रईसियत और रियासी नियन्त्रण रखने की कोशिशों को भी अभिव्यक्त करती हैं। लेखिका इस सच्चाई तक आज की पीढ़ी को ले जाना चाहती हैं कि जहाँ रियासी राजनीति के फलस्वरूप एक भूखण्ड बँट गया जिसमें लोगों की पहचान व उनका वजूद था, जिनके देश का मतलब था—"भरपूर फ़सलवाले खेत, सदा हरियाली धरती, न कमी पानी की, न धूप की, न छाह की।" (पृ. 71) इस बँटवारे में देश का सामाजिक ढाँचा ही बदल गया। इस बदलते सामाजिक ढाँचे को वे इस प्रकार व्यक्त करती हैं—"जो ऊपर था वह नीचे आ गया, जो नीचे था उधर पछाड़ दिया गया। अब हम सब उस सीमान्त के बाहर है और सीमान्त हमारे बाहर है।" (पृ. 31)

कृष्णाजी ने शरणार्थी बनकर जीने की भयावह स्थिति की ओर हमारा ध्यान आकर्षित किया। लेखिका के जीवन का एक बड़ा हिस्सा इस तरह के अनुभवों से जुड़ा हुआ है, इसलिए यह उपन्यास स्वानुभवों का सच्चा दस्तावेज़ है। कृष्णाजी ने विभाजन को बहुत गहराई के साथ समझा है। कृष्णाजी इस उपन्यास में राष्ट्रवाद पर भी चोट करती हैं–"अब हम सब उस सीमान्त के बाहर हैं और वह सीमान्त हमारे बाहर। उस अनहोनी को अपने चित्तपटल से मिटा दो। जाती सरकार ने सजा दी हमें और आती सरकार ने हमीं से कर वसूली की।" (पृ. 31) यह सीमान्त राष्ट्रवाद और देशप्रेम के अर्थशास्त्र का सीमान्त था जिससे निम्न एवं मध्यवर्ग बाहर हो गया था।

राष्ट्र सम्बन्धी कृष्णाजी की मान्यताओं का सही एवं ज्वलन्त रूप है 'ज़िन्दगीनामा'। विभाजन पूर्व पंजाब की धड़कती ज़िन्दगी के लुभावने सौन्दर्य के साथ-साथ अंग्रेज़ सरकार की दमनकारी नीति के विरुद्ध उठी ग्रामीण मानसिकता भी झलकती है। लेकिन ग्रामीण जीवन का स्वरूप देखिए–"ज़िन्दगी की तरह जीना-खेत में फ़सल की तरह उगना। वह भीड़ है। कृषक है, फ़ौजी है, कितनी जातियाँ, धर्म हैं। पंजाबियों की मेहनत। बन्धन नहीं, उन्मुक्त है, इनकी प्रकृति के अनुरूप है, इनके प्रेम का स्वरूप। जीवन के प्रति आवेश भरी आसक्ति।" जीने की यह ललक कृष्णाजी की प्रत्येक रचना का मुख्य स्वर है। यह जीवन्त, प्रेमभरा, ओजभरा, स्वतन्त्र व्यक्ति एक समाज एवं राष्ट्र की रीढ़ की हड्डी है। निराश जनता से राष्ट्र सकारात्मक विकास की ओर अग्रसर नहीं हो जायेगा। वह संसार सोबती के सपनों का सुनहरा संसार है। उपन्यास का कालखण्ड इस शताब्दी के पहले मोड़ पर खुलता है। "पीछे इतिहास की बेहिसाब तहें। बेशुमार ताक़तें। ज़मीन के अधिकारी कौन हैं? काम करनेवाले आसामिये। इन्हें जकड़नों में जकड़े हुए शोषण के वे क़ानून जो लोगों को लोगों से अलग करते हैं। लोगों को लोगों में विभाजित करते हैं।" यहाँ औपनिवेशिक काल में उठे बड़े एक सवाल का जवाब मिलता है। कौन हैं ज़मीन के अधिकारी? वह आम कृषक है। भारतीय संस्कृति किसानी संस्कृति है, उस संस्कृति का शोषण उपनिवेश में हो रहा है, उसका नाश हो रहा है। उसकी सूचना उपन्यास में है। वह स्वदेशी भावना लोगों को एक साथ मिलाती थी। इस उपन्यास की मजलिस भारतीय गाँव की जीवन्त परम्परा में है जहाँ भारतीय मानस का जीवन-दर्शन अपनी समग्रता में जीता चला जाता है। इसमें ज़िन्दगी को आँकने की कोशिश है। उसके पन्नों में बादशाह और फ़क़ीर, शहंशाह, दरवोश और किसान एकसाथ खेतों की मुँडेरों पर खड़े मिलेंगे। सर्वसाधारण की वह भीड़ भी है जो हर काल में, हर गाँव में, हर पीढ़ी को सँजोए रखती है।

पंजाब के इतिहास, भूगोल, संस्कृति, जलवायु, प्रकृति, राजनीति आदि को 'ज़िन्दगीनामा' उपन्यास के आखण्ड में वे कविता के ज़रिये दर्ज करती है— "गलबाहियों-सी/इतिहास/जो नहीं है/और इतिहास/जो है/वह नहीं/ जो हुकूमतों की/ तख़्तगाहों में/प्रमाणों और सबूतों के साथ/ ऐतिहासिक खातों में दर्ज कर/ सुरक्षित कर दिया जाता है/ बल्कि वह/ जो लोकमानस की/ भागीरथी के साथ-साथ बहता है/ पनपता और फैलाता है/ और जनसमाज के/ सांस्कृतिक पुख़्तापन में/ ज़िन्दा रहता है/ गलबहियों-सी/ उमड़ती, मचलती/ दूधभरी छाती-सी/ चनाब और जेहलम की धरती/ माँ बनी/ कुरते के बन्द खोलती/ दूध की बूँदें ढरकाने को।

(ज़िन्दगीनामा, पृ. 9)

विभाजन के बाद पंजाब छोड़कर जानेवाली कृष्णाजी के मन में पंजाब की गेहूँ, सरसों जैसी कृषियाँ, दूध से भरे हुए पंजाब के घर, चरखा एवं तकली पर महीन सूत कातती रानियाँ आदि एक-एक करके आ रहा है जो पंजाब की संस्कृति में चार चाँद लगाते हैं। उपन्यासकार के मुताबिक़ इस धरती पर उनका पुण्य शेष हो गया है। सोबती सचमुच एक ऐसे लोक की सृष्टि करना चाहती हैं जिसमें वह जीना चाहती हैं। वे जानती हैं पंजाब के उस अंचल विशेष की जिन हवाओं, ऋतुओं, ज़मीन, पेड़-पौधों, दरियाओं से उनका कभी अन्तरंग सम्बन्ध था वह अब मानव-निर्मिति सीमाओं के कारण लाख चाहने पर भी पुनः नहीं बन सकता। उन्हें जिया जा सकता है, कल्पना में एक समानान्तर दुनिया की सृष्टि कर।

'ज़िन्दगीनामा' में कविता के ज़रिये आज के पंजाब की स्थिति या विभाजन के समय पंजाब कैसे परिवर्तित हुआ यह यों प्रस्तुत है जो कृष्णाजी कभी सोच भी नहीं सकतीं—"दूध-भरी छातियों से/ अब दूध नहीं/ख़ून टपकता है/ मत देखो/ दौड़ चलो/ छोड़ चलो/ इस पानी को/ इस धरती को अलविदा/ आबों के आब को/ पंज दरियाओं के पंजाब को/ अलविदा/ अपने पुरखों की याद को/ जिनके ख़ून और/ दूध से बचे बच्चे/ अब फिर कभी/ इस धूल में/ इस मिट्टी में/ कभी नहीं खलेंगे/ कभी नहीं खेलेंगे।" (पृ. 15)

विस्थापित मन का दर्द अपनी मिट्टी से जब अलग हो जाता है तब उन्होंने जो तीव्रता अनुभव की वही है यह कविता। शरणार्थी बनकर जाते समय जहाँ उन्होंने सारा सपना सँजोया उसके नष्ट होने का दुःख और उसकी गहराई उनके शब्दों से वे बुन रहे हैं, वह उनकी यादों की बारात भी है। देखिए आगे—"कौन जानेगा/ कौन समझेगा/ अपने वतनों को छोड़ने/ और उनसे मुँह मोड़ने के दर्द को/ पेड़ों को/ जेहलम और चनाब/ बहते रहेंगे इसी धरती पर।"

यह लेखिका की स्वानुभूति की सघनता का परिणाम है। इसमें कवि की तीव्र संवेदनशीलता और चित्रकार की सजगता है। लोकजीवन के लिए आवश्यक भाषा को उन्होंने चुन लिया। भारतीय लोकजीवन की विविधता, सादगी, सामूहिकता, प्रकृतिबोध, सांस्कृतिक गरिमा आदि को स्वानुभूति की प्रामाणिकता के साँचे पर ढलकर एक राष्ट्र की संकल्पना के उच्च रूप को अभिव्यक्ति देने की सृजनात्मक क्षमता विरले ही साहित्यकार में दिखाई पड़ती है। उन्होंने पंजाब हो या भारत हो यह दर्शाने की कोशिश की कि इतिहास सचमुच वह है जो लोकजनता में बहता है। इसमें गुजरातवालों की देशीभाषा है। यहाँ भाषा का लोकतन्त्र विकसित होता है जो व्याकरण की तानाशाही की उपेक्षा करता है। किसी भी राष्ट्रीय भाषा के भीतर सामाजिक बोलियों के अनेक स्तर होते हैं जिनमें पेशा सम्बन्धी विशिष्ट शब्दावली, पीढ़ियों की भाषा, गलियों की भाषा, अधिकारियों की भाषा आदि का समावेश होता है, इन सबका राजनीतिक और सामाजिक प्रयोजन होता है। भाषा की इस ऐतिहासिक स्थिति का बोध इस उपन्यास की खासियत है। इसके द्वारा सामाजिक बहुलता, पात्रों के स्वरों की स्वतन्त्रता सम्भव है। वे लिखती हैं—"मस्जिद में अजान और मुर्गे की बाँग एक साथ।" (पृ. 23) यह है बहुस्वरता का भारत।

राष्ट्र की सबसे छोटी इकाई माना जाता है परिवार को। उस पारिवारिक जीवन के महत्त्व को वे अन्यत्र अपने लेखन के केन्द्र में ले आती हैं। 'ऐ लड़की', 'समय सरगम' जैसी रचनाओं में यह ख़ूब द्रष्टव्य है। अपने शुरुआती दिनों में वे परिवार के बन्धन में आना यदि नहीं चाहती थीं तो भी बाद में गृहस्थी में बे बँध जाती थीं। 'ऐ लड़की' में अन्तिम दिनों तक जीवचेतना रखनेवाली माँ से कृष्णाजी परिवार का महत्त्व समझ लेती हैं। दार्शनिक धरातल पर जीवन एवं पारिवारिक महत्त्व को वे पेश करती हैं। सृष्टि हमेशा काल के कठोर अनुशासन में बँधी नियमपूर्वक चलती है। मनुष्य मृत्यु के दो छोरों से बन्धित है। सम्बन्ध मनुष्य को व्यापक बना देता है। अहंकार का विसर्जन और प्रेम के बन्धन व्यक्ति को नया बना देते हैं। व्यक्ति को काल को चुनौती देकर जीवन के नैरन्तर्य को बनाये रखना है। परिवार सबको बड़ा बना देता है। जीवन से पलायन कर व्यक्ति की मुक्ति सम्भव नहीं है। वह मोक्ष जीवन में रच-बसकर ही पाया जा सकता है। उनके अनुसार कर्म पारिवारिक-सामाजिक दायित्वों का सम्यक् निर्वहण है। व्यक्ति की कर्मभूमि परिवार ही है। "संग-संग जीने से कुछ रह जाता है, कुछ बह जाता है। अकेले में न कुछ रहता है, न कुछ बहता है। यह खोना-पाना, हर्ष-शोक, जय-पराजय—यही तो ज़िन्दगी है, श्रम और सहयोग के ताने-बाने से गुँथी-बुनी।"

(ऐ लड़की) जब तक जी सकते हो जीते रहना है जीवनेच्छा मतलब सकारात्मकता है, यह मृत्यु से डराती नहीं है। मृत्यु को लेखिका परम सत्य मानती है।

'मित्रो मरजानी' में रचनाकार परिवार को गतिशील जीवन चक्र का आधार मानकर पूरे उपन्यास को चलायमान कर देती हैं। मित्रो दैहिक भूख की ईमानदार स्वीकृति करते हुए संयुक्त परिवार की सक्रिय एवं संवेदनशील सदस्या बनती है। वह अपनी मुक्ति की प्रक्रिया में पारिवारिक मूल्यों के प्रति अगाध आस्था अर्जित करती है। 'सूरजमुखी अँधेरे के' का पात्र दिवाकर के ज़रिये विवाह-संस्था के प्रति आस्था भाव प्रकट हो जाता है। विवाह है जीवनपर्यन्त एकनिष्ठ भाव से निभाया जानेवाला अटूट सम्बन्ध। दूसरे के व्यक्तित्व में अपने को लय कर स्वयं को समग्र, अखण्ड रूप में पाने का चुनौती भरा प्रयास है विवाह। संकीर्णता एवं रूढ़ियों से मुक्त मानवीय मूल्यों के प्रति उनकी आस्था अगाध है।

'समय सरगम' में संयुक्त परिवार और परिवार सम्बन्धी कई मान्यताओं की चर्चा हुई थी। पारिवारिक सम्बन्धों की चर्चा व्यक्तिगत सन्दर्भों से नहीं होगी। आरण्या के अनुसार संयुक्त परिवारों में परिवार का स्वामित्व व्यक्ति की उत्पादन हैसियत से जुड़ा है। परिवार की साँझी पैसे के व्यापारिक प्रबन्धन में निहित है। उसकी आन्तरिक शक्ति क्षीण हो चुकी है। घनी छाँह की जगह घिसी हुई पुरानी चिंदियाँ फरफरा रही हैं। हमारे देशगत संस्कार की जड़ें संयुक्त परिवार से पनपी हैं। लेकिन वह आज चरमरा रही हैं। सात्विक स्वभाव वाले नायक ईशान से परिवार की सकारात्मकता ज़ाहिर होती है तो आरण्या द्वारा पारिवारिक संस्था पर कई सवाल उठाये गये हैं। ईशान पारिवारिक सम्बन्ध को गहरा समझता है। उनके अनुसार छोटे-छोटे दबावों के बावजूद उनमें बहुत कुछ अच्छा और मूल्यवान होता है। संग-साथ रहता परिवार तो खुली किताब है। आपसदारी का रख-रखाव ही इसका पुख़्ता प्रमाण है। इसके सगेपन को कोई पराया नहीं छीन सकता। लेकिन आरण्या सदा यह मानती है कि परिवार की साँझी श्री सम्पदा और सम्पन्नता में निहित है। इस साँझेपन का हिसेदार है तो उसे स्नेह, ममता भी प्रचुर होगी। घर में बेटा हो या बेटी हो, परिवार के हर सदस्य को समान अधिकार है। लेकिन ईशान इस पर अडिग रहता है कि परिवार सुरक्षा का एक नीड़ है, और एक-दूसरे को सहारा देनेवाली एक घनी छाँह भी। वे जीवन को अनेकवर्णी समझते हैं। परिवार में सामंजस्य की भावना पनपती है, वह मानवीय सम्बन्धों के लिए ज़रूरी है। "मानवीय मन के आवेग और आवेश को परिवार ही नियन्त्रित करते हैं। असंख्य डेरों से वह समाज से जुड़ा है। इसी से रहकर स्त्री-पुरुष दोनों अपनी-अपनी अन्तःशक्तियों को विकसित कर सकते हैं।"

इसलिए राष्ट्र को 'कल्पित जनसमुदाय' (Imagined Community) कहा है। आधुनिक युग में इस राष्ट्र नाम के गल्प के निर्माण का सबसे सशक्त माध्यम उपन्यास है। इसका मुख्य कारण उपन्यास रूपबन्ध की सर्जनात्मकता है। जैसे कि रूसी चिन्तक बाखतीन ने दिखलाया है उपन्यास अपनी प्रकृति से ही 'संवादधर्मी' है, 'बहुभाषी' है। उपन्यास के ढाँचे में समाज के विभिन्न स्तरों के चरित्र आपस में मिलते हैं और अपनी-अपनी बोली-बानी में एक-दूसरे से बात करते हैं—इस प्रक्रिया में उपन्यास का संसार सहज ही एक ऐसे राष्ट्र के रूप में सामने आता है जिसमें सभी सदस्यों की भागीदारी एक समान नागरिक की-सी प्रतीत होती है।

उपन्यास ने यदि राष्ट्र का रूप निर्मिति किया तो राष्ट्रीय कल्पना ने उपन्यास के रूप-निर्माण में भी नियामक भूमिका अदा की। इस प्रकार राष्ट्र-निर्माण और उपन्यास के बीच द्वन्द्वात्मक सम्बन्ध है। इस द्वन्द्व के ही कारण से उन्नीसवीं शताब्दी के अधिकांश भारतीय उपन्यास राजनीतिक हैं। कथानक चाहे ऐतिहासिक हो चाहे सामाजिक अथवा नितान्त निजी प्रेम की कहानी, अन्ततः उनसे कोई-न-कोई राजनीतिक अर्थ ध्वनित होता है। सम्भवतः इसी बात को लक्षित करते हुए अमेरिका के मार्क्सवादी समालोचक फ्रेडरिक जेम्सन ने भारत सहित तीसरी दुनिया के सभी देशों के उपन्यासों को 'नेशनल एलिगरी' (राष्ट्रीय रूपक) कहा है। इसका मतलब है कि भारतीय जीवन का यथार्थ है भारतीय उपन्यास। उसमें भारतीय जीवन की बहुलता है, विविधता है। बंकिमचन्द्र के उपन्यास के ज़रिये राष्ट्रीय रूपक की परिकल्पना को आसानी से समझा जा सकता है। उनके उपन्यासों में हिन्दुओं के बाहुबल की प्रशंसा ख़ूब की जाती है, वह इसलिए था कि भारत की लुप्त होती संस्कृति के स्थान पर हिन्दू संस्कृति को प्रतिष्ठित करना अनिवार्य था। जेम्समील और मैकाले ने उन दिनों में लिखा था कि भारतीय डरपोक, कमज़ोर और छोटे कद के हैं। इसलिए उस समय के ऐतिहासिक उपन्यासों में वीर योद्धा मराठवाड़ा, राजपूत सिख वंशजों की कहानियाँ दर्ज हुईं। बंकिमचन्द्र ने इसलिए अपनी कृति 'कृष्णचरित' में शान्त, कर्मयोगी और लोकनायक कृष्ण को प्रस्तुत किया। उस समय सवर्णाधिपत्य एवं ब्राह्मणमेधा हिन्दू धर्म की प्रतिष्ठा हुई थी। वहाँ स्त्री आदर्श भारतीय महिला थी।

मलयालम के प्रथम उपन्यास 'इन्दुलेखा' के द्वारा चन्दुमेनोन जिस नागरिक समाज की संकल्पना करते हैं इसके ज़रिये औपनिवेशिक आधुनिकता के द्वारा निर्मिति राष्ट्रीयता की कमियाँ प्रकट हो जायेंगी। 'इन्दुलेखा' द्वारा निर्मिति नागरिक

समाज के मूल्य एक साथ नये एवं पुराने हैं। सांस्कृतिक नैरन्तर्य को बनाये रखते हुए समाज का आधुनिकीकरण इन्दुलेखा-माधवन के ज़रिये चन्दुमेनोन ने किया। मातृसत्तात्मक एवं पितृसत्तात्मक व्यवस्थाओं के बीच का द्वन्द्व बीसवीं शती की विशेषता थी। यह द्वन्द्व परिवार एवं विवाह जैसी संस्थाओं पर केन्द्रित था। पाँच शताब्दियों तक मलाबार प्रदेश में विद्यमान आर्थिक-सामाजिक व्यवस्था का नाश हुआ तब जो नया नागरिक समाज उदित हुआ वह व्यक्ति केन्द्रित अणुपरिवार था। 'इन्दुलेखा' के दूसरे अध्याय में माधवन और इन्दुलेखा के बीच की बातचीत के दौरान इन्दुलेखा यह सिद्ध करना चाहती है कि अपने पति को ख़ुद चयन करने के स्त्री-अधिकार की स्वीकृति है 'सम्बन्तम' (नायर जाति की स्त्री अपनी इच्छानुसार नम्बूतिरी जाति के पुरुष को चुन लेने का रिवाज है, वह यदि चाहती है तो पति को छोड़ने का अधिकार भी है)। मातृसत्तात्मक व्यवस्था का आदर्शीकरण कर इन्दुलेखा केरल की परम्परा को बनाये रखते हुए आधुनिकता को स्वीकार करने की कोशिश करती है। औपनिवेशिक व्यवस्था के सामने पूर्ण रूप से गुलाम बने बिना अपनी सांस्कृतिक निजता को बनाये रखा जा सकता है। चन्दुमेनोन का विश्वास है कि वह व्यक्ति के निजी जीवन की निरन्तरता का भाग है। परिवार, विवाह आदि सामाजिक संस्था के केन्द्र में स्थित व्यक्ति की निजी दुनिया और उसके बाह्य कर्मों के सामान्य क्षेत्र को अलग-अलग देखने की यह पद्धति उपनिवेश के सन्दर्भ में राष्ट्रीयता को परिभाषित करने का श्रम है। लेकिन चन्दुमेनोन ने यह वरेण्य राष्ट्रीयता के भीतर खड़े होकर कर रहा है। देशभाषाओं के भीतर हर जाति की निजी भाषा उस समय थी। उपन्यास में नायर जाति की भाषा प्रयुक्त है, यानी कि उसमें वरेण्यता की एकस्वरता गूँजती है। आधुनिकता की लोकतन्त्रीयता का अभाव उपन्यास में है। औपनिवेशिक सत्ता के अधीन माधवन नौकरी स्वीकार करता है। उपन्यास में शुरू से अन्त तक ब्रिटिश शासक के प्रति श्रद्धाभाव प्रकट है। अठारहवें अध्याय में पाश्चात्य-शक्ति के प्रकाश में भारतीय संस्कृति की व्याख्या करता है। माधवन के अनुसार कांग्रेस ब्रिटिश सरकार के ख़िलाफ़ नहीं है और इंग्लैण्ड का राजशासन भारत में भी कार्यान्वित किया जा सकता है। व्यक्ति एवं तर्क केन्द्रित यह राष्ट्रीयता नये अणुपरिवार की स्थापना के द्वारा पारिवारिक-व्यवस्था को विखण्डित करती है। लेकिन इस पारिवारिक-व्यवस्था में स्त्री का स्थान कम है। दलित-पीड़ितों की भाषा का प्रयोग 'इन्दुलेखा' में कहीं भी नहीं है।

इन्दुलेखा में बम्बई से जहाज़ के द्वारा कोलकत्ता की ओर माधवन जब जा रहा था तब समुद्र से अपने जन्मदेश को देखकर लम्बी साँस लेता है।

उनकी दृष्टि में प्रदेश एवं देश में कोई फ़रक़ नहीं है। इसमें राष्ट्रबोध और उपराष्ट्रबोध परस्पर पूरक है। इसलिए केरल भारत का एक खण्ड नहीं है, राष्ट्र ही है। यह सबसे ज़्यादा स्पष्ट है सी.वी.रमन पिल्लै के मार्ताण्ड वर्मा में। इस उपन्यास में राज्य कैसे राष्ट्र बनता है, उसका बयान है। प्रजा जब नागरिक बनता है तब उसमें जो कर्तृत्व जन्म लेता है वह छोटे राज्य का व्यवहार बनता है। एक विशाल भू-भाग की स्थल-व्यापकता, वहाँ की राष्ट्रभाषाओं की स्वर-विविधता 'मार्ताण्ड वर्मा' में प्रस्तुत है। सी.वी. ने सामाजिक परिष्कार का श्रम, समाचार-पत्रों का व्यापक प्रचार, अँग्रेजी-शिक्षा आदि के द्वारा जो व्यापक सामाजिक परिवर्तन हुआ, उसकी ओर ध्यान आकृष्ट किया। सी. वी. ने स्पष्ट कर दिया कि शासन-व्यवस्था जनहित के लिए होनी चाहिए।

उपन्यास में क्षत्रिय, ब्राह्मण, नायर, ईषवा, स्त्री आदि अनेकों के भाषादेशों का प्रयोग हुआ है। उनके उपन्यास में लोकतत्त्व प्रकट है। मिथक, विश्वास, पुराण, इतिहास, परिकथाएँ आदि का इस्तेमाल उपन्यास में प्राप्त है। इस प्रकार उनके उपन्यास में कालबोध का बयान दिखाई देता है। स्थानीय भाषाओं के प्रयोग से राष्ट्र की भाषा का प्रयोग ही हुआ है।

यद्यपि आधुनिकता का द्वन्द्व इन्दुलेखा और 'मार्ताण्डवर्मा' में भिन्न-भिन्न है तो भी दोनों उपन्यासों में वरेण्य राष्ट्रीयता ही अभिव्यक्त है। इसका तात्पर्य यह है कि उनके उपन्यासों में अन्य वर्ग, जातियाँ एवं विभाग आते नहीं हैं। उन्नीसवीं शताब्दी के अन्तिम दशकों में मलयालम में बीस से ज़्यादा उपन्यासों की रचना निम्न जातियों के द्वारा हुई थी। वे सब सामाजिक परिष्कार एवं एक नये काल एवं देश की संकल्पना पर केन्द्रित थे। वे सब सवर्ण जातीय केन्द्रीयता पर प्रश्नचिह्न लगाने वाले थे। लेकिन इन्दुलेखा और मार्ताण्डवर्मा जिस प्रकार लोकप्रिय हो गये उस प्रकार वे नहीं हुए। इसका मतलब है कि राष्ट्रीयता का वरेण्य स्वभाव उनको स्वीकारने के लिए तैयार नहीं हुआ। 'सरस्वती विजयम' शीर्षक उपन्यास धार्मिक परिवर्तन के द्वारा जाति-व्यवस्था के बाहर एक स्पेस तैयार करता है। वर्ग एवं जाति भिन्नताओं का विश्लेषण इस उपन्यास में हुआ था। यह हाशिएकृतों की राष्ट्रीयता पर विचार करता है। लेकिन इस राष्ट्रीयता को उस समय स्थान नहीं मिला।

'इन्दुलेखा' के बाद मुत्तिरिगोंट भवत्रातन नम्पूतिरिप्पाड के 'अप्पन की बेटी' (1932) जब प्रकाशित हुआ तब तक मलयालम उपन्यास में कोई ख़ास परिवर्तन नहीं हुआ। इस उपन्यास में नम्पूतिरि स्त्रियों की शोचनीय स्थिति का वर्णन है। फिर भी नवजागरणकालीन उपन्यासों में जिस राष्ट्र की संकल्पना

थी वह वरेण्य वर्ग की थी। उसमें उपेक्षित, दलित, दमित एवं हाशिएकृतों की आवाज़ या भाषा नहीं थी। दूसरे शब्दों में यदि कहा जाय तो हम जिस बहुलता की राष्ट्रीयता का संकल्प कर रहे हैं उससे कोसों दूर थे नवजागरण काल के मलयालम के चर्चित उपन्यास। लेकिन उसके बाद तकषी, बशीर, केशवदेव, पोनकुन्नम वर्की आदि के कथा-साहित्य में बहुलता का राष्ट्र-संकल्प स्पष्टतः परिलक्षित है।

साहित्यिक अनुवाद की राष्ट्रीयता

अनुवाद स्रोत भाषा-पाठ को लक्ष्य भाषा-पाठ में अभिव्यक्त करने की प्रक्रिया या कला है अथवा यह एक द्विभाषिक साहित्यिक प्रक्रिया है। इस कार्य में समतुल्यता सबसे मुख्य चीज़ है। साहित्यिक कहानियाँ, कविताएँ, डायरी, संस्मरण, जीवनी, आत्मकथा, रेखाचित्र आदि का अनुवाद किया जाता है। यहाँ भाषा का अनुवाद और उस भाषा की संस्कृति का अनुवाद दोनों सम्पन्न होते हैं। यह अनुवाद अन्य अनुवाद जैसे वैज्ञानिक एवं तकनीकी अनुवादों से बिल्कुल भिन्न है। साहित्येतर अनुवाद तथ्यात्मक है जबकि साहित्यिक अनुवाद की मुख्य विशेषता है इसकी काव्यात्मक सम्प्रेषणीयता। अर्थात् यह सूचनात्मक नहीं है। दूसरी विदेशी भाषाओं से अनूदित किसी भी साहित्यिक विधा के अध्ययन करते वक़्त पाठक को अपने अर्थ, पात्र और संवेदना आदि का ज्ञान होना चाहिए। साहित्यिक अनुवाद में उद्देश्य का अनुवाद किया जाता है, अर्थ का नहीं। पाठ के मूल के अनुरूप एवं पूर्ण अंश के रूप में अनुवाद करना चाहिए। यह एक द्विभाषिक साहित्यिक प्रक्रिया है। उसके समतुल्य, बिम्बात्मक, सौन्दर्यात्मक और सांस्कृतिक स्वीकृति प्राप्त होनी चाहिए। लेकिन यह पाना मुश्किल है। साहित्यिक अनुवाद के सामने कई चुनौतियाँ हैं। इन चुनौतियों पर विचार करने के पहले साहित्यिक अनुवादक के लिए आवश्यक गुणों पर विचार करना चाहिए।

अनुवादक

एक अच्छे अनुवादक को स्रोतभाषा में लिखने और बोलने की क्षमता होनी चाहिए। लक्ष्य भाषा में भी अच्छी क्षमता रखनी चाहिए। जिस पाठ का अनुवाद किये जानेवाला है उसके विषय का जानकार होना चाहिए। दोनों भाषाओं के शब्दव्युत्पत्ति एवं मुहावरे के सम्बन्धों के साथ सामाजिक भाषिक प्रयुक्तियों का भी परिचय होना चाहिए। स्रोत भाषा और लक्ष्य भाषा में समतुल्यता के लिए कहाँ शब्दानुवाद और कहाँ भावानुवाद करना है, इसका पता भी होना है।

एक समर्थ अनुवादक को द्विभाषी होने के साथ द्विसांस्कृतिक भी होना चाहिए। एक भाषा केवल शब्दों के संग्रह और व्याकरण एवं पदयोजना से वाक्यों को बनाने की नहीं है, बल्कि वह संकेतार्थों एवं सांस्कृतिक सन्दर्भों को परस्पर मिलाती है। वह एक जीवन पर्यन्त काम है। कई सालों के अनुवाद करने के अनुभव से मात्र एक समर्थ अनुवादक बन पायेगा। एक अनुवाद के पाठ में उसका रॉल एक कलाकार का है, अर्थात एक संगीतज्ञ या अभिनेता का जो एक कला के काम की व्याख्या करता है जैसे मनुष्य के अन्य कार्यकलापों के समान। दूसरे शब्दों में कहा जाय तो वह जो चयन करता है वह व्याख्या में दर्ज है। इसलिए साहित्यिक अनुवादक को एक अच्छा कलाकार होना चाहिए, वह एक मशीनी काम नहीं, वह अनुभूति परक एवं सौन्दर्यात्मक सृजन-प्रक्रिया है। इसलिए डिवाइन कॉमेडी के रचनाकार दान्ते का यह विचार उल्लेखनीय है कि अपनी मातृभाषा में क्षमता रखे बिना एक सफल अनुवाद सम्भव नहीं।

साहित्यिक अनुवाद का महत्त्व

आज के ज़माने में साहित्यिक अनुवाद की महती भूमिका है। यह हमारे चारों ओर की दुनिया को कई प्रकार से समझाता है। जैसे कि यदि स्कूल में क्लासिकल शिक्षा के तौर पर होमर एवं सोफोक्लीस पढ़ाये जाते हैं तो यह इतिहास, राजनीति, दर्शन को समझाने में मदद देता है। वैसे समकालीन अनुवाद को पढ़कर दूसरी संस्कृतियों और देशों के जीवन को देखने की अन्तर्दृष्टि प्राप्त होती है। यह दुनिया जल्दी बदलती जा रही है। भूमण्डलीकरण के इस दौर में व्यापार की दृष्टि से या उपयोगितावादी दृष्टि से एक गाँव में बदल देने का दावा किया जाता है। सांस्कृतिक आदान-प्रदान के बिना हम असल में क़रीब नहीं आयेंगे। इसलिए इस सन्दर्भ में सबसे उपयोगी साहित्य और साहित्यानुवाद है। मनुष्य-मनुष्य को भाषा दीवार बनकर अलग-अलग करती है तो भी मानवीय संवेदनाओं को परस्पर समझकर मिलाने की कड़ी के रूप में अनुवाद का काम बहुत सराहनीय है। इसलिए इस भूमण्डलीकरण के दौर में देशीय एवं स्थानीय संस्कृति की सुरक्षा पर जब बल दिया जाता है तब साहित्य में वैश्विक दृष्टि कम होती जा रही है। उस सन्दर्भ में अनूदित रचनाएँ हमें निकट लाने और प्रत्येक जाति, वर्ग, वर्ण, लिंग, गोत्र, समूह, देश आदि की अस्मिता को ज़ाहिर करती हैं। यह एक वैश्विक पहचान के लिए सहायक है। विश्व भर के नाना देशों की जनता इसके ज़रिये पास-पास आ जाती हैं। केन्द्रीय साहित्य अंग्रेज़ी जैसे साहित्य के स्थान पर अन्य विकासशील देशों के भाषा साहित्य का भी बखूबी अनुवाद होना आज की ज़रूरत है।

भारत जैसे देश में विदेशी साहित्यों के साथ भारत के प्रान्तीय साहित्यों का अनुवाद कर भारत की जनता को मिलाना है देश की अखण्डता के लिए। आज प्रत्येक की सांस्कृतिक पहचान का चिह्न है प्रत्येक भाषायी साहित्य। एक भाषा में भी कई भाषाई चिह्न रूपायित हो रहे हैं। उस सन्दर्भ में बहुस्वरता की नवराष्ट्रीय संस्कृति को निर्मिति करने और उच्च सवर्ण साहित्यिक संस्कृति के बोलबाले को नष्ट करने में, अनूदित कृतियाँ बहुत काम करती हैं।

इसलिए दुनिया भर में कई विश्वविद्यालयों में यह पाठ्यक्रम पढ़ाया जा रहा है। अनुवाद के सामर्थ्य को बढ़ाने के लिए आज इस साहित्यिक अनुवाद में लगी हुई कई संस्थाएँ हैं। इनके द्वारा बड़े पैमाने पर विश्व भर में अनुवाद हो रहा है। आज हर देश की वैश्विक स्वीकृति भी इसके ज़रिये हो रही है।

साहित्यिक अनुवाद सम्बन्धी विभिन्न विचार एवं सिद्धान्त

साहित्यिक अनुवाद की परम्परा लम्बी है। प्रत्येक देश और भाषा में यह दिखाई देती है। लेकिन इस काम में जिन्होंने सहयोग दिया या इससे लगे हुए हैं वे सब एक ही स्वर में कहते हैं कि साहित्यिक अनुवाद एक चुनौतीपूर्ण कार्य है। इस चुनौतीपूर्ण कार्य को एक सृजनात्मक कला के रूप में आस्वादनीय एवं सहज स्वाभाविक बनाना अनिवार्य है। एक लेखक की दुनिया, उसकी सांस्कृतिक-मानसिक स्थिति आदि का अन्वेषण करना, समझना और उसके रचनात्मक उद्देश्य में प्रवेश करना अनुवादक के कार्य को सरल बना देता है।

अंग्रेज़ी कवि एवं अनुवादक जॉन ड्रैडन (1631-1700) के अनुसार साहित्यिक अनुवाद शब्द प्रति शब्दानुवाद (Metaphrase) और भावानुवाद (paraphrase) का उचित सम्मिश्रण है। एक अनुवाद को संकुचित सीमा में बाँधने और एक रचनाकार को चोट पहुँचाना, इन दोनों के ख़िलाफ़ हैं ड्रैडन। अनुवादक को अनुवाद में समतुल्यता लाने के लिए लचीलापन ले आना चाहिए। लेकिन मूल पाठ के सन्दर्भ एवं उद्देश्यों को बनाये रखना चाहिए। लक्ष्य भाषा में स्रोत भाषा के समतुल्य कई प्रयोग आदि नहीं है तो अनुवाद को स्रोत भाषा से उन प्रयोगों को उधार लेने का अधिकार है, जिससे लक्ष्य भाषा समृद्ध भी बन जायेगी। अनुवाद का कार्य पुल बाँधने का है, एक भाषा के मूल्य एवं संस्कृति को दूसरी भाषा में ले जाना। उस कला प्रक्रिया के सम्बन्ध में ड्रैडन ने कहा–"Translation is a type of drawing after life"

स्कॉटलैंड के इतिहासकार अलेक्ज़ेडर टैट्लर ने अपनी किताब "Essay on the principles of Translation (1790)" में ज़ोर दिया कि कोशों से भी व्यापक

मार्गदर्शक अनुवाद के लिए गहरा एवं ध्यानपूर्वक अध्ययन है। उनके अनुसार कोश अनुवाद के लिए आवश्यक समर्थ मदद नहीं देगा। इसलिए तेरहवीं शती में रोजर बेकन ने कहा सही अनुवादक को दोनों भाषाओं में क्षमता रखने के साथ विषय में भी गहरा ज्ञान होना चाहिए। उदाहरण के लिए 1534 में मार्टिन लूथर ने जर्मन भाषा में हिब्रू भाषा से बाइबिल का जो अनुवाद किया वह सबसे प्रथम अच्छा अनुवाद रहा।

समकालीन पाश्चात्य अनुवाद में अब दो धारणाओं को महत्त्वपूर्ण स्थान दिया गया है, वे हैं विश्वसनीयता (fidelity) और पारदर्शिता (Transparency)। विश्वसनीयता का तात्पर्य मूल पाठ को सफलता के साथ सही ढंग से प्रस्तुत कर उसके प्रति न्याय करने में है। पारदर्शिता का सम्बन्ध लक्ष्य भाषा में जो पाठ आया वह पाठक को अपनी भाषा का ही बोध देने में है। अपनी भाषा के व्याकरण, पदरचना और मुहावरे में होना चाहिए। रोम के पूर्व क्लासिकल युग और 18वीं शताब्दी में अनुवादक अपनी सीमाओं को पार कर अनुकूलन (Adaptation) के सिद्धान्त के आधार पर नयी रचनाएँ लिखने लगे। भारत में रामायण जैसे इतिहास के आधार पर भारतीय भाषाओं में कितने रामायण लिखे गये जैसे तुलसी रामायण, कंब रामायण, एषुत्तच्चन रामायण, कृत्तिवास रामायण आदि। वैसे कई उदाहरण सभी साहित्यों में उपलब्ध हैं। वैसे ही भारत की कई भाषाओं में महाभारत एवं रामायण पर केन्द्रित बहुत-सी रचनाएँ हुई हैं।

अनुवाद में सबसे मुख्य समतुल्यता लाना है। इसलिए विश्वसनीयता एवं पारदर्शिता लाने के लिए ओगिन निडा ने formal Equilance और dynamic Equilance दो शब्दों का प्रयोग बाइबिल के अनुवाद के सन्दर्भ में किया। यहाँ Formal Equilance, Metaphrase और Dynamic Equilance, paraphrase के लिए हैं।

कभी-कभी अनूदित रचना का मूल रचना में अनुवाद किया जाता है। इसे अंग्रेज़ी में "बैक ट्रांसलेशन" कहते हैं। इस सन्दर्भ में बैक ट्रांसलेशन से मूल पाठ से तुलना करने पर असली अनुवाद की सफलता समझी जा सकती है। इस क्षेत्र में मार्कट्विन ने बड़ा कार्य किया। जब एक ऐतिहासिक दस्तावेज का मूल पाठ खो गया, उसका अनुवाद सुरक्षित है तो अनुसन्धाता लोग बैक ट्रांसलेशन करते हैं। रचना का मौलिकता सम्बन्धी संशय उदित होता है तो यह अनुवाद संशय पूर्ति के लिए सहायक बनता है। ड्रैडन प्रायः अपनी रचनाओं का लैटिन में अनुवाद करते थे। उनका लक्ष्य यह था कि उनकी रचना की स्तरीयता एवं

महत्ता का मूल्यांकन करना। क्योंकि लैटिन सबसे श्रेष्ठ भाषा समझी जाती थी प्रायः लैटिन व्याकरण को अंग्रेज़ी में प्रयुक्त किया करता था।

साहित्यिक अनुवाद के सन्दर्भ में विशेष उल्लेखनीय है कि अनुवादक को इस ओर ध्यान देना चाहिए कि कौन-सा पाठ अनुवाद के लिए सही निकलेगा। सन्दर्भ और समय के अनुसार जनोपयोगी एवं समय की साहित्यिक गतिविगतियों को पहचानकर ऐसी रचना को चुनना है, जिनकी शैली एवं विषय काल को एवं पाठक को प्रभावित करें। उदाहरण के लिए हिन्दी में श्रीधर पाठक ने गोल्डस्मिथ की रचनाएँ The Hermit, The Traveller, Deserted Village का अनुवाद क्रमशः एकान्तवासी योगी, श्रान्त पर्थिक और ऊजड़ गाँव नाम से किया। एकान्तवासी योगी को खड़ीबोली का प्रथम उत्थान कहा है आचार्य रामचन्द्र शुक्ल ने। अनुवादक ने खड़ीबोली और जनता के बीच में प्रचलित लय को अनुवाद में प्रयुक्त किया। उन्होंने इसलिए उस कृति को चुन लिया कि उसमें प्रयुक्त कथा सार्वभौमिक है। किसी के प्रेम में योगी होना और प्रकृति के निर्जन क्षेत्र में कुटी छाकर रहना एक ऐसी भावना है जो समान रूप से सब देशों के और सब श्रेणियों के स्त्री-पुरुष के मर्म का स्पर्श स्वभावतः करती है। सीधी-सादी खड़ीबोली में अनुवाद करने के लिए ऐसी प्रेम कहानी को चुनना जिसकी मार्मिकता अपढ़ स्त्रियों तक के गीतों की मार्मिकता के मेल में हो, पंडितों की बँधी हुई रूढ़ि से बाहर निकलकर अनुभूति के स्वतन्त्र क्षेत्र में आने की प्रवृत्ति का द्योतक है। अपने चिरपरिचित पशु-पक्षियों, पेड़-पौधों, जंगल मैदानों आदि के ज़रिये भारतीय हृदय का सामान्य स्वरूप पहचानने का प्रयास है इस अनुवाद में। इसलिए आज भी अनुवाद को हिन्दी में अनूदित श्रेष्ठ रचना के रूप में मान्यता प्राप्त है। यह एक आधुनिक अनुवाद है, क्योंकि रचना को एक आधुनिक भाषा में अनुवाद किया गया। आधुनिक अनुवाद में पुरानी भाषाओं में रचित पुराने ग्रन्थों का आधुनिक भाषा में अनुवाद किया जाता है। उदाहरण के रूप में सोलहवीं शती की शेक्सपियर-रचनाओं का आज की विभिन्न भाषाओं में अनुवाद करना। वैसे ही आज के साहित्य का क्लासिकल भाषाओं की ओर अनुवाद चल रहा है।

साहित्यिक अनुवाद में सबसे कठिन अनुवाद कविता का है। इसके ताल, छन्दोबद्धता आदि को इसकी काव्यात्मकता कहते हैं, उसका अनुवाद कविता में सबसे दुष्कर बनता है। अर्थात जो कविता को कविता बनाता है वह अनुवाद में हमेशा खो जाता सा दिखाई देता है।

1997 में डग्लास हॉफस्टाड्टर (Douglas Hofstadter) ने कहा कि कविता का अनुवाद जितना सम्भव है उतना उसका साहित्यिक अर्थ ही नहीं उसके रूप

और संरचना को भी अभिव्यक्त करना है। रूस के भाषावैज्ञानिक रोमन जेकबसन ने अपने प्रपत्र "On Linguistic aspects of Translation" में 1959 में कहा "Poetry by definition untranslatable" उनसे मिलाजुला वाला विचार है रूसी लोलिता के रचनाकार नाबोकोव का। उनके अनुसार छन्दोबद्ध, आलंकारिक, लय, एवं ताल बद्ध कविता का सैद्धान्तिक रूप से अनुवाद नामुमकिन है। इसलिए उन्होंने 1964 में अलक्ज़ेंडर पुश्किन की रचना 'Eugene Onegin' को अंग्रेज़ी गद्य में अनुवाद किया। लेकिन डगलस ने इसका विरोध करते हुए 1999 में पुश्किन की रचना का अनुवाद कविता में ही किया। डेविड बैलस ने कहा–"Poetry is what gets lost in translation."

इसी परिप्रेक्ष्य में सबसे उल्लेखनीय है कि रवीन्द्रनाथ टैगोर के लिए नोबेल पुरस्कार उनके द्वारा किये गये गीतांजली के अनुवाद को मिला। उन्होंने दूसरी एक भाषा के माध्यम से पहले जो विचार-संवेदनाओं को रूपायित किया उससे प्राप्त आनन्द को पुनः सृजन किया। वैसे ही मलयालम के कवि जी. शंकर कुरुप के सागर संगीत का अनुवाद हरिवंशराय बच्चन ने जो किया तब मधुशाला के कवि अवतरित होते दिखाई पड़ते हैं। उन्होंने अपने अनुवाद में पुनः सर्जक बनकर अनुवाद कला का प्रदर्शन किया। इसलिए यह बात भी विचारणीय है कि एक सफल कवि एक सफल काव्यानुवादक की भूमिका सफलता के साथ कर सकता है।

वैसे ही नाटकों के अनुवाद में कई समस्याएँ उठ खड़ी होती हैं। नाटक में सबसे मुख्य है अभिनेता को नाटक एक साथ मिलकर काम करने का अवसर देता है। नाटक के अनुवाद के सन्दर्भ में अभिनय, परिवर्तित होनेवाले रंगमंच और अभिनय-परम्परा, पात्रों की वार्तालाप शैली, आधुनिक रंगमंचीय विमर्श और यहाँ तक जहाँ मंचन होता है उस ओडिटोरियम पर भी ध्यान दे कर अनुवाद करना ज़रूरी है। पुराने नाटकों का अनुवाद आज की भाषा में करते वक़्त सरल वाक्य-रचना पर बल दिया जाता है। आज ग्रीक नाटकों, शेक्सपियर के नाटकों एवं संस्कृत के बहुत से नाटकों को आधुनिक रंगसज्जा के अनुकूल अनूदित करना पडता है। तब कुछ शब्दों का आज भी पहले का जैसा प्रभाव दर्शकों पर पड़ता है, उन पर अनुवादक को ध्यान देना पड़ेगा।

कथा-साहित्य का अनुवाद भी विशेषतः ध्यातव्य है। कथा साहित्य के ज़रिये सबसे ज़्यादा सांस्कृतिक आदान-प्रदान सम्भव हो जाता है, विशेषकर उपन्यासों से। इसलिए फ्रेडरिक जेम्सन ने उपन्यास को National Allegory कहा। आज संसार भर की विभिन्न भाषाओं के बीच में बड़े पैमाने पर उपन्यासों का अनुवाद चल रहा है। मलयालम में गाब्रियेल गार्सिया मारकेस जैसे लैटिन अमेरिकन

उपन्यासकारों के उपन्यासों का अनुवाद हुआ है। हम बहुत चाव से पढ़ते आ रहे हैं। वैसे हिन्दी से प्रेमचन्द, यशपाल जैसे रचनाकारों के और मलयालम से तकषी, एम.टी. जैसे उपन्यासकारों के उपन्यासों का बखूबी अनुवाद हिन्दी में हुआ। खुद सेतु के पाण्डवपुरम का हिन्दी में अनुवाद करते हुए मैंने जिन-जिन समस्याओं का सामना किया उनमें जो कुछ विचारणीय है, उन पर प्रकाश डालूँगी। मलयालम की संस्कृति है पाण्डवपुरम। उसे हिन्दी की संस्कृति में पुनः सृजन करना है। तब भाषा में शब्द से लेकर वाक्य तक के स्तर पर बहुत लड़ना पड़ा। उसमें देवी रूप की जो सृष्टि की गयी है, वह हिन्दी का देवी रूप नहीं है। इसलिए उसे हिन्दी के पाठकों को समझाने लायक भाषा का इस्तेमाल करना था। उपन्यास में सर्वत्र प्रयुक्त शब्द 'जार' यद्यपि हिन्दी में प्रयुक्त है तो भी हिन्दी में उसका इतना प्रचलन नहीं है, लेकिन उसकी समतुल्यता में और एक सामान्य व्यवहृत शब्द नहीं है। कारण उसमें जो भाव निहित है वह केरल के पाठक जितना आत्मसात करते हैं, उतना हिन्दी के नहीं। वैसे हमारी मलयालम की संस्कृति से जुड़े हुए और यहाँ बहुतायत प्रयुक्त शब्द, विशेषतः जातियों एवं उससे जुड़े शब्द आदि कठिनाई पैदा करते हैं। जैसे–एट्टन, वह पति के लिए प्रयुक्त है। वैसे ही–शररान्तल, वेन्तिंडा, तिरूवातिरकली, एन.एस.एस. काव, निलविलक्कु, भरणी नक्षत्र, चाडी कूक्कम, तोडी, उम्मरपडी, कोलायिल आदि। यह रचना एक फैंटेसी है। इसकी सृष्टि करने के लिए जहाँ-जहाँ शब्दानुवाद का उपयोग करना है वहाँ उसका एवं जहाँ भावानुवाद का वहाँ उसका प्रयोग करने की कोशिश की गयी। तब मैंने समझ लिया कि एक सर्जना से भी बेहद कठिन है अनुवाद। पूर्णतः व्याख्यात्मक शैली को अपनाने पर लेखक के प्रति अन्याय होगा। स्रोत भाषा के वार्तालापों का शब्दानुवाद भी करना अनिवार्य सा पड़ता है।

मलयालम से बहुत-सी कविताओं का हिन्दी अनुवाद भी मैंने किया। तब मुझे कभी-कभी लगा कि जो गूढ़गुंझित अर्थ मलयालम भाषा में है उसे हिन्दी में लाना मुश्किल है। वह भी नहीं जिसे हम सफल अनुवाद कभी-कभी समझते हैं उसे हिन्दी पाठक उसी स्तर तक आकर उसका आस्वादन नहीं कर सकते। कभी-कभी ऐसा लगता है कि साहित्यिक स्तर की असमानता के कारण अनुवादक की सम्प्रेषणीयता कम हो जाती है।

आजकल इन साहित्यिक विधाओं के अनुवाद के साथ धार्मिक किताबों का अनुवाद भी विचारणीय है। क्योंकि संसार भर में सबसे ज़्यादा अनुवाद बाइबिल का हुआ। वैसे ही कुरान, बुद्ध संन्यासियों द्वारा किये गये भारतीय सूत्र का अनुवाद आदि हैं। इस प्रकार के अनुवाद के सन्दर्भ में उसमें जो असली ज्ञान एवं विषय है

उन्हें सन्दर्भानुसार परिवर्तित करना सही नहीं है। वैसे "Singing Translation" का आज के ज़माने में विशेषकर पाश्चात्य परम्परा में बहुत बड़ा स्थान है। चर्चों में जो गाना गाया जाता है, इसका अनुवाद कविताओं से भी कठिन है, क्योंकि यह गाने के लिए है, उसमें अनुवाद को बिल्कुल स्वातन्त्र्य नहीं है।

भारत में विभिन्न भाषाओं में जो साहित्य रचा जा रहा है, उनको हिन्दी में लाने के लिए भारतीय ज्ञानपीठ का काम सराहनीय है। 'भारतीय कविताएँ' नाम से जो संकलन निकाला जाता है उसमें भारतीय कविताओं का अनुवाद मिलता है। वैसे ही कहानियों एवं उपन्यासों के संकलन निकलते हैं। हिन्दी और अंग्रेज़ी में 'समकालीन भारतीय साहित्य' नाम से जो पत्रिकाएँ हैं वे भी भारतीय साहित्य के अनुवाद को प्रमुख स्थान देकर प्रकाशित करती रहती हैं। इसलिए भारतीय साहित्य एवं बहुस्वरता की संस्कृतियाँ पूरे भारत भर में फैल रही हैं।

संक्षेप में यदि कहा जाये तो साहित्यिक अनुवाद आज के ज़माने में विशेषकर विभिन्न प्रकार की संस्कृतियों एवं लोगों को आपस में मिलाने के लिए बहुत ज़रूरी है। पारस्परिक भेदभाव जो राजनीति, अर्थ, धर्म, जाति, देश, पश्चिम, आदि नाम से विश्व भर में विद्यामान हैं उन सबको छोड़कर प्रकृति के अन्य चराचरों की अवस्थिति आज के हिंसात्मक वातावरण से बच जाने के लिए आवश्यक अहिंसा की दवा है। यह साहित्यिक अध्ययन से एक हद तक सम्भव हो जाता है। इसलिए मनुष्य को मनुष्य बनानेवाले इस मन्त्र को प्रत्येक भाषाभाषी तक सफलता से पहुँचाने में अनुवादक का कर्तव्य बड़ा है। तब साहित्यिक अनुवाद भाषा के अनुवाद के ज़रिये संस्कृति का अनुवाद करता है। उसमें भाषा की भूमिका सबसे बड़ी है। यह एक अनुप्रयुक्त भाषाविज्ञान है, उसमें भाषा जीवन्त बनकर सांस्कृतिक आदान-प्रदान का निर्वाह करती है। विचारों, विकारों, अनुभूतियों से अनुप्राणित मनुष्य-जगत को जीवन का पाठ सिखाने में, जीने की प्रेरणा देने में एवं विविध प्रकार की दुस्तर एवं दुष्कर जीवन परिस्थितियों से गुजरने एवं उसका सामना करने की हिम्मत जुटाने में समर्थ विभिन्न देशों एवं भाषाओं के क्लासिकल साहित्य एवं सामान्य जनसाहित्य अनूदित रूप में उपलब्ध कराने का श्रेय अनुवादक का है। वह एक सादा कलाकार या रचनाकार नहीं बल्कि उनका दायित्व दूसरे कलाकार का है। क्योंकि पुनःसृजन का सूखापन या यान्त्रिकता की उबाहट से निकालकर ताज़गी का अनुभव प्रदान करनेवाला अनुवाद हमेशा लक्ष्य भाषा की कृति-सी लगेगी, यह कला ही है।

गेथे ने कहा कि साहित्य मनुष्य की सार्वजनिक सम्पत्ति है। वह एक देश या एक देश की विशिष्ट जनता तक सीमित नहीं है। एक-एक साहित्यिक रचना

पूरी दुनिया के प्रत्येक की है। उस सन्दर्भ में साहित्यिक अनुवाद की भूमिका महत्त्वपूर्ण है। वह समस्त संकुचित स्वार्थों से साहित्य को मुक्त कर देता है। एक-एक राष्ट्र का साहित्य उस राष्ट्र का गौरव है, अपनी भाषा में यानी कि अपनी संस्कृति में अभिव्यक्त अपनी अस्मिता का सूचक है। इसलिए एडवर्ड सईद का यह विचार बिल्कुल संगत है कि सांस्कृतिक विस्तार हुआ तो राष्ट्र सबसे ज़्यादा उत्पादनपरक स्थिति में पहुँचता है। यह सांस्कृतिक विस्तार अनुवाद के ज़रिये सम्भव हो सकता है। इसके लिए सबसे लायक है उपन्यास का अनुवाद। रेमेंड विलियम्स के अनुसार "Novel is a history written very much from below" तब वह राष्ट्र है, राष्ट्र की बहुस्वरता है, एक देश की पहचान है। उपन्यास सचमुच सांस्कृतिक साम्राज्यवाद के ख़िलाफ़ सांस्कृतिक राष्ट्रीयता की निर्मिति है। उपन्यासों के अनुवाद से एक विश्वसमूह बनाने में सफलता मिलेगी। सूसन बासनेट ने सही कहा कि अनुवाद अध्ययन ही आज प्रमुख है। तुलनात्मक साहित्य के दिन बीत चुके हैं। तब राष्ट्र जो ज़मीन, जनता, स्वाधीनता और भाषा पर आधारित है उसका विस्तार हो जायेगा, उससे राष्ट्रीयता ही नहीं बल्कि उसकी सीमा का विस्तार होकर अन्तराष्ट्रीयता की भावना संजोने में अनुवाद सहायक बनता है। भारतीय भाषाओं में रचित साहित्यिक कृतियों का भारतीय भाषा में परस्पर अनुवाद हुआ तो अपनी भाषा को समृद्ध बनाने के साथ बहुस्वरता को स्वीकारने की मानसिकता पैदा होगी। भारतीय संस्कृति निहित पथ से काट-छाँटकर निकाली हुई नहीं, वह तो अनेक स्रोतों को साथ लेकर अपना तट बनाती है, पथ निश्चित करती हुई बहनेवाली स्रोतस्विनी है। वह राष्ट्रीयता अनुवाद द्वारा तेज़ एवं सम्भव बनायी जा सकती है।

❑❑